Umgang mit gesellschaftlichen Krisen im Schulalltag

Psychologie im Schulalltag
Band 7

Umgang mit gesellschaftlichen Krisen im Schulalltag

Prof. Dr. Julia Asbrand, Dr. Felix Peter, Prof. Dr. Claudia Calvano, Dipl.-Psych. Lea Dohm

Die Reihe wird herausgegebe n von:

Prof. Dr. Caterina Gawrilow, Prof. Dr. Marcus Hasselhorn, Prof. Dr. Ulrich Trautwein, Prof. Dr. Christina Schwenck, Dr. Anke Leuthold-Zürcher

Die Reihe wurde begründet von:

Caterina Gawrilow, Marcus Hasselhorn, Ulrich Trautwein, Christina Schwenck, Stefan Drewes

Julia Asbrand
Felix Peter
Claudia Calvano
Lea Dohm

Umgang mit gesellschaftlichen Krisen im Schulalltag

Prof. Dr. Julia Asbrand, geb. 1985. 2005–2011 Studium der Psychologie in Freiburg im Breisgau. 2011–2020 Wissenschaftliche Mitarbeiterin an der Universität Freiburg. 2016 Promotion. 2019 Approbation als Kinder- und Jugendlichenpsychotherapeutin. 2020–2023 Professorin für Klinische Kinder- und Jugendlichenpsychologie und -psychotherapie und Leiterin der Spezialambulanz für Kinder, Jugendliche und Familien an der Humboldt-Universität zu Berlin. Seit 2023 Universitätsprofessorin für Klinische Psychologie des Kindes- und Jugendalters an der Friedrich-Schiller-Universität Jena. Leitung der Psychotherapeutischen Hochschulambulanz für Kinder, Jugendliche und Familien. Arbeitsschwerpunkte: Multimethodale Grundlagen- und Psychotherapieforschung, Angst im Kindes- und Jugendalter, Auswirkungen gesellschaftlicher Krisen auf Kinder, Jugendliche und Familien.

Dr. Felix Peter, geb. 1984. 2003–2008 Studium der Psychologie in Halle (Saale). 2008–2012 Promotion an der Martin-Luther-Universität Halle-Wittenberg. 2011–2013 Psychologe im Kriseninterventionsteam beim Jugendamt der Stadt Halle (Saale). Seit 2013 Schulpsychologischer Referent im Landesschulamt Sachsen-Anhalt. Arbeitsschwerpunkte sind u. a.: Krisenintervention, Lehrkräftefortbildung, Schulentwicklung.

Prof. Dr. Claudia Calvano, geb. 1984. 2004–2012 Studium der Psychologie in Tübingen, Oslo und Potsdam. 2012–2018 Wissenschaftliche Mitarbeiterin an der Universität Potsdam. 2017 Approbation als Kinder- und Jugendlichenpsychotherapeutin. 2018 Promotion. 2018–2021 Wissenschaftliche Mitarbeiterin an der Charité-Universitätsmedizin Berlin. 2021–2022 Gastprofessorin an der Freien Universität Berlin. 2022–2023 Universitätsprofessorin für Klinische Psychologie des Kindes- und Jugendalters an der Christian-Albrechts-Universität zu Kiel. Seit 2023 Universitätsprofessorin für Klinische Kinder- und Jugendpsychologie und -psychotherapie an der Freien Universität Berlin. Arbeitsschwerpunkte: Psychotherapieforschung, Traumafolgen und Kinderschutz, Fragen der Geschlechtsidentität und -diversität im Kindes- und Jugendalter.

Dipl.-Psych. Lea Dohm, geb. 1982. 2000–2006 Studium der Psychologie und Sozialwissenschaften an der Carl-von-Ossietzky Universität Oldenburg. 2011–2014 Weiterbildung zur Fachjournalistin. 2011 Approbation als Psychologische Psychotherapeutin. 2019 Mit-Initiatorin der Psychologists/Psychotherapists for Future. Seit 2022 Wiss. Mitarbeiter bei der Dt. Allianz Klimawandel und Gesundheit (KLUG). Arbeitsschwerpunkte: Psychische Gesundheit im Rahmen von Planetary Health, Psychotherapie, „Klimapsychologie", individuelles und gesellschaftliches Transformationserleben.

Bibliografische Information der Deutschen Nationalbibliothek
Die Deutsche Nationalbibliothek verzeichnet diese Publikation in der Deutschen Nationalbibliografie; detaillierte bibliografische Daten sind im Internet über http://dnb.dnb.de abrufbar.

Hogrefe Verlag GmbH & Co. KG
Merkelstraße 3
37085 Göttingen
Deutschland
Tel. +49 551 999 50 0
Fax +49 551 999 50 111
info@hogrefe.de
www.hogrefe.de

Umschlagabbildung: © iStock.com by Getty Images / Iri_sha
Satz: Sina-Franziska Mollenhauer, Hogrefe Verlag GmbH & Co. KG, Göttingen
Druck: mediaprint solutions GmbH, Paderborn
Printed in Germany
Auf säurefreiem Papier gedruckt

1. Auflage 2024

(E-Book-ISBN [PDF] 978-3-8409-3264-9; E-Book-ISBN [EPUB] 978-3-8444-3264-0)
ISBN 978-3-8017-3264-6
https://doi.org/10.1026/03264-000

Vorwort

Wie bei vielen Büchern, aber insbesondere bei diesem Band, würden wir uns wünschen, dass es nicht existieren müsste – in einer Welt ohne globale Krisen. Die Realität sieht anders aus – was uns nicht zuletzt durch die COVID-19-Pandemie seit Anfang 2020 und Russlands Angriffskrieg auf die Ukraine im Februar 2022 vor Augen geführt wurde. Wie können wir diese Krisen verstehen und bewältigen? Auf diese Frage soll dieses Buch Antworten für einen besonders sensiblen Teil unserer Gesellschaft leisten. Wir möchten die kurz- und langfristigen Auswirkungen von großen, gesellschaftlichen Krisen aufzeigen und dabei besonders auf den Kontext Schule fokussieren: Was machen die großen Krisen mit Kindern und Jugendlichen? Wie können Schulen reagieren? Was können Lehrkräfte tun, was kann Aufgabe von Schulleitungen werden? Welche Rolle spielen die Schulbehörden dabei? Und ganz besonders: Wie können wir Schulen gemeinsam nachhaltig stärken?

Die Autorinnen und der Autor verfügen über Expertise aus der Psychotherapie, psychologischen und systemischen Beratung, Wissenschaft, Schulpsychologie sowie Gesundheitsförderung und Transformationsbegleitung. Wir sind mit gesellschaftlichen wie auch individuellen Krisen tagtäglich konfrontiert. In unserer Arbeit sehen wir das, was bereits funktioniert und geleistet wird, und auch das Potenzial für Veränderung von Inhalten, Strukturen und Prozessen sowie den Ausbau von Zusammenarbeit und gegenseitiger Unterstützung.

In Gesprächen mit Kindern, Jugendlichen, Eltern, Lehrkräften und weiteren Beteiligten wurde an uns herangetragen, wie wichtig dieses Buch ist. Viele Personen haben daran mitgewirkt, dass es dieses Buch überhaupt gibt und es anschaulich werden konnte. Wir bedanken uns beim Herausgabeteam Prof. Dr. Caterina Gawrilow, Prof. Dr. Marcus Hasselhorn, Prof. Dr. Ulrich Trautwein, Prof. Dr. Christina Schwenck und Dr. Anke Leuthold-Zürcher für das umgehende Aufgreifen unseres Themenvorschlags. Ebenso sind wir den vielen interviewten Personen dankbar, die uns über Zitate Einblicke in ihr Leben und ihre Perspektive eröffnet haben.

Wir sehen diesen Band als einen Anfang in der weiteren Entwicklung von Schule und befürchten schon jetzt, dass schon bald eine Überarbeitung notwendig ist. Wir wollen zugleich zuversichtlich sein, dass dies irgendwann nicht mehr notwendig sein wird, wenn die Stärkung von Resilienz an Schulen eine Selbstverständlichkeit geworden ist. Die Weiterentwicklung der Schulen zu Zentren der Resilienz als Grundlage für dieses Ziel wird jedoch eine gesellschaftliche Daueraufgabe bleiben.

In diesem Sinne:

Transformatives Lernen für Mensch und Erde ist überlebensnotwendig für uns und für künftige Generationen. Die Zeit zu lernen und für unseren Planeten zu handeln ist jetzt.

UNESCO, 2021

Bad Nenndorf, Berlin, Halle (Saale), Jena, im Dezember 2023

Inhaltsverzeichnis

Vorwort **5**

1 Einleitung **10**

2 Fallbeispiele **13**
2.1 Fallbeispiel Sara, 7 Jahre 13
2.2 Fallbeispiel Ben, 15 Jahre 14
2.3 Erfahrungsbericht einer Lehrerin 15

3 Schule im Zeitalter der Krisen **17**
3.1 Was ist eine Krise? 18
3.1.1 Begriffliche Abgrenzung 19
3.1.2 Krisenverlauf 22
3.2 Abgrenzung schulischer Krisen 23
3.2.1 Wesen schulischer Krisen 23
3.2.2 Exkurs: Der Anschlag von Halle 24
3.3 Krisen auf der gesellschaftlichen Ebene 25
3.3.1 Definition gesellschaftlicher Krisen 26
3.3.2 Permanenz und Gleichzeitigkeit globaler Krisen 27
3.3.3 Die Klimakrise als globale gesellschaftliche Krise 30
3.3.4 Subjektivität von Krisen 32
3.4 Bedeutung gesellschaftlicher Krisen für den Kontext Schule 33
3.4.1 Auswirkungen gesellschaftlicher Krisen auf die Schule 34
3.4.2 Der schulische Auftrag 37
3.5 Zusammenfassung 39

4 Wie junge Menschen auf Krisen reagieren **41**
4.1 Was bedeutet Stress? 42
4.2 Ein grundlegendes Stressmodell 43
4.2.1 Stressoren 43
4.2.2 Stressreaktion 46

4.3 Kurz- und langfristige Auswirkungen von Stress 49
4.3.1 Psychobiologische Stressreaktion 49
4.3.2 Die Sache mit den Gefühlen 50
4.3.3 Langfristige Auswirkungen von Stress 52
4.3.4 Entwicklungsabhängigkeit psychischer Belastungen 55
4.4 Stressbewältigung 56
4.4.1 Bewältigungsstrategien 58
4.4.2 Wie können wir dieses Modell auf die großen Krisen übertragen? 59
4.5 Krisenassoziierte psychische Belastungen 60
4.6 Die Salutogenetische Perspektive auf Stress 62
4.7 Zusammenfassung der Auswirkungen von Stress 63

5 Resilienz als Konzept für den Umgang mit Krisen 65
5.1 Resilienz-Facetten 66
5.2 Transformationale und Mehrebenenperspektive 67
5.3 Ganzheitliches Resilienzverständnis 70
5.4 Zusammenfassung Resilienz 72

6 Unterstützung im Krisenfall 75
6.1 Hilfreiche Strategien zum Umgang mit Krisen 76
6.2 Kinder und Jugendliche allgemein unterstützen 77
6.2.1 Beispiele für emotionsfokussierte Bewältigungsstrategien 78
6.2.2 Beispiele für problem- und sinnfokussierte Bewältigungsstrategien 80
6.3 Besonderheiten im Grundschulalter 81
6.4 Besonderheiten im Jugendalter 83
6.5 Eltern unterstützen 88
6.6 Das System Schule nutzen 90
6.7 Zusammenfassung 92

7 Schulen langfristig krisenfester machen 93
7.1 Inhaltliche Entwicklung schulischer Angebote 94
7.2 Organisatorische Veränderungen innerhalb der Schule 97
7.3 Einbettung der Schule in ein soziales Unterstützungssystem 101
7.4 Veränderungen außerhalb des direkten Einflusses der Schule 103
7.5 Zusammenfassung 106

8 Psychische Belastung von Lehrkräften und Bewältigungsmöglichkeiten 108
8.1 Bedeutung von Lehrkräften als „Bewältigungsvorbilder“ 108
8.2 Vermeidung als psychischer Schutzmechanismus 110

8.3 Hilfreiche Bewältigungsstrategien für Lehrkräfte 111
8.3.1 Aufmerksamkeit zuwenden und Handeln 112
8.3.2 Kompetenter Umgang mit den eigenen Gefühlen 113
8.3.3 Verbundenheit stärken 114
8.3.4 Verdrängen und Vermeiden? – Gesunder Umgang mit der Abwehr 116
8.3.5 Engagement 119
8.4 Zusammenfassung: die Grenzen der Belastbarkeit 119

9 Ausblick: Krisenpermanenz und gesellschaftliches Engagement 121

10 Weiterführende Informationen 124

Literatur 127

Anhang 141

1 Einleitung

Wir sind davon überzeugt, dass dringend gehandelt werden muss, um die miteinander verknüpften dramatischen Herausforderungen anzugehen, vor denen die Welt steht, insbesondere die Klimakrise, den massiven Rückgang der Artenvielfalt, Umweltverschmutzung, Pandemien, extreme Armut und Ungleichheiten, gewaltsame Konflikte und andere Umwelt-, Gesellschafts- und Wirtschaftskrisen, die das Leben auf unserem Planeten gefährden. Wir sind der Auffassung, dass die Dringlichkeit dieser Probleme, die durch die COVID-19-Pandemie noch verstärkt werden, einen grundlegenden Wandel erforderlich macht, der uns hin zu einer nachhaltigen Entwicklung führt, die auf einer gerechteren, inklusiveren, achtsameren und friedlicheren Beziehung zueinander und zur Natur gründet.

UNESCO, 2021, S. 1

Die meisten Tageszeitungen, Nachrichtenmagazine, Social-Media-Kanäle und sonstigen Newsportale verwenden nahezu täglich den Begriff der Krise. So nahm die Häufigkeit der Nennung des Wortes Krise in überregionalen deutschen Tages- und Wochenzeitungen seit 2016 deutlich zu und hat 2022 den höchsten Wert seit 1946 erreicht (Digitales Wörterbuch der deutschen Sprache, 2023a). In der Tat sind wir mit einer Vielzahl von lokalen und globalen Krisen konfrontiert. Seit Anfang 2020 sind die Schlagzeilen bestimmt von der COVID-19-Pandemie, die weitreichende Einschränkungen gerade für Kinder und Jugendliche mit sich brachte. Schulschließungen, fehlende Freizeitangebote, soziale Distanzierung und eingeschränkte Unterstützungsmöglichkeiten bei Problemen in der Familie – die Konsequenzen für Schüler*innen sind sowohl sozial-emotional als auch hinsichtlich individueller Lernerfolge weitreichend, insbesondere für junge Menschen aus gesellschaftlich stärker benachteiligten Milieus (Helm et al., 2021; Ravens-Sieberer et al., 2022).

Im Sommer 2021 erschütterte eine Flutkatastrophe Deutschland und mehrere Nachbarländer mit vielen Todesopfern und Verletzten sowie massiven Schäden. Im Sommer 2022 ging die Dürre in Europa in ihr viertes Jahr mit erschreckenden Nachrichten aus Portugal, Spanien und Italien, aber auch Deutschland. Mit 47 Grad erreichte Portugal Rekordwerte; in Europa starben allein 2022 nach Angaben der Weltgesundheitsorganisation mindestens 15.000 Menschen infolge der Hitzewelle. Die Schäden gingen in die Milliarden (Adélaïde et al., 2022). Es besteht kein Zweifel mehr, dass auch die Klimakrise mit zunehmenden Wetterextremen in Deutschland angekommen ist.

Im Februar 2022 erfolgte ein bis zuletzt nicht für möglich gehaltener Angriffskrieg Russlands auf die Ukraine, der europaweit für Entsetzen sorgte und mit den anschließenden Preissteigerungen und Schwierigkeiten in der Energie- und Lebensmittelversorgung weitere Krisen auslöste. Hinter allen Zahlen zu finanziellen Schäden und Todesopfern stehen individuelle Leidensgeschichten, die sich über Jahre hinweg ziehen können und auf alle Bereiche des Lebens und somit auch die Schule übergreifen. Begleitet werden diese scheinbar „von außen“ kommenden Krisen von zunehmenden gesellschaftlichen Spannungen, Polarisierungen in der öffentlichen Kommunikation und politischen Forderungen sowie konfliktträchtigen Auseinandersetzungen über die „richtige“ Lösung. In diesem Kontext einer als immer unsicherer wahrgenommenen Welt verwundert es kaum, dass ein Anstieg um ca. 10 % der individuell empfundenen psychischen Belastung insbesondere bei jungen Menschen zu beobachten ist (Ravens-Sieberer et al., 2022; Kauhanen et al., 2022).

Schule stellt einen wichtigen Lebens- und Entwicklungskontext für Kinder und Jugendliche dar, sodass an diesem Ort auch mit gesellschaftlichen Krisen umgegangen werden muss. Alle Schulmitglieder – Schüler*innen wie Lehr- und andere Fachkräfte – sitzen dabei als Betroffene „im selben Boot“. Dies birgt zum einen die Gefahr von Aufschaukelungsprozessen und Überforderung, wenn sich Schüler*innen gegenseitig in ihren Ängsten und Sorgen bestärken und nicht weniger betroffene Lehrkräfte sich nicht in der Lage sehen, gut zu unterstützen. Zugleich besteht ein schützendes Potenzial, wenn solche Anpassungsprozesse mit der richtigen Vorbereitung dann doch gelingen. Dies kann beispielsweise Eltern entlasten, welche die Gefühle ihrer Kinder weniger gut auffangen können. Denn wir sitzen zwar alle – und hier sei die Bootsmetapher korrigiert – in derselben „Flotte“. Die Art des Bootes in dieser Flotte fällt jedoch sehr unterschiedlich aus: Während einige in einem instabilen, vielleicht sogar löchrigen Einer-Kanu straucheln, sind andere in einem soliden, flexiblen Kreuzer deutlich besser geschützt.

Welche Bedeutung diese Themen für den Schulalltag haben, wie sie in der Schule angemessen adressiert und behandelt werden können und gemeinsam Wirksamkeit erzielt werden kann, ist Gegenstand dieses Bandes. Dabei werden wir immer wieder die Perspektive wechseln, um sowohl individuelle Zusammenhänge und Reaktionen (Mikroebene, vgl. Bronfenbrenner, 1979), Einflüsse des direkten Umfelds in der Schule (Mesoebene) als auch strukturelle Ursachen, Rahmenbedingungen und Auswirkungen beispielsweise auf schulischer und gesellschaftlicher Ebene (Makroebene) zu beleuchten.

Mit Blick auf die Komplexität des Themas und die erhebliche Unterschiedlichkeit der Schulen wird der Band keine maßgeschneiderten Lösungen liefern können. Wir möchten vielmehr Schulleitungen, Lehrkräfte und andere schulische Fachkräfte mit diesem Buch unterstützen, insbesondere Kindern und Jugendlichen, aber auch Kolleg*innen Anregungen zu geben, gesund und konstruktiv mit Krisen und emotionalen Reaktionen umzugehen, und dafür schulspezifische Lösungen zu entwickeln. Dafür widmen wir uns zunächst dem Krisenbegriff und seiner heutigen Bedeutung für Gesellschaft und Schule, bevor wir auf die individuellen Reaktionen junger Menschen gegenüber Krisen eingehen. Beides greifen wir im weiteren Verlauf immer wieder auf, wenn wir vielfältige Potenziale dafür vorstellen, wie Schulen kurz- und langfristig mit gesellschaftlichen Krisen umgehen können. Nach dieser Vergrößerung des Möglichkeitsraums für das schulische Handeln schließen wir mit einer Sammlung möglicher Hilfsangebote, Materialien und Methoden.

2 Fallbeispiele

Die genannten Fallbeispiele bündeln entweder Erfahrungsberichte verschiedener Personen zu einer fiktiven Person oder geben wörtlich den Erfahrungsbericht einer Person wieder.

2.1 Fallbeispiel Sara, 7 Jahre

„Irgendwann im Februar war plötzlich alles anders", berichtet die 7-jährige Sara. Sie besucht die 1. Klasse einer Grundschule und erzählt: „Am Anfang von der ersten Klasse war noch Corona. Irgendwann ist es aber besser geworden und ich habe meine zwei Freundinnen kennengelernt." An einem Tag im Februar seien die Lehrkräfte und auch ihre Eltern aber plötzlich ganz aufgeregt gewesen. Sie habe diese miteinander reden hören. Sie seien immer verstummt, wenn sie dazu gekommen sei. Sara berichtet, „Ich hab dann immer heimlich zugehört. Die haben von Krieg, Panzern und Raketen in der Ukraine erzählt. Ich hab gar nicht genau gewusst, was das heißt. Aber alle haben immer so ängstlich geguckt." Ihr 12-jähriger Bruder habe ihr dann erklärt, dass gerade viele Menschen sterben würden und der Krieg vielleicht auch zu ihnen komme. Im Fernsehen habe Sara die Panzer gesehen und sei dann schnell aus dem Zimmer gelaufen. Leise ergänzt sie, „Ich hab mich nicht getraut, mit Mama und Papa zu reden. Die haben immer sofort weggeguckt und leise geredet. Die waren auch sowieso so genervt von allem in der letzten Zeit." Sara habe in der Zeit viel geweint und wenig mit anderen gesprochen. Mit einem Lächeln erzählt sie, „Gut war dann, als Frau Schmidt – das ist meine Klassenlehrerin – uns das erklärt hat. Der Krieg ist nämlich ganz weit weg. Wir haben dann einen Flohmarkt gemacht und Geld gesammelt." Im März seien zwei Mitschülerinnen aus der Ukraine in die Klasse gekommen. Sara habe Angst vor ihnen gehabt, weil sie gedacht habe, dass diese den Krieg „mitbringen". Nach einigen Wochen sei sie aufgetaut und habe sich ein wenig mit den Mädchen angefreundet. Aktuell im Sommer leide sie unter der anhaltenden Hitze.

Im Gespräch mit den Eltern zeigt sich, dass diese in der Pandemie ans Ende ihrer Kräfte gekommen seien. Die Mutter arbeite in der Pflege und habe immer wieder Schichten von Kolleg*innen übernehmen müssen. Der Vater sei bei den örtlichen

Stadtwerken angestellt und habe die Energiesicherung der Stadt für den Winter mit planen müssen. Sie klagen, „Wir haben ja keine Familie in der Nähe. Unser Ältester ist in der Pandemie immer aggressiver geworden. Wir wussten gar nicht richtig, wie wir damit umgehen sollen. Für Sara hatten wir wenig Zeit, sie war ja auch früher immer der ‚Sonnenschein'."

Die Klassenlehrerin startete kurz vor der Pandemie in ihre erste Anstellung. Für sie seien die letzten Jahre enorm anstrengend gewesen, da sie nicht nur den Unterricht habe komplett neu vorbereiten müssen. Sie hätte auch immer wieder mit der fehlenden Technikausstattung, Datenschutz und allgemein mangelnden Ressourcen zu kämpfen gehabt. „Ich bin vor allem durch die Klimakrise belastet und engagiere mich schon lange im Naturschutz. Als dann noch der Ukrainekrieg kam, hat mich das komplett aus der Bahn geworfen. Zum Glück war die Unterstützung im Kollegium sehr gut. Wir haben uns dann zusammen überlegt, was wir tun können. Eigentlich bin ich aber seit Anfang meines Berufslebens nur noch im „Dauerkrisenmodus"."

2.2 Fallbeispiel Ben, 15 Jahre

Der 15-jährige Ben wirkt im Gespräch genervt: „Ja, ich bin jetzt halt schon länger gereizt und manchmal raste ich halt aus.". Einmal habe er die Tür so sehr ins Schloss geworfen, dass sie kaputtgegangen sei. Zu anderen Zeiten ziehe er sich eher zurück und sei traurig. „Die letzten Jahre haben mich richtig fertiggemacht. Angefangen hat das, als mir das Ausmaß von der Klimakrise so richtig klar geworden ist. Der Sommer war super heiß. Ich hab dann angefangen, mit meiner Schwester zusammen zu den Fridays for Future Demos zu gehen. Das war echt gut. Dann ist irgendwann die Pandemie gekommen. Ich durfte meine Freunde nicht mehr sehen, das war echt gar nichts. Ich hab dann viel geschlafen und gezockt – raus durfte ich ja eh nicht. Social media hab ich natürlich auch viel gemacht, da die Infos aus den Nachrichten und so geholt.". Vor der Pandemie habe er Fußball gespielt und sei sehr fit gewesen. Von 2020 bis 2021 habe er jedoch 15 kg zugenommen. Nach einigen Monaten habe er versucht, sich auf die Schule zu konzentrieren, um auf den Realschulabschluss hinzuarbeiten. „Also seit dem Krieg in der Ukraine bin ich nur noch genervt von den Erwachsenen. Die kriegen ja gar nix mehr hin. Alles bricht zusammen und keiner kümmert sich drum." Im Herbst 2021 sei eine mittelgradige depressive Episode diagnostiziert worden. Weder ein empfohlener Klinikaufenthalt noch eine ambulante Psychotherapie sei aufgrund mangelnder Plätze möglich gewesen. Daraufhin habe er Antidepressiva verschrieben bekommen.

Die Eltern berichten, „Ben ist schon immer sehr aufmerksam gewesen und hat mitbekommen, was in der Welt so passiert. Wir haben versucht, ihn so gut es geht zu schützen. Aber in den letzten Jahren sind wir auch an unsere Grenzen gekommen. Wir haben gerade das Haus umgebaut. Mit der Inflation und Energiekrise bekommen wir die Kosten aber überhaupt nicht mehr gedeckt. Im schlimmsten Fall verlieren wir das Haus. Davon wissen die Kinder aber nichts." Die Mutter sei zudem 2020 mit Anfang 40 überraschend noch einmal schwanger geworden. Das Baby zuhause in Kombination mit akuten Engpässen bei der kinderärztlichen Versorgung, anhaltender Pandemie und finanziellen Sorgen sei für sie zu viel. Die Sorge um Bens psychische Gesundheit raube insbesondere dem Vater, der dies von sich selbst kenne, den Schlaf.

Der Klassenlehrer der 9. Klasse ergänzt, „Mir ist natürlich klar, dass es Ben nicht so gut geht. Damit ist er aber leider nicht der einzige. Zwei Mädchen in der Klasse haben massiv abgenommen – da mache ich mir wirklich Sorgen. Ein paar Jungs sind in der Pandemie komplett abgetaucht, da wusste ich gar nicht mehr, was bei denen läuft." Der Lehrer kämpfe um mehr Unterstützung durch die Schulpsychologin, die oft bereits mit ganz ähnlichen Fällen ausgebucht ist. Auch er selbst sei aus Erschöpfung immer wieder krankgeschrieben.

2.3 Erfahrungsbericht einer Lehrerin

Nora Oehmichen, Lehrerin am Gymnasium, Teachers for Future: „Mir würde es unglaublich helfen, wenn an Schulen, in Kollegien überhaupt erstmal anerkannt würde nicht nur, dass wir in einer Zeit zunehmender und einander bedingender Krisen leben, sondern dass das unsere Aufgabe als ‚Schule' und das Verständnis davon, was ‚Unterricht' ist, fundamental verändert. Momentan ist der Modus noch: Wir ‚opfern' Unterricht, wenn es wirklich nicht anders geht, weil etwa Putins Truppen die Ukraine überfallen. Dann wird gesprochen, werden mit Kreide Friedenstauben auf Schulhöfe gemalt, Spenden gesammelt – und dann wird wieder dazu übergegangen, was als ‚normaler Unterricht' geframet ist – statt anzuerkennen, dass ‚normaler Unterricht', also das mehr oder weniger kreativ gestaltete Vermitteln von bereits vor Jahren oder Jahrzehnten festgelegten Inhalten, das Abprüfen dieser Inhalte in standardisierten Tests und Klassenarbeiten, das Aufrechterhalten des Konkurrenzprinzips durch die Vergabe von Noten und das stillschweigende Akzeptieren des Umstands, dass genau dieses System bei immer mehr Schüler*innen und Lehrer*innen Stresssymptome verursacht, dass also ‚normaler Unterricht' auch in weltpolitisch ruhigen Zeiten alles andere als ‚normal' ist. Und erst recht in Krisenzeiten brauchen wir Schulen als Orte, an denen Schüler*innen und Lehrer*innen einander angst- und stressfrei begegnen können. An denen Zeit und Raum dafür ist, sich in aller Ruhe dem zu widmen, was um uns passiert: Erderhitzung, Artensterben, Krieg, Demokratien auf dem Rückzug – aber eben auch: Was können WIR tun? Wo können wir hier vor Ort und mit unseren Mitteln dagegenhalten? Wo sind Verbündete, Kooperationspartner außerhalb der eigenen Schule, von und mit denen wir in Projekten lernen und uns als selbstwirksam erfahren?

Mehr denn je brauchen wir aktive Schüler*innen (und Kolleg*innen), die nachfragen, nicht lockerlassen, es wissen wollen, scheitern (lernen) dürfen. Wir brauchen weniger Fremdbestimmung, übermäßiges Auswendiglernen und Leistungsprinzip, dafür deutlich mehr Zeit, die ganz explizit der Beschäftigung mit dem, was gerade ‚in der Welt' vorgeht und für die Schüler*innen relevant ist, gewidmet ist, und die Möglichkeit zur Selbststeuerung auf beiden Seiten."

Fragestellungen für die Praxis

Lehrkräfte: Denken Sie kurz an die Schüler*innen Ihrer Klasse und auch Ihr eigenes Erleben in den letzten Jahren. Wie erging es Ihnen? Was haben Sie gelernt? Welche Schlüsse haben Sie aus der Zeit gezogen?

Schulleitung: Wie ist es Ihnen ergangen? Wie hat sich die erhöhte Belastung der Schüler*innen, aber auch der Lehrkräfte in den letzten Jahren gezeigt? Wie sind sie damit umgegangen?

3 Schule im Zeitalter der Krisen

Bei Corona konnten die Schulen nichts anderes machen, als sich mit der Krise zu beschäftigen. Ansonsten kriegt man in der Schule von dem, was außen passiert, weniger mit. Wenn man zuhause schon viel über solche gesellschaftlichen Themen spricht, ist es vielleicht auch ein Vorteil, in der Schule nicht so viel darüber zu sprechen. Wie eine Auszeit, weil man dann nicht die ganze Zeit über Schlechtes nachdenkt. Andererseits wäre es schon cooler, wenn das auch im Unterricht eingebunden werden würde. Das wäre ja auch gut für Leute, bei denen zuhause nicht so viel darüber gesprochen wird. Wir sind ja diejenigen, die später die Erwachsenen sind, und zum Teil auch in Führungspositionen sitzen werden – und dann wird man später damit eiskalt konfrontiert, wenn man etwas zu tun versucht. Schule ist ja eigentlich dazu da, uns auf das Leben danach vorzubereiten und mit bestmöglichen Mitteln weiterzuschicken. Das wird schulstoffmäßig meistens erreicht, aber gesellschaftlich passiert zumindestens bis zur 8. Klasse weniger. Es wirkt leider nicht so, dass wir Krisen besprechen, weil sie wichtig sind. Sondern es wirkt so, als würden wir gerade nicht darüber sprechen, weil es die Sorgen von anderen sind oder alle sich selbst kümmern müssen. Es ist wie bei Leuten, die bei einem Unfall wegschauen und nicht eingreifen.

Jonathan, 14 Jahre, Klasse 8

Gesellschaftliche Krisen wurden in unserer Schule schon thematisiert. Jedoch nur, wenn sie uns auch direkt betreffen, wie zum Beispiel die Corona-Pandemie oder die Klimakrise. Doch weiter entfernte Krisen, wie etwa der Konflikt im Iran oder ähnliche Situationen im Nahen Osten, wurden nur in einem Fach besprochen, da wir dort zu jeder Stunde Nachrichten schauen und im Unterricht drüber reden sollten.

Viktoria, 18 Jahre, Abiturientin

Viele Menschen werden mit dem Konzept des Katastrophenfilms vertraut sein. Es gibt oft eine lange „Davor"-Phase, in der das Leben seinen alltäglichen Gang geht, dann erste Warnzeichen auftreten, die oft nicht ernst genommen werden. Dann spitzt sich die Lage zu, bis ein katastrophales Ereignis unmittelbar bevorsteht, das sich nicht mehr ignorieren lässt. Diese Phase zieht sich mitunter quälend lang. Eine sehr heftige „Mittendrin"-Phase gleicht aufkommende Langeweile im Anschluss wieder aus. Eine akute Katastrophenlage muss nun bewältigt werden, während gleichzeitig fieberhaft nach einem Ausweg gesucht wird. Ist der gefunden bzw. ist die Katastrophe von alleine zum Erliegen gekommen, gibt es schließlich eine „Danach“-Phase, in der es um das Aufräumen, Verarbeiten und den Wiederaufbau geht. Im Film kommt diese dritte Phase oft ziemlich kurz.

Die Situation, in der sich die Menschheit gerade befindet, ist global und über die vergangenen Jahre hinweg betrachtet durch eine Gleichzeitigkeit dieser drei Phasen gekennzeichnet: Während der mehr oder weniger mühsame Berufs- oder Schulalltag im immer selben Rhythmus bewältigt wird, kündigen sich seit vielen Jahrzehnten verschiedene ökologische Katastrophen an. Gleichzeitig müssen immer wieder politische Krisen, wie die Finanzkrise oder zwischenstaatliche Konflikte, eingedämmt und immer stärkere Schäden infolge von Wetterextremen oder Umweltzerstörungen beseitigt werden. Diese Gleichzeitigkeit nicht nur verschiedener Krisen und Katastrophen, sondern auch ihrer Phasen stellt eine extreme Belastung für alle gesellschaftlichen Systeme dar. Schule als Institution und konkreter sozialer Ort ist hiervon nicht ausgenommen.

3.1 Was ist eine Krise?

Der Begriff der Krise wird vielfältig gebraucht, je nach wissenschaftlicher Disziplin, Alltagssprachgebrauch oder individueller Absicht, wenn beispielsweise in den Medien ein Konflikt immer gleich zur Krise stilisiert wird. Im Allgemeinen bezeichnet eine Krise eine *schwierige Situation oder Phase* bzw. einen kritischen Wendepunkt innerhalb einer bedrohlichen Entwicklung (z. B. Schubert & Klein, 2020), worauf in irgendeiner Form reagiert werden muss (vgl. Schäfers, 2018). Es kann ein konkretes Ereignis gemeint sein, ein ganzer Zeitraum oder eine Kombination aus beidem. Zudem kann eine Krise auf verschiedenen Ebenen und in verschiedenen Domänen auftreten, zum Beispiel als:

- *individuelle Krise:* eine Erkrankung, kritische Lebenssituation, emotionale Krisensituation oder ähnliches (Beispiel: ein Kind verliert ein Elternteil);
- *Krise innerhalb einer Organisation:* in einer Schule kommt es zu einem Unfall, bei dem mehrere Beschäftigte und Schüler*innen verletzt werden;
- *Krise einer Organisation:* in einer Schule fehlen krankheitsbedingt so viele Lehrkräfte, dass sie in den Notbetrieb übergehen muss;
- *Krise eines Systems:* in mehreren Schulen herrscht akute Personalnot, sodass an zahlreichen Einrichtungen viel Unterricht ausfallen muss;
- *gesellschaftliche Krise:* durch einen Krieg ist die Energieversorgung für Firmen, Haushalte und öffentliche Einrichtungen wie Schulen akut bedroht;
- *globale Krise:* im Zuge einer ursprünglich unbeabsichtigten Veränderung der Zusammensetzung der Erdatmosphäre durch den Menschen verändert sich das meteorologische Klima, infolgedessen ein Komplex unterschiedlicher Auswirkungen die Gesundheit und Lebensbedingungen aller Menschen bedroht ebenso wie die Stabilität menschlicher Gesellschaften und den Fortbestand der gesamten Zivilisation.

Eine Krise ist *nicht an eine bestimmte Ebene gebunden:* Ereignisse auf der individuellen Ebene können sich auf übergeordnete Ebenen auswirken, wenn etwa eine Schulleitung inmitten eines Schulentwicklungsprozesses langzeiterkrankt ausfällt. Zudem können Krisen auf überindividuellen Ebenen zu individuellen Krisen führen, wenn bspw. eine Pandemie den Betrieb einer Schule zum Erliegen bringt und ein Kind mit Lernschwierigkeiten zuhause lernen muss und dabei nicht mehr angemessen gefördert werden kann (vgl. Tabelle 1).

Nicht zuletzt können Krisen auch *domänenübergreifend* auftreten. So beeinträchtigt eine Pandemie verschiedene Domänen, bspw. den Bildungs- und den Gesundheitsbereich, und eine langzeiterkrankte Schulleitung fällt gleichzeitig womöglich im familiären System als wichtige stabilisierende Bezugsperson aus. Eine einzige Krise kann dabei in verschiedenen Situationen, Kontexten bzw. Domänen sowie über die Zeitachse hinweg ganz unterschiedliche Wirkungen entfalten.

3.1.1 Begriffliche Abgrenzung

Eng verbunden mit dem Krisenbegriff ist der Risikobegriff. Ein *Risiko* geht einem Schaden, einem kritischen Ereignis oder einer krisenhaften Entwicklung voraus. Es zeigt an, wie *wahrscheinlich* und *schwerwiegend* die (krisenhaften) Auswirkungen angesichts einer *Gefahr* (im Sinne eines drohenden Schadens) ausfallen können (UNISDR, 2009; für eine beispielhafte Abgrenzung der Begriffe vgl. Tabelle 2). Eine Krise kann also Folge eines eingetretenen Risikos sein und gleichzeitig auch ein Risiko für weitere Schäden bzw. krisenhafte Entwicklungen bergen. Sind Gefahr und Risiko bekannt, kann eine entsprechende Krise durch Präventionsmaßnahmen verhindert werden. Diese können zudem die Schwere der Folgen eingrenzen (vgl. Bundesamt für Bevölkerungsschutz und Katastrophenhilfe, 2022). Während Gefahren vermieden und damit verbundene Risiken minimiert werden können (z. B. wenn die Regeln im Straßenverkehr befolgt werden), stellt eine *akute Konfrontation* mit einer Gefahr eine *Bedrohung* dar.

Ein im Zusammenhang mit Krisen ebenfalls wichtiger Begriff ist der *Konflikt*. Konflikte können krisenhaft sein (wie ein militärischer Konflikt zwischen zwei Staaten oder anhaltende Auseinandersetzungen zwischen den Schüler*innen einer Klasse) oder Bestandteil einer Krisenlage (wie zum Beispiel der Konflikt zwischen Klimaschützer*innen und der Kohleindustrie oder anhaltende Auseinandersetzungen zwischen Eltern und einer Schulleitung einer Schule mit einem dauerhaft unterbesetzten Kollegium). Bei einem Konflikt treffen verschiedene weniger oder unvereinbare Interessen, Werte, Meinungen etc. unterschiedlicher Konfliktparteien bzw. Interessengruppen aufeinander, was sich in sichtbaren widerstreitenden Verhaltensweisen zeigt (Schrader, 2018).

Tabelle 1: Beispiele für die Wirkungsweise von individuellen und globalen Krisen auf verschiedenen Ebenen der Gesellschaft, des Systems und der Organisation Schule

Ebenen (von individuell zu global)			Ebenen (von global zu individuell)	
individuell	eine Klassenleitung erkrankt chronisch und fällt länger aus	↓	eine Pandemie breitet sich weltweit aus	**global**
organisations-intern	einer Klasse mit einem schlechten Sozial-klima fehlt für Monate eine Klassenleitung, da die Schule personell chronisch knapp besetzt ist	↓	in einem betroffenen Land kommt es zur Lockerung von Eindämmungs-maßnahmen aufgrund von Widerstand in der Bevölkerung	**gesellschaftlich**
organisational	andere Lehrkräfte müssen dauerhaft vertreten, sind mit den Kräften bald am Ende, fallen immer wieder aus, sodass der gesamte Schulbetrieb beeinträchtigt ist	↓	das Gesundheitssystem ist überlastet und kann nicht mehr alle Bedürftigen angemessen versorgen	**systemisch**
systemisch	dieses Muster tritt an mehreren Schulen parallel auf, wird versucht durch Ab-ordnungen etc. zu kompensieren, was den Schulalltag im ganzen Schulsystem immer unzuverlässiger werden lässt	↓	in einer Schule einer besonders betroffenen Region fallen nahezu alle Lehrkräfte aufgrund akuter Erkrankungen aus	**organisational**
gesellschaftlich	eine immer größere Zahl an Schüler*innen verlässt die Schule ohne ausreichende Qualifikation	↓	Klassen müssen zusammengelegt werden, was in einzelnen Gruppen zu Konflikten führt	**organisations-intern**
global	betrifft dies mehrere Staaten, sinkt global das Bildungsniveau, die ökonomische und politische Stabilität können leiden und die soziale Spaltung nimmt zu	↓	ein betroffener Schüler geht aus Angst nicht mehr in die Schule	**individuell**

Oft in einem Atemzug mit dem Krisenbegriff wird auch der Katastrophenbegriff gebraucht. Eine *Katastrophe* stellt eine Extremform einer (krisenhaften) Veränderung dar. Von einer Krise lässt sich eine solche Extremlage dadurch unterscheiden, dass sie mit den vorhandenen Möglichkeiten nicht mehr zu bewältigen ist und das Ausmaß der eintretenden Veränderungen vergleichsweise enorme Schäden verursacht, die selbst ebenso als Katastrophe bezeichnet werden können. Beispielsweise können im Zuge der krisenhaften Erderhitzung verschiedene Katastrophen-Phänomene eintreten:

- *akut lokal begrenzt:* z.B. Wetterextreme;
- *schleichend lokal begrenzt:* z.B. Dürren, Landverlust;
- *schleichend überregional:* z.B. zunehmend lebensfeindliche Bedingungen;
- *global:* Zusammenbruch der menschlichen Zivilisation.

Katastrophen bedeuten *Kontrollverlust* und können Teil oder Folge eines krisenhaften Prozesses sein oder im Extremfall den Endpunkt einer Krisenlage darstellen – nämlich dann, wenn im Laufe der Krise keine Lösung für das Problem gefunden oder implementiert werden konnte. Ab dem Zeitpunkt einer Krisenphase, bei dem die Bedrohung (offiziell) anerkannt und ausgesprochen wird, kann von einer *Notlage* bzw. einem *Notfall* (im Englischen: emergency) gesprochen werden. Die Ausrufung einer solchen Notlage markiert dabei den Beginn der vollumfänglichen Eindämmung und Bekämpfung der Bedrohung zur Verhinderung einer Katastrophe.

Tabelle 2: Abgrenzung verschiedener Begriffe am Beispiel von Gewalt in der Schule

Gefahr	Risiko	Bedrohung	Krise	Katastrophe[1]
im Schulkontext besteht die Möglichkeit, dass es zu Gewalt unter Schüler*innen kommt	in Klassen mit einem schlechten Sozialklima ist das Risiko höher, dass Gewalt angewendet wird	ein Schüler bekommt von einem anderen Schüler gesagt, er solle sich auf etwas gefasst machen	eine Schülerin wird seit Monaten von einer Gruppe Mitschülerinnen drangsaliert und gehänselt	ein Schüler nimmt sich das Leben, nachdem er von Mitschülern lange Zeit schwer drangsaliert wurde

1 Ein Schülersuizid wird in den Krisenmanualen der Länder ebenso als „Krise" eingeordnet, wie eine Suizidalität. Auch ein Amoklauf wird unter dem Oberbegriff „Krise" einsortiert, gleichzeitig stellt er eine sogenannte Großschadenslage dar, weil hier eine gesamte Schule in erheblichem Ausmaß betroffen ist. Losgelöst von dieser schulbezogenen Begriffslogik würden ein Schülersuizid oder ein Amoklauf über eine „bloße" Krise hinausgehen und eine Katastrophe darstellen, da sie einen unumkehrbaren Endpunkt einer vorherigen Krise darstellen. Beide Ereignisse lösen wiederum Krisenlagen aus (z.B. hinsichtlich der Betroffenheit der Hinterbliebenen sowie der Ausnahmesituation im betroffenen System).

3.1.2 Krisenverlauf

Während es sich bei Katastrophen in der Regel um klar abgrenzbare, zeitlich begrenzte Ereignisse handelt mit einer Vorphase, einem Mittendrin und einer Anschlussphase (Bergmann & Buchholz, 2020), ist der Verlauf bei Krisen weniger eindeutig. Ihr Beginn lässt sich mitunter erst im Nachgang ergründen. Wichtige Elemente im Krisenverlauf sind (in Anlehnung an individuelle Krisenphasen nach Cullberg, 1978; Kast, 1989):

- die *Erkenntnis* über die Krise bzw. das die Krise verursachende Problem,
- eine mehr oder weniger lange Phase des *Nicht-Wahrhaben-Wollens* (also der Abwehr durch Verleugnung, Bagatellisierung oder ähnliche Mechanismen),
- die vielfältigen *Reaktionen* gegenüber der wahrgenommenen Bedrohung (bspw. emotionale Reaktionen auf der individuellen Ebene),
- die aktive Auseinandersetzung und *Lösungssuche* und
- die Einleitung von *Veränderungen*.

Diese Reaktionsformen müssen nicht phasenhaft aufeinander folgen, sondern können ineinander übergehen und parallel bewältigt werden. Dabei können Krisen auch ein *Momentum für Entwicklung* beinhalten (vgl. Schubert & Klein, 2020), nämlich dann, wenn aus einer Krise heraus Veränderungen angestoßen werden, die vor der Krise noch nicht denkbar oder unrealistisch waren. Krisen lassen sich so auch als mehr oder weniger chaotische Phasen zwischen zwei Phasen relativer Stabilität und unterschiedlicher Qualität betrachten (vgl. Homer-Dixon et al., 2022). Die Qualität des Zustandes nach der Krise hängt unter anderem davon ab, welche Akteur*innen sich in den mit einer Krise einhergehenden Konflikten mit welchen Zielen durchsetzen.

Merke

Im vorliegenden Band verstehen wir eine Krise als eine *schwierige Phase* von Individuen, Systemen oder Gesellschaften angesichts einer *signifikanten Bedrohung*, in der es verschiedene *Aufgaben* zu erledigen gilt, um der Bedrohung angemessen zu begegnen, dadurch die Krise zu beenden und ggf. eine katastrophale Zuspitzung zu verhindern. Der Umgang mit der Krise birgt die Möglichkeit der Weiterentwicklung über den Zustand vor der Krise hinaus.

Wir werden auf Krisen auf der *gesellschaftlichen Ebene* schauen und deren Bedeutung für die *Domäne der Schule* herausarbeiten.

3.2 Abgrenzung schulischer Krisen

Spätestens seit dem Schul-Amoklauf von Erfurt im Jahre 2002[2] sind schulische Krisen eine feste Kategorie im Schulsystem (vgl. Hoffmann et al., 2009; Nagel, 2018). Zwar gab es vorher schon solche besonderen Vorkommnisse, doch Erfurt stellt eine Zäsur für die Professionalisierung des Umgangs mit Krisen an Schulen und die Verbesserung der Prävention dar. In nahezu allen Schulen gibt es Krisenmanuale, die in der Regel von den Ländern herausgegeben werden, Pläne zum Umgang mit verschiedenen Krisenfällen beinhalten und so dem Schulpersonal mehr Handlungssicherheit in Ausnahmesituation ermöglichen. Gleichzeitig leisten sie einen Beitrag dazu, das Schulpersonal besser auf Krisen vorzubereiten. Es gibt zudem immer mehr ausgebildete schulinterne Krisenteams und zahlreiche einschlägige Fortbildungsmöglichkeiten. Nicht zuletzt wurde die schulpsychologische Beratung bundesweit personell ausgebaut und fachlich besser aufgestellt (Drewes & Niebuhr, 2021).

3.2.1 Wesen schulischer Krisen

Schulische Krisen sind Situationen, die den Schulalltag zumeist sehr plötzlich unterbrechen, ein sofortiges Reagieren des Schulpersonals erfordern und mitunter auch schulexterne Ressourcen benötigen. Zu den häufigeren schulischen Krisensituationen können verschiedene Formen von Gewalt, Bullying unter Schüler*innen, medizinische Notfälle und Unfälle sowie Kindeswohlgefährdung im Elternhaus gezählt werden. Zu den äußerst seltenen Extremformen, gegen die Schulen wegen ihrer Schwere auch baulich und technisch ausgerüstet werden, zählen Brände und schwere zielgerichtete Gewalttaten.

Schulische Krisen können im Ausmaß der Betroffenenzahl sehr unterschiedlich ausfallen. Im Fall einer suizidalen Äußerung ist der Personenkreis bspw. zumeist sehr klein, je nachdem, wie öffentlich die Äußerung erfolgt ist. Bei einem Todesfall eines Schulmitgliedes ist die Zahl der Betroffenen weitaus größer und kann ganze Klassen, Jahrgänge oder auch die gesamte Schule umfassen. Und bei Großschadensereignissen wie einem Extremwetterereignis oder einem Amoklauf kann die gesamte Schulgemeinschaft in schwerwiegender Weise zu Schaden kommen.

All diesen schulischen Krisen ist gemeinsam, dass sie in irgendeiner Weise mit einem konkreten Schulkontext verbunden sind. Noch vergleichsweise wenig aus-

2 Am 26. April 2002 erschoss ein ehemaliger Schüler des Gutenberg-Gymnasiums in Erfurt 16 Menschen, darunter zwei Schüler*innen. Im Anschluss tötete er sich selbst. Das Ereignis war der erste Amoklauf in der Größenordnung in Deutschland, welcher zu weitreichenden Diskussionen in der Gesellschaft sowie im Schulsystem führte.

geleuchtet ist der Umgang mit Krisen außerhalb des schulischen Kontextes, die zumindest mittelbar den schulischen Kontext beeinträchtigen können.

3.2.2 Exkurs: Der Anschlag von Halle

Ein Beispiel für eine Krise außerhalb der Schule mit Wirkung auf den Schulkontext stellt der Anschlag von Halle (Saale) dar. Bei diesem erschoss ein Rechtsextremist am Mittwoch, dem 9. Oktober 2019, zwei Menschen im Zuge des gescheiterten Versuches, am höchsten jüdischen Feiertag Jom Kippur in der örtlichen Synagoge ein Massaker an den dort versammelten Feiernden zu verüben. Auf seiner anschließenden Flucht verletzte der Rechtsterrorist zwei Menschen, weitere mussten um ihr Leben fürchten.

Der Anschlag fand um die Mittagszeit mitten in einer deutschen Großstadt statt – im Umfeld öffentliche Plätze, ein Universitätscampus, frequentierte Imbisse sowie mehrere Schulen und Kindertageseinrichtungen. Große Teile der Stadt waren bis in den frühen Abend hinein abgeriegelt. Sehr viele Menschen verbrachten den Tag in Unsicherheit und Sorge, während in den sozialen Medien Spekulationen und erste Videos schnell die Runde machten. Ein solches Video zeigt, wie der Täter nach seinem Angriff auf einen Imbiss in voller Kampfmontur auf einer Straße steht und Schüsse abfeuert.

Da sich der Anschlag in den Ferien ereignete, blieb es tausenden Schüler*innen und Lehrkräften erspart, stundenlang eingeschlossen in ihren Schulgebäuden auszuharren. Dennoch stellte der Anschlag für die Schulen in der Umgebung ein potenzielles Großschadensereignis dar. Zahlreiche junge Menschen waren zum Zeitpunkt des Anschlags in der Stadt unterwegs oder in unmittelbarer Nähe zuhause. Sehr viele Schüler*innen haben in irgendeiner Form Informationen zum Anschlagsverlauf im Internet verfolgt. Die räumliche und emotionale Nähe zu den in den Videos und Fotos eindeutig erkennbaren Orten – manche werden zudem die Schüsse und Sirenen gehört haben – machte sie mindestens zu indirekt Betroffenen.

Da die Ferien mit dem darauffolgenden Montag endeten, waren die Schulen binnen kürzester Zeit gefordert, auf diese Lage zu reagieren. Eine Blaupause dafür gab es bis dato nicht. Nach einer schnellen Erstinformation an alle potenziell betroffenen Schulen wurden in Kooperation mit einer örtlichen auf Traumata bei Kindern und Jugendlichen spezialisierten psychotherapeutischen Praxis und in Rückgriff auf Materialien aus der psychosozialen Notfallversorgung durch die Schulpsychologie im Landesschulamt Sachsen-Anhalt Materialien für Schulen, Eltern und Schüler*innen zusammengestellt, auch um die Sensibilität für spätere Belastungsreaktionen zu erhöhen.

Der Anschlag von Halle lässt sich als Symptom einer gesellschaftlichen Krise einordnen: Rechtsextreme Ideologien in Verbindung mit gruppenbezogener

Menschenfeindlichkeit und Verschwörungsmythen beeinträchtigen in einer von finanziellen und sozialen Unsicherheiten geprägten Zeit zunehmend das gesellschaftliche Klima – verstärkt durch die ungefilterte und unbalancierte Allgegenwärtigkeit von Informationen verschiedener Qualität, beispielsweise in sozialen Medien. Dabei werden negative Emotionen aufgegriffen, verstärkt und auf vermeintliche Ursachen gelenkt, unter anderem dadurch, dass für komplexe und tatsächlich vorhandene Probleme einfache, unterkomplexe Antworten angeboten werden. Dabei geraten vor allem Minderheiten bzw. gesellschaftlich Benachteiligte als „Schuldige" in den Fokus, was verbale und nicht zuletzt auch physische Gewalt ihnen gegenüber nach sich zieht.

Im Fall des Anschlags von Halle hatte sich der Täter in einschlägigen Internetforen im Austausch mit Gleichgesinnten radikalisiert. Für seinen rassistischen und antisemitischen Anschlag hatte er explizit Menschen jüdischen Glaubens als Todesopfer definiert. Als ihm das nicht gelang, wich er auf einen nahegelegenen migrantischen Imbiss aus. Sowohl Menschen jüdischen Glaubens als auch Menschen mit Migrationshintergrund sehen sich in Deutschland einer Vielzahl von gruppenbezogen-menschenfeindlichen Stereotypen, Anfeindungen, Schuldzuweisungen und Übergriffen ausgesetzt (vgl. Zick et al., 2012). Dabei wird oft die sogenannte „Flüchtlingskrise" von 2015/2016 als Ausgangspunkt einer aktuellen Zuspitzung bereits vorher vorhandener Tendenzen und Ausprägungen verstanden.

3.3 Krisen auf der gesellschaftlichen Ebene

Der Anschlag von Halle stellt exemplarisch dar, wie sich gesellschaftliche Krisen auf den schulischen Kontext auswirken können. Er macht deutlich, dass gesellschaftliche Krisen eine große Relevanz für den Schulalltag haben und bei der Gestaltung und Entwicklung von Schule zu bedenken sind. Dafür ist es erforderlich, dass auch im Bereich der schulbezogenen Wissenschaften und Professionen eine stärkere Beschäftigung mit dem Wesen gesellschaftlicher Krisen stattfindet.

Es gibt verschiedene Krisen auf der gesellschaftlichen Ebene, die „von außen" auf den schulischen Kontext wirken können. Sie lassen sich danach unterscheiden, aus welcher *Gefahren- bzw. Risikokategorie* heraus die konkrete Bedrohung erwächst. Inhaltliche Kategorien von Risiken sind (Future Earth, 2020; World Economic Forum, 2021):

- ökologische Risiken: z. B. Erderhitzung, Biodiversitätsverlust
- gesellschaftliche Risiken: z. B. Erosion des sozialen Zusammenhaltes
- geopolitische Risiken: z. B. zwischenstaatliche Konflikte, Terroranschläge
- technologische Risiken: z. B. Cyber-Attacken, Netzausfall
- ökonomische Risiken: z. B. Energiepreisschocks, Spekulationsblasen

Solche Risiken können zudem hinsichtlich ihrer *zeitlichen Perspektive* unterschieden werden (World Economic Forum; 2021):

- kurzfristige Risiken (eindeutige und aktuelle Gefahren): Extremwetterereignis (ökologisch), Erosion des sozialen Zusammenhalts (gesellschaftlich), Terroranschläge (geopolitisch), digitale Ungleichheit (technologisch), anhaltende Stagnation (ökonomisch)
- mittelfristige Risiken (Folgewirkungen/„Dominoeffekte"): zwischenstaatliche Konflikte (geopolitisch), Zusammenbruch der IT-Infrastruktur (technologisch), Platzen von Spekulationsblasen (ökonomisch)
- langfristige Risiken (existenzielle Bedrohungen): Scheitern beim Klimaschutz (ökologisch), Zusammenbruch der sozialen Sicherheit (gesellschaftlich), Massenvernichtungswaffen (geopolitisch), schädliche technologische Fortschritte (technologisch), Zusammenbruch der Industrie (ökonomisch)

Eine weitere Unterscheidung ist die nach der *räumlichen Ausdehnung*. So tritt ein einzelnes Extremwetterereignis lokal sehr begrenzt auf. In der Summe können eine Reihe lokaler Extremwetterereignisse im Zeitverlauf jedoch derart große Schäden anrichten, dass sie ganze Staaten destabilisieren. Die COVID-19-Pandemie hat gezeigt, dass aus einem lokal begrenzten Infektionsgeschehen eine globale Krise werden kann. Und auch lokal begrenzte zwischenstaatliche Konflikte wie der russische Überfall auf die Ukraine bergen aufgrund globaler politischer und ökonomischer Verflechtungen ein Risiko internationaler bis globaler Auswirkungen.

3.3.1 Definition gesellschaftlicher Krisen

All diese Gefahren, Risiken und Bedrohungen haben das Potenzial, zu *gesellschaftlichen Krisen* zu werden (vgl. World Economic Forum, 2021). Nach Luhmann (1977) können gesellschaftliche Krisen definiert werden als „heikle Situationen in Systemen/Umwelt-Beziehungen, die den Fortbestand des Systems oder wichtiger Systemstrukturen unter Zeitdruck in Frage stellen" (S. 327). Schäfers (2018) spricht von einem „Zustand der Gesellschaft bzw. zentraler gesellschaftlicher Bereiche [...], in dem unter Zeitdruck schwierige Probleme der Anpassung, der Koordination und ggf. der Strukturveränderung und Systemerhaltung zu lösen sind". Das Vorhandensein eines systemgefährdenden Problems sowie von Zeit-, Entscheidungs- und Handlungsdruck sind somit wichtige Merkmale, die sich auch in anderen Definitionen finden (vgl. Döring, 2022).

Weitere Merkmale gesellschaftlicher Krisen sind unter anderem (nach Döring 2022; Opp, 1996):

- *Ungewissheit* über Ursachen, Folgen, Lösungen und Verlauf,
- eine *Erschütterung* von grundlegenden Vorstellungen über die Welt und eigene soziale Umwelt, von Denkrahmen sowie geteilten Werten,

- eingeschränkte oder auch aktuell *überforderte Kapazitäten* (Ressourcen, Handlungsmöglichkeiten, Strukturen) zur Bewältigung,
- die *Abhängigkeit* der Bewertung und Bewältigung der Krise von verschiedenen Faktoren wie (a) der Wahrnehmung und den damit verbundenen Erwartungen in der Bevölkerung, (b) dem Zeitpunkt, zu dem die Krise erkannt wurde, (c) den vorhandenen Krisenerfahrungen und (d) dem kulturellen Rahmen.

Eine gesellschaftliche Krise ist zudem als *Prozess* zu sehen. Grob skizziert gibt es als Ausgangspunkt bestimmte kritische Ereignisse, die in (Teilen) der Bevölkerung zu einem Krisenbewusstsein bzw. einer Krisenstimmung führen, worauf wiederum bestimmte (kollektive) Verhaltensreaktionen folgen (vgl. Opp, 1996). In diesem Prozess gilt es, Konflikte zwischen verschiedenen Konfliktparteien auszutragen, wobei *Kommunikation* eine zentrale Rolle für den Krisenverlauf spielt (Döring, 2022). Im Endergebnis kann es zu einer positiven Lösung kommen (bspw. im Sinne einer umfassenden Systemtransformation; „Krise als Chance"), es kann aber auch alles beim Alten bleiben, zu negativen Lösungen kommen, zu Folgekrisen oder einer Katastrophe (ebd.).

Die Einbettung von Gesellschaften in eine *komplexe globale Vernetzung* macht sie anfälliger für die vielfältigen globalen Gefahren, Risiken und den krisenhaften Folgen ihrer unzureichenden Bearbeitung. Für Deutschland, das wie kaum ein anderes Land von der Globalisierung profitiert hat, trifft dies in besonderem Maße zu. Gleichzeitig entwickelt sich das Land „zu einer Gesellschaft, in der Konflikte immer offener zutage treten und ausgehandelt werden müssen", so eine Beobachtung von Döring (2022, S. 13). Veränderungen würden zunehmend als Krisen wahrgenommen, was wiederum zu Protesten führe, auch verstärkt durch eine „digitale Selbstermächtigung auf den jeweiligen Informationskanälen" (ebd.). Als weitere Symptome können eine zunehmende politische Polarisierung und auch Extremereignisse wie der Anschlag von Halle benannt werden.

3.3.2 Permanenz und Gleichzeitigkeit globaler Krisen

Aus der Perspektive der Geschichtsschreibung der Zukunft werden die verschiedenen aktuellen Krisen vielleicht irgendwann ein Ende gefunden haben. Aus der heutigen Perspektive erscheinen sie zunächst endlos. Damit unterscheidet sich die derzeitige Krisenhaftigkeit auch vom herkömmlichen Krisenbegriff, der zumeist von einer zeitlichen Begrenzung bzw. einem absehbaren Ende ausgeht (vgl. Döring, 2022; z.B. lassen sich Pandemien zeitlich gut abgrenzen). Die meisten Menschen werden schon allein aufgrund der sehr langfristigen Perspektive der menschengemachten Erderhitzung und anderer Einflussnahmen auf Ökosysteme und Lebensbedingungen ein wirkliches Ende dieser Phase wohl nicht mehr erleben.

Der Journalist und Politologe Bernd Ulrich hat den aktuellen Zustand der Welt Anfang 2022, wenige Wochen nach Beginn des russischen Angriffs auf die Ukraine, als „Postnormalität“ und „*Krisenpermanenz*“ bezeichnet (Ulrich, 2022, S. 4). Krisen kämen nicht mehr einzeln, sondern seien „kumulativ, mitunter exponentiell, sie interagieren, verstärken sich teils gegenseitig, und sie werden so bald nicht enden“, sie seien „nicht mehr die Ausnahme von der Normalität, sondern die Normalität der Ausnahme“ so seine Analyse (ebd.).

Zu den sieben bedeutendsten aktuellen Krisen zählt Ulrich (ebd.) das Artensterben, die Erderhitzung, die Corona-Pandemie, den Krieg in Osteuropa und seine globalen Auswirkungen, die damit verbundene Ernährungskrise sowie die Massenflucht aus aktuellen Krisengebieten. Verschiedene Risiko-Reporte aus den letzten Jahren, für deren Erstellung Wissenschaftler*innen und Mitglieder aus dem Netzwerk des Weltwirtschaftsforums befragt wurden, bestätigen diese Einschätzung (vgl. Future Earth, 2020; 2021; World Economic Forum, 2021; 2022; für eine Übersicht über aktuelle Risiko-Rankings, siehe Tabelle 3).

Tabelle 3: TOP-5-Risiken nach den Risks Perceptions Reports (FE; Future Earth, 2021) und Global Risks Reports (WEF; World Economic Forum, 2021; 2022) für die nächsten zehn Jahre ab Zeitpunkt der Befragung (eigene Übersetzung).

Risiko-Ranking nach Wahrscheinlichkeit		Risiko-Ranking nach Ausmaß		
FE 2021	**WEF 2021**	**FE 2021**	**WEF 2021**	**WEF 2022**
Extremwetter	Extremwetter	Erderhitzung	Infektionskrankheiten	Erderhitzung
menschengemachte Umweltzerstörung	Erderhitzung	Biodiversitätsverlust	Erderhitzung	Extremwetter
Biodiversitätsverlust	menschengemachte Umweltzerstörung	Infektionskrankheiten	Massenvernichtungswaffen	Biodiversitätsverlust
Erderhitzung	Infektionskrankheiten	menschengemachte Umweltzerstörung	Biodiversitätsverlust	Erosion des sozialen Zusammenhalts
Infektionskrankheiten	Biodiversitätsverlust	Extremwetter	Ressourcenkrisen	verschlechterte Lebensbedingungen

Längerfristig wird in den Rankings vor allem den ökologischen Problemen das größte Risiko zugeschrieben (vgl. Tabelle 3). Dabei dominiert der Komplex der Erderhitzung, die mit einer Zunahme der Häufigkeit und Intensität von Extremwetterereignissen einhergeht (Thiery et al., 2021) und auch im Zusammenhang mit einem erhöhten Risiko für weitere Pandemien gesehen werden muss (Carlson et al., 2022). Gemeinsam mit der Biodiversitätskrise, der Überschreitung der planetaren Grenzen und dem Zusammenbruch der Ökosysteme wird in der Klimakrise ein „globales Schlüsselrisiko" gesehen, das „auf einen Pfad irreversibler und verheerender Veränderung" und die menschliche Zivilisation in einen drohenden Kontrollverlust führe (Future Earth, 2020, S. i; eigene Übersetzung). Globale Risiken bzw. Krisen sind somit auch miteinander verbunden. Das trifft vor allem auf die ökologischen Risiken zu und ihre Verbindung mit sozialen Auswirkungen wie Pandemien, Lebensmittel- und Wassermangel, gesellschaftliche Instabilität sowie unfreiwillige Migration (Future Earth, 2020; 2021; World Economic Forum, 2021, 2022).

Die Welt kann als komplexes System, als ein Netzwerk von Netzwerken verstanden werden (Future Earth, 2020; Thurner, 2020). Vergleichsweise geringe Störungen können entweder absorbiert bzw. kompensiert werden – oder auch unerwartete negative Folgen mit sich bringen bis hin zu einer Art Dominoeffekt über mehrere Netzwerke hinweg, mehr oder weniger plötzlich mit einem womöglich unverhältnismäßig großen und irreversiblen Ausmaß (Future Earth, 2020; Homer-Dixon et al., 2022). An dem Punkt, an dem verschiedene Krisen parallel sowie aufeinander folgend auftreten, einzelne Krisen nicht mehr aufzuhören scheinen, sich über den gesamten Globus hinweg gegenseitig verstärken und bestimmte *Kipp-Punkte* erreichen (d.h., den mitunter abrupten und zum Teil auch unumkehrbaren Übergang eines Systems in einen neuen Zustand), droht gar ein globaler Kontrollverlust mit einschneidenden Auswirkungen über alle Ebenen hinweg (Future Earth, 2020; Homer-Dixon et al., 2022).

Ein entscheidender Faktor wird in der Zunahme *sich selbst verstärkender Rückkopplungen* gesehen (Homer-Dixon et al., 2022): So vergrößerten bspw. Extremwetterereignisse im Zuge der Klimakrise ökonomische Unterschiede zwischen und innerhalb von Gesellschaften, was Missstände innerhalb und größere Migrationsbewegungen zwischen Gesellschaften nach sich ziehe. Beides wiederum stärke populistische nationalistische Bestrebungen innerhalb der Gesellschaften, was eine wirksame Klimapolitik ausbremse – und dies führe letztlich zu einer weiteren Verstärkung der Klimakrise und ihrer Folgen (ebd.). Eine alleinige Betrachtung der Erderhitzung als *ökologische* Krisen würde folglich zu kurz greifen. Sie muss im Zusammenhang mit sozialen Risiken und Konsequenzen betrachtet werden, weshalb von *sozial-ökologischen* Krisen gesprochen werden sollte.

Betrachtet man die Pandemie als akutes Beispiel für *globale sozial-ökologische Krisen,* so wird diese Verbindung zwischen ökologischen und sozialen Faktoren noch deutlicher: Unter den Risiken, die sich seit Beginn der Coronakrise am meisten verstärkt haben, sieht der Global Risks Report 2022 die Erosion des sozialen Zusammenhalts, die Verschlechterung der Lebensbedingungen, ein Versagen beim Klimaschutz und eine Verschlechterung der mentalen Gesundheit weiter Teile der Bevölkerung (World Economic Forum, 2022). Damit im Zusammenhang stehen eine Zunahme der Ablehnung von Wissenschaft und Demokratie, eine wachsende Ungleichheit zwischen den und innerhalb der Nationen sowie eine zunehmende Desillusionierung der Jugend (Future Earth, 2021; World Economic Forum, 2022). Bei den Schwerpunkten sozialer Zusammenhalt, mentale Gesundheit und desillusionierte Jugend ist der Zusammenhang zum schulischen Kontext gut zu sehen.

Rückkopplungsprozess im Schulsystem

Das deutsche Schulsystem befindet sich in einer gravierenden permanenten Personalkrise (Klemm, 2022). Der Mangel an Lehrkräften führt dazu, dass die Arbeitsbelastung für das verbleibende Personal zunimmt. Dies kann dazu führen, dass bspw. das Krankheitsrisiko bei Lehrkräften steigt und sich weniger Menschen für das Lehramt entscheiden. Das kann wiederum zur Folge haben, dass kurz-, mittel- und langfristig noch weniger Personal verfügbar ist. Entscheidungen wie die Mehrarbeit von Lehrkräften oder die Vergrößerung von Klassen, können diesen Prozess zusätzlich verstärken, da hierüber wiederum das Risiko steigt, dass aufgrund steigender Belastung Personal ausfällt und weniger neues Personal gewonnen werden kann. Werden solche Rückkopplungsprozesse in Krisen wie hier beschrieben nicht bedacht, können Maßnahmen, die eigentlich der Eindämmung einer Krise dienen sollen, im Gegenteil einen krisenverstärkenden Effekt haben (vgl. Kap. 3.4.1).

3.3.3 Die Klimakrise als globale gesellschaftliche Krise

Signifikante Teile der jungen Bevölkerung weltweit sind bereits jetzt angesichts der sozial-ökologischen Krisen desillusioniert. Den wohl umfangreichsten Befund dazu liefert am Beispiel der Klimakrise eine Befragung von 10.000 Jugendlichen und jungen Erwachsenen aus zehn Ländern des Globalen Südens und Globalen Nordens nach ihren *emotionalen Reaktionen* gegenüber der Klimakrise und ihren Wahrnehmungen hinsichtlich des politischen Umgangs mit der Erderhitzung. Unbesorgt zeigten sich nur wenige, während über 75 % der Aussage zustimmten, dass die Zukunft beängstigend sei. Lediglich 30 % meinten, dass ihre Sorgen ausreichend ernst genommen würden und genug gegen die Klimakrise getan werde. Demgegenüber gaben jeweils rund 60 % an, sich nicht geschützt zu fühlen, sich belogen und betrogen zu fühlen, dass die Regierungen nicht vertrauenswürdig seien und junge Menschen auf der ganzen Welt im Stich ließen (Hickman et al., 2021). Eine deutsche Studie im Auftrag des Umweltbundesamtes mit jungen Menschen im Alter von 14 bis 22 Jahren kommt zu ähnlichen Ergebnissen und resümiert, dass negative Gefühle angesichts der menschengemachten Umweltkrisen in dieser Altersgruppe „nahezu den ‚Normalfall'" darstellen (Frick, Holzhauer & Gossen, 2022; S. 12).

In einer weiteren deutschen Studie mit über 2.500 Jugendlichen und jungen Erwachsenen zeigten sich fast drei Viertel der Befragten pessimistisch hinsichtlich der Entwicklung in den kommenden Jahrzehnten (Grund & Brock, 2019). Bei den Themen Erderhitzung und soziale Ungleichheit ergaben sich große Unterschiede zwischen der gewünschten und der tatsächlich erwarteten Zukunft. So zeigte zwar die Hälfte der Stichprobe einen großen Wunsch nach einer positiven Zukunft. Zugleich schätzten dieselben Personen eine solche Zukunft als weniger wahrscheinlich ein als die anderen Befragten. Grund und Brock (ebd.) sehen in dieser „nachhaltigkeitsaffinen, aber desillusionierten" Gruppe (Wunsch ja, Hoffnung nein) das größte Potenzial für nachhaltiges Verhalten. Allerdings zeigten diese Personen keinen Unterschied zu anderen Gruppen in ihrem nachhaltigen Verhalten, so auch zu jener, die relativ optimistisch ist und auf technologische Lösungen setzt. Die Autor*innen begründen dies damit, dass die geringeren Zukunftserwartungen die Motivation hemmen, sich für eine positivere Zukunft einzusetzen. Es fehle schlichtweg die *Zuversicht* (vgl. auch Ojala, 2012; 2015).

Diese Studien zeigen exemplarisch, dass globale Krisen wie die Klimakrise vielen jungen Menschen bewusst sind und ihr Erleben sowie ihre Vorstellungen über die Welt beeinflussen. Die Erderhitzung steht dabei seit Beginn der jüngeren Klimaproteste im besonderen Fokus. Die Klimakrise hat schwerwiegende ökologische Folgen (z. B. Extremwetter, Einschränkung grundlegender natürlicher Ressourcen, Biodiversitätsverluste). Hinzu kommen soziale Auswirkungen (verschlechterte Lebensbedingungen, Rückgang des Zusammenhalts, Pandemie, Flucht und Vertreibung, vgl. Kasten). Damit ist die Klimakrise längst kein rein physikalisches Phänomen mehr, sondern geradezu *die* globale *gesellschaftliche* Krise.

Definition der Klimakrise

Eine etablierte Definition für die Klimakrise existiert bislang nicht. Angelehnt an das in diesem Kapitel vorgestellte Verständnis gesellschaftlicher Krisen kann sie als kritisches Zeitfenster angesichts einer realen, permanenten, unsicheren, globalen und existenziellen Bedrohungssituation vor dem Hintergrund der Erderhitzung betrachtet werden (Clayton, 2020) mit kritischen Konsequenzen für die Menschen und Ökosysteme. Die Krise ist erfahrbar, indem sie sowohl zeitlich als auch räumlich akut präsent und in ihrem bedrohlichen, wenig vorhersehbaren und individuell unkontrollierbaren Ausmaß emotional belastend ist. Sie erfordert gesellschaftliche Anstrengungen zu ihrer Eindämmung und Lösung, die mit grundlegenden Veränderungen in den Beziehungen der Menschen zueinander im sozialen, politischen, wirtschaftlichen und ökologischen Bereich einhergehen. Das Konzept, mit dem eine solche grundlegende Veränderung erreicht werden soll, ist das der *Nachhaltigkeit* (z. B. WBGU, 2011).

3.3.4 Subjektivität von Krisen

Nicht alle Menschen, auch das ist ein Ergebnis der genannten Studien zum Klimaerleben, sind sich krisenhafter Lagen gleichermaßen bewusst – sie fühlen sich also nicht gleichermaßen bedroht, obwohl sie demselben Risiko ausgesetzt sind. Eine objektiv vorhandene gesellschaftliche Krise, die eine Lösung erfordert, um Schaden oder eine Katastrophe abzuwenden, muss demzufolge von potenziell Betroffenen nicht als solche wahrgenommen werden. So kann bspw. die Gefahr ignoriert oder das Risiko bagatellisiert werden. Oder Menschen sehen in den notwendigen Reaktionen auf die Krise eine größere individuelle Gefahr bzw. ein für sie persönlich stärkeres Risiko (statt „Klima-Sorgen" haben sie dann „Transformations-Sorgen"). In diesem Sinne bergen Krisen auch deshalb ein Konfliktpotenzial, weil sie in ihren Auswirkungen und in ihren Lösungsoptionen unterschiedliche Interessengruppen hervorbringen, die unvereinbar erscheinen können (vgl. Döring, 2022).

Exkurs: Subjektivität der COVID-19-Pandemie

In direktem Zusammenhang mit dem subjektiven Erleben von Krisen stehen Fehlinformationen, die im Zuge von Krisen verbreitet werden (z. B. Lurie et al., 2022). Fehlinformationen zur COVID-19-Pandemie werden gar als „infodemic" bezeichnet (Zarocostas, 2020). Dazu zählen beispielsweise Berichte zu Wunderheilungen, Impfstoffe, die mit Mikrochips versehen sind, oder Fehlinformationen zum Tragen von Masken. Objektive wissenschaftliche Befunde werden ignoriert oder sind nicht zugänglich, während andere Quellen aus sozialen Medien, Blogs, bestimmten Nachrichtenkanälen etc. als Informationsgrundlage genutzt werden, die beispielsweise besser zum eigenen Weltbild passen. Dies hatte große Auswirkungen für die Bekämpfung der Pandemie, da beispielsweise Impfungen verweigert wurden (z. B. Ullah et al., 2021). An dieser Stelle würde eine Abhandlung zu „fake news" zu weit führen, doch es wird deutlich, dass Schulen hier einen besonderen Auftrag haben, objektive Informationen basierend auf verlässlichen Quellen für Kinder und Jugendliche einzuordnen. Daran schließt direkt die Dringlichkeit einer Vermittlung von Medienkompetenz (vgl. Kapitel 7) an, sodass Schüler*innen auch bei neuen Krisen wissen, welchen Informationen z. B. über eine Prüfung der Quelle vertraut werden kann.

Neben den unterschiedlichen Interessen und psychischen Schutzmechanismen spielt für die subjektive Wahrnehmung und Bewertung von Krisen auch eine begrenzte Aufmerksamkeit für verschiedene Sorgen eine Rolle (Sisco et al., 2023). So wird davon ausgegangen, dass Menschen nur über begrenzte Kapazitäten dafür verfügen, ihre Aufmerksamkeit auf bestimmte besorgniserregende Reize zu richten. Im Zusammenhang mit dem Konzept der psychischen Nähe bzw. Distanz (Hansen et al., 2004) kann dies dazu führen, dass die individuelle Aufmerksamkeit eher auf Risiken gerichtet wird, die sich „näher anfühlen" und somit subjektiv die größere Bedrohung darstellen.

Im Ernstfall geschieht möglicherweise Folgendes: Ressourcen werden in Lösungen von Problemen gelenkt, die aktuell akut erscheinen (z. B. Ausgleich von Lerndefiziten nach der Pandemie), während mittel- oder längerfristige größere Probleme bzw. Risiken aus dem Fokus geraten und sich so schlimmstenfalls weiter entfalten können (z. B. die zunehmenden psychischen Belastungen von Schüler*innen und Lehrkräften, die sowohl die Gesundheit gefährden als auch leistungsbezogene Aufholmaßnahmen unterminieren können). Diese Gefahr besteht sowohl gesellschaftlich mit Blick auf akute Krisen wie auch individuell (z. B. einem Konflikt mit einem Kollegen aus dem zu Weg gehen vs. langfristig zu einer besseren Konfliktkultur beizutragen). Im globalen Maßstab lässt sich das akute und aufeinanderfolgende Eintreffen von Krisen, von zunächst COVID-19-Pandemie, anschließend Ukrainekrieg und Energiekrise, in der Hochphase der politischen Auseinandersetzung um die Lösung der Klimakrise als ein Beispiel dafür sehen, inwiefern dieser Aufmerksamkeitspool deutlich an seine Grenzen gekommen ist.

3.4 Bedeutung gesellschaftlicher Krisen für den Kontext Schule

Die Schule ist als gemeinschaftliche Institution, die alle Menschen verpflichtend besuchen müssen, eine der bedeutendsten Sozialisationsinstanzen für die Entwicklung von Kindern und Jugendlichen (Dalbert & Stoeber, 2004; Herzog, 2007). Zu den zentralen Merkmalsbereichen zählen neben physikalischen (z. B. die Gestaltung bzw. bauliche Beschaffenheit), organisatorischen (z. B. die Stundenplanung) und sozialen Faktoren (z. B. das Sozialklima) auch der Kontext von Schule (Peter, 2012):

- mit proximalen Merkmalen: das konkrete soziale Umfeld der Schule, regionale Bildungsangebote, Finanzkraft des Schulträgers etc.;
- und distalen Merkmalen: z. B. gesellschaftliche Kultur, Ausgestaltung des Schulsystems, soziale Kohäsion in der Gesellschaft etc.

Zu den distalen Merkmalen müssen künftig viel stärker auch Faktoren wie das gesellschaftliche Klima oder bedeutsame Ereignisse oder Entwicklungen auf der Makroebene gezählt werden.

3.4.1 Auswirkungen gesellschaftlicher Krisen auf die Schule

Solche distalen Merkmale des schulischen Kontextes sind nicht nur abstrakte Einflussgrößen, sondern können unmittelbar Auswirkungen darauf haben, wie der konkrete Schulalltag abläuft, während physikalische oder organisatorische Merkmale oft stabil bleiben. Sie interagieren eher mit den dynamischeren sozialen Faktoren in der Schule, zum Beispiel mit dem Sozialklima, das vor allem von den Interaktionen der Schulmitglieder untereinander geprägt ist. Sie können allerdings auch kurzfristig organisatorische Konstanten aushebeln, wenn beispielsweise die Unterrichtsorganisation durch pandemiebedingte größere Personalausfälle an ihre Grenzen gerät. Und auch vermeintlich hoch stabile physikalische Faktoren können beeinflusst werden, wenn zum Beispiel finanzielle Einschränkungen im Haushalt des Schulträgers dringend notwendige Erhaltungs- oder Sanierungsmaßnahmen verhindern oder zunehmende Extremwetterereignisse an die Gebäudesubstanz gehen.

Vor diesem Hintergrund können das Schulsystem als Ganzes bzw. Schulen als lokale Einrichtungen auf vielerlei Art von gesellschaftlichen Krisen betroffen sein, wie die folgenden Beispiele illustrieren.

Beispiel 1: Globale Erderhitzung

*Schüler*innen:* Junge Menschen erleben, dass trotz eines wissenschaftlichen Konsenses über Wesen und Folgen der Erderhitzung politisch nicht ausreichend viel dafür getan wird, diesen Prozess einzudämmen. Viele Schüler*innen gehen deshalb im Rahmen eines „Klimastreiks" während der Schulzeit zu Demonstrationen und Protesten und versäumen dabei Unterrichtsstunden. Gleichzeitig bemerken Sie, dass die Erderhitzung und ihre Folgen in der Schule vergleichsweise wenig oder gar nicht thematisiert werden.

Lehrkräfte: Einige Lehrkräfte unterstützen das Engagement der Schüler*innen bei den Klimaprotesten und binden dies in ihre Unterrichtsplanung mit ein. Andere ärgern sich über den versäumten Unterricht und sanktionieren dies. Die Bildungsbehörden senden unterschiedliche Signale an die Lehrkräfte, wie mit den Streiks umzugehen sei. Es kommt zu Spannungen zwischen Schulleitungen, die die Vorgaben der vorgesetzten Behörden umzusetzen haben, und Lehrkräften, die den Protesten offen gegenüberstehen.

Schulorganisation: Als Reaktion auf die starke Präsenz des Themas Erderhitzung und Klimakrise in der Öffentlichkeit beschließt eine Schule in einem demokratischen Prozess, einen Teil des Schulalltages künftig strukturell für fächerübergreifende längerfristige Nachhaltigkeitsprojekte zur Verfügung zu stellen. Dafür muss die Unterrichtsplanung umgestellt werden.

Schulgebäude: Ein erst kürzlich fertiggestelltes neues Schulgebäude wurde an einem unbeschatteten Ort gebaut. Ein Großteil der Klassenräume befindet sich an der ungeschützten Südseite des Gebäudes, auf die im Sommer den ganzen Tag über die Sonne strahlt. In den Südräumen ist es deutlich wärmer als in den Nordräumen, auch bei ganztägig geschlossenen Außenjalousien. Zwar wurden auf dem überwiegend mit hellem Betonpflaster versiegelten Schulhof auch Bäume gepflanzt, diese werden aber über viele Jahre hinweg keinen Schatten spenden können. Zum Teil sind die Setzlinge bereits abgestorben.

Schulumfeld: Im direkten Umfeld einer Schule in einer Großstadt müssen, wie in anderen Stadtgebieten, mehrere große Bäume gefällt werden, weil diese aufgrund anhaltender Trockenheit in ihrer Gesundheit beeinträchtigt sind und umzufallen drohen. Die betroffene Kommune hat in ihrem Haushalt nicht ausreichend Mittel eingestellt, um alle Bäume zu ersetzen bzw. Neupflanzungen ausreichend zu pflegen. Der Schule gehen durch die Baumfällungen wichtige Schattenspender verloren, sodass sich im Sommer in dem Gebäude schneller bedenkliche Temperaturen entwickeln und der Schulhof in der Mittagshitze nicht benutzbar ist. Kurzfristige alternative Beschattungen lässt der Haushalt der Stadt nicht zu.

Schulsystem: Auf Basis des infolge der umweltzerstörenden Aktivitäten des Menschen verabschiedeten UNESCO-Weltaktionsprogramms „Bildung für Nachhaltige Entwicklung“ werden bundesweit die schulischen Lehrpläne überarbeitet, um das Thema stärker im Unterricht zu verankern. Auch als Reaktion auf den stärkeren öffentlichen Diskurs über Klimakrise und Artensterben wird im Mai 2021 die „Berliner Erklärung zur Bildung für nachhaltige Entwicklung“ im Rahmen der UNESCO-Weltkonferenz in Deutschland veröffentlicht, die eine umfassende Transformation des Bildungswesens fordert.

Beispiel 2: Pandemie (vgl. Reintjes et al., 2021)

*Schüler*innen:* Im Zuge einer Pandemie eines neuartigen Erregers müssen Schüler*innen über mehrere Monate zuhause bleiben. Der Unterricht in der Schule fällt aus und wird nur notdürftig durch Onlineangebote ersetzt. Die sozialen Kontakte zu Mitschüler*innen sind in diesem Zeitraum stark eingeschränkt. Einige Schüler*innen verlieren zudem Angehörige oder müssen um ihre Gesundheit bangen. Für andere stellt die Schulschließung eine Erholungsphase dar, sodass ihnen nach Wiedereröffnung der Schulen die Rückkehr in den Schulalltag besonders schwerfällt.

Lehrkräfte: Viele Lehrkräfte müssen sich während der Schulschließungen methodisch und didaktisch neu aufstellen, während sie selbst emotional von der Gefahrenlage betroffen sind, die mit der Pandemie und der damit verbundenen Ungewissheit einhergeht. Vielen, insbesondere den Eltern unter den Lehrkräften, fällt es schwer, zwischen den beruflichen Anforderungen, den Vorstellungen der Bildungsbehörden, den Forderungen der Eltern und den individuellen Besonderheiten der Schüler*innen zu balancieren.

Schulorganisation: Binnen kürzester Zeit muss die Organisation der Schule von Präsenz auf Distanz umgestellt werden. Aufgrund fehlender Vorerfahrungen und technischer Möglichkeiten sowie Datenschutzbedenken dauert es lange, bis die Abläufe eingespielt sind. Manche Schüler*innen oder ganze Klassen sind anfangs gänzlich abgekoppelt von der Kommunikation mit der Schule.

Schulgebäude: Bei der Vorbereitung der Wiederaufnahme des Präsenzbetriebes wird festgestellt, dass im Schulgebäude selbst basale Hygieneanforderungen kaum umgesetzt werden können, weil die Räume sehr eng sind, die Fenster nicht ausreichend geöffnet werden können oder nahe Begegnungen im Schulgebäude aufgrund der Architektur nur mit großem organisatorischem Aufwand vermieden werden können.

Schulumfeld: Durch krankheitsbedingte Ausfälle in den Hochphasen der Pandemie kommen immer wieder Schüler*innen wegen eingeschränkter Angebote im ÖPNV zu spät zur Schule. Durch die Überlastung der lokalen Gesundheitseinrichtungen bleiben bei manchen Schüler*innen oder Lehrkräften notwendige Gesundheitsanwendungen aus. Da die Jugendämter im Notbetrieb sind, können zudem Kindeswohlverdachtsfälle weniger gut koordiniert werden. Durch die hohen finanziellen Aufwendungen für Pandemiemaßnahmen fehlen im kommunalen Haushalt finanzielle Mittel für andere wichtige Projekte der Schule.

Schulsystem: Durch die langen Schulschließungen und die zahlreichen Unterrichtsausfälle kommt es nach der Wiederaufnahme des Präsenzbetriebes bei ganzen Jahrgängen zu enormen Lücken in der Lernentwicklung, insbesondere bei den Grundfertigkeiten Lesen, Schreiben und Rechnen. Diese Lücken können auch über die folgenden Schuljahre mitunter kaum geschlossen werden, sodass es zu einem allgemeinen Sinken des Lernstandes kommt, das sich auch auf die Qualität der Abschlüsse auswirkt und einen bedeutsamen Anteil an Schüler*innen die Schule ohne ausreichende Qualifikationen verlassen lässt.

Solche Auswirkungen gesellschaftlicher Krisen auf unterschiedliche Bereiche von Schule ließen sich für die verschiedensten Beispiele durchdeklinieren. Zu beachten ist, dass die Auswirkungen auch miteinander interagieren: Direkte Auswirkungen auf Lehrkräfte haben sekundäre Auswirkungen auf die Schüler*innen, bspw. wenn sich die Interaktion einer betroffenen Lehrkraft mit den Schüler*innen ändert. Umgekehrt kann die Betroffenheit von Schüler*innen auch das Erleben und Verhalten von Lehrkräften beeinträchtigen. Und da Organisation, physikalische Umgebungsbedingungen sowie das lokale Umfeld und auch die Gestaltung des Schulsystems selbst den organisatorischen Rahmen für das Erleben und Verhalten am konkreten Ort Schule bieten, haben Auswirkungen auf diese Bedingungen wiederum Konsequenzen für die sozialen Bedingungen im Schulgebäude.

Bei der Betrachtung der beiden Beispiele Klimakrise und Pandemie wird zudem deutlich, dass Klima- bzw. Umweltstressoren in der Regel mit gesellschaftlichen Faktoren im Wechselspiel stehen (vgl. Kap. 3.3): Umweltphänomene wie Klimaveränderungen und Pandemien müssen also hinsichtlich ihrer Auswirkungen auf den Kontext Schule immer auch in ihrer Verbindung zu gesellschaftlichen Fragen bzw. Aspekten des gesellschaftlichen Klimas betrachtet werden. Gerade Pandemie und Klimakrise zeigen gesellschaftliche Interessenkonflikte und die Auswirkungen von Verunsicherungen und raschen Entwicklungen (bzw. ihrer „Androhung") für weite Teile der Bevölkerung auf, die sich letztlich auch in den Schulen niederschlagen: Wenn beispielsweise Hygienemaßnahmen entgegen wissenschaftlicher Erkenntnisse nicht umgesetzt oder wieder abgeschafft werden. Wenn Eltern gegen geltende Regelungen Maskenbefreiungen durchsetzen wollen. Wenn Schüler*innen darunter leiden, dass sie für ihr Engagement in der Klimakrise bestraft werden oder schlechte Noten erhalten. Oder wenn Lehrkräfte sich mit zunehmend gereizten Eltern konfrontiert sehen, denen die verschiedenen Krisen und ihre konkreten Auswirkungen auf ihr Leben über den Kopf wachsen.

All dies geschieht zusätzlich zu den möglichen schulinternen Krisen, die weiter stattfinden oder durch solche gesellschaftlichen Bedingungen an Häufigkeit und Intensität zunehmen können, da bspw. wichtige Schutzfaktoren wie positive soziale Beziehungen in und außerhalb der Schule beeinträchtigt werden. Dabei fällt es Schulen aufgrund struktureller und personeller Bedingungen ohnehin oft schon schwer, angemessen auf schulische Krisen zu reagieren bzw. diesen auch vorzubeugen. Schulgebäude und Schulalltag sind für eine bestimmte personenbezogene Norm unter regulären gesellschaftlichen Bedingungen konzipiert. Das betrifft die Architektur, die in Deutschland oft der von Büro- und Verwaltungsgebäuden gleicht, ebenso wie die personelle Ausstattung, die ohnehin schon mit dem Anspruch an Inklusion und Heterogenität im Konflikt steht und sich seit einigen Jahren nun auch in einer akuten und kaum lösbaren Mangelsituation befindet. Personelle Redundanzen, wie sie in Krisensituationen erforderlich wären, sind nicht vorhanden. Die Abfederung von Erschütterungen wie der Pandemie wird somit selbst zur Krise.

3.4.2 Der schulische Auftrag

In der komplexen und permanenten Multi-Krise, wie sie hier beschrieben wurde, gibt es für die Gesellschaft bzw. den Staat zwei zentrale Aufgabenfelder (vgl. Peter & Niessen, 2022):

A. Adaptation: Die bereits eingetretenen bzw. nicht mehr aufzuhaltenden Veränderungen der Lebensbedingungen erfordern zwangsläufig eine Anpassung der menschlichen Lebensweisen, Regeln, Infrastrukturen und Prozesse, die nicht mehr zu den veränderten Umständen passen. Hierbei geht es vor allem darum, die Gesundheit, das Wohlbefinden, den sozialen Zusammenhalt sowie die Funktionsfähigkeit der Gesellschaft zu schützen bzw. aufrechtzuerhalten. Dazu zählt auch die Stärkung der Bewältigungsfähigkeiten in der Bevölkerung sowie der sozialen Systeme gegenüber Krisenstressoren oder regelrechten Schocks.
B. Transformation: Da nach aktuellen wissenschaftlichen Erkenntnissen die menschliche Anpassungsfähigkeit bei unbegrenztem Fortschreiten der sozial-ökologischen Krisen für große Teile der Welt überfordert wird (in einigen Teilen ist das bereits jetzt der Fall), sind zusätzlich zu den Anpassungsleistungen gesellschaftliche Veränderungen in sozialen, ökonomischen und ökologischen Fragen – zwangsläufig – notwendig. Als Leitbild dient hier das Konzept der „nachhaltigen Entwicklung" mit den Nachhaltigkeitszielen der Vereinten Nationen.

Für die Schule als einflussreiche gesellschaftliche und zumeist staatliche Institution ergibt sich daraus (a) ein erweitertes Verständnis des ohnehin vorhandenen Schutzauftrages gegenüber den Schüler*innen und (b) ein spezifischer Erziehungs- und Bildungsauftrag hinsichtlich eines adaptiven und transformativen Umgangs künftiger Bürger*innen und Entscheidungsträger*innen mit sozialen, politischen und ökonomischen Prozessen angesichts bereits veränderter und sich weiter verändernder ökologischer und gesellschaftlicher Bedingungen.

Wenngleich Schule laut Beschluss der Kultusministerkonferenz (KMK) „kein Ort der Agitation für gesellschaftliche Veränderungen" sein soll (KMK, 1973, S. 4), so ist sie doch Teil der „gesellschaftlichen Ordnung und hat ihre Grundlage im Grundgesetz, in den Verfassungen der Länder und in den Gesetzen und sonstigen Vorschriften, die die Schule betreffen" (ebd., S. 2). Sie hat in der Erziehungspartnerschaft mit den Sorgeberechtigten die Aufgabe, junge Menschen auf das Leben nach der Schule so vorzubereiten, dass diese in der Lage sind, ihre „Grundrechte im politischen und gesellschaftlichen Leben" wahrzunehmen (ebd., S. 2). Dazu gehört u. a.:

- die Befähigung zum selbstständigen kritischen Urteilen, zum eigenverantwortlichen Handeln und zu „schöpferischer Tätigkeit",
- die Erziehung „zu Freiheit und Demokratie [...], zu Toleranz, Achtung vor der Würde des anderen Menschen [...]",
- das Wecken der „Bereitschaft zu sozialem Handeln und zu politischer Verantwortlichkeit",
- die Orientierung „über die Bedingungen der Arbeitswelt" (ebd., S. 2–3).

Neben einer Grundausstattung mit fundiertem Wissen und den Fertigkeiten zur selbstständigen Wissensgenerierung besteht der definierte schulische Auftrag somit ebenfalls in einer Verselbstständigung der Schüler*innen zu „entscheidungsfähigen und entscheidungsbereiten“ Bürger*innen (ebd., S. 4) – allesamt Grundvoraussetzungen für eine emanzipierte Teilnahme an gesellschaftlichen Entscheidungs- und Veränderungsprozessen.

Was in diesem Beschluss fehlt, ist der verantwortungsbewusste Umgang mit den Lebensgrundlagen. Dieser findet sich jedoch in neueren Regelungen wieder. So definiert die KMK die „Bildung für nachhaltige Entwicklung“ als wichtiges fächerübergreifendes Thema (vgl. z.B. Schreiber & Siege, 2016). Die eingangs dieses Bandes zitierte Berliner Erklärung der UNESCO-Weltkonferenz zur Nachhaltigkeitsbildung 2021 unterstreicht dies vor dem Hintergrund der aktuellen sozial-ökologischen Krisen (UNESCO, 2021). Umweltschutz und Nachhaltigkeit als Aufträge für die Schule finden sich zudem in den Schulgesetzen der Länder. Nicht zuletzt lässt sich dieser Schwerpunkt auch auf das Grundgesetz zurückführen, demzufolge der Staat „in Verantwortung für die künftigen Generationen die natürlichen Lebensgrundlagen“ schützt (Art. 20a Grundgesetz). Insofern ließe sich argumentieren, dass Schulen als Teil des Staates an die Beachtung des Gemeinwohls sowie das Staatsziel Umweltschutz gebunden sind (vgl. Heyne, 2016).

Bezug zum Eingangszitat von Jonathan

Folgt man den Gedanken von Jonathan, so sollte in der Schule ein gutes Gleichgewicht zwischen Entlastung von Krisen und der bewussten Auseinandersetzung mit Krisen gefunden werden, um möglichst vielen Schüler*innen mit ihren unterschiedlichen Belastungen und thematischen Zugängen gerecht zu werden. Jonathan weist zudem auf den Auftrag hin, dass Schulen Schüler*innen gut auf das Leben und die Verantwortung nach der Schulzeit vorbereiten sollen. Er kritisiert aus seiner Erfahrung heraus, dass die Schule der Bedeutung der sozial-ökologischen Krisen nicht gerecht wird.

3.5 Zusammenfassung

„Unser Haus steht in Flammen“ ist zum geflügelten Wort geworden. Krisen und deren Allgegenwärtigkeit in unserer Gesellschaft haben unsere Lebenswirklichkeit immer fester im Griff und wirken sich auf den Schulalltag aus. Dies geschieht direkt, indem sich beispielsweise Gebäude im Sommer massiv aufheizen, geflüchtete Schüler*innen integriert werden müssen, auf Distanzunterricht umgestiegen werden muss etc. Und auch indirekt sind die Folgen spürbar: über unterschiedliche Auffassungen zum Umgang mit Krisen, die psychischen Belastungen infolge emotionaler Reaktionen oder Überforderung. Es ist essentiell, wie wir nun mit diesen Krisen umgehen: Haben wir das Feuer überhaupt schon bemerkt? Ignorieren wir das Feuer in unserem Haus? Wärmen wir unsere Finger an ihm? Hoffen wir auf feuerfeste Häuser in der Zukunft? Löschen wir mit allem, was uns zur Verfügung steht, oder nehmen wir nur ein bisschen Wasser? Retten wir nur uns? Oder helfen wir uns untereinander? Wie machen wir das und wie motivieren wir uns gemeinsam? Antworten auf diese zuletzt auch existenziellen Fragen können und sollen auch in der Schule gefunden werden.

Fragestellungen für die Praxis

Lehrkräfte: Nehmen Sie sich einen kurzen Moment zur Reflexion. Von welchen gesellschaftlichen Krisen haben Sie sich bislang betroffen gefühlt? Wie haben Sie bislang über solche Krisen gedacht? Wie haben Sie diese Krisen thematisiert, privat, in der Schule mit Kolleg*innen oder mit Schüler*innen verschiedener Altersstufen?

Schulleitung: Welche gesellschaftlichen Krisen haben in Ihrer Schule schon einmal eine besondere Rolle gespielt? Wie haben Sie sich auf Ihr Kollegium, die Schüler*innen oder die Schulorganisation ausgewirkt? Wie sind Sie im Kollegium damit umgegangen? Wie haben Sie als Kollegium die Schüler*innen dabei eingebunden?

Schulverwaltung: Welche Rolle spielen gesellschaftliche Krisen für Ihre Überlegungen und Entscheidungen zur Schulentwicklung (bspw. hinsichtlich materieller und personeller Ausstattung, formaler Rahmenbedingungen, inhaltlicher Schwerpunktsetzungen)? Bei welchen gesellschaftlichen Krisen mussten Sie als Schulverwaltung schon einmal kurzfristig reagieren?

4 Wie junge Menschen auf Krisen reagieren

Es waren reale Bedrohungen, wir konnten die Folgen bis in die Schule spüren. Unser alltägliches Leben wurde auf den Kopf gestellt und wir wurden mit neuen Alltagsroutinen konfrontiert: Verbote, ergreifende Maßnahmen usw.

Mbaine, 16 Jahre, Berufskolleg-Abitur

Ein anderer Sinn für die Realität, vielleicht auch das Bereuen, die Zeit davor nicht mehr geschätzt zu haben (also, wie gut es einem ging und wie frei man war). Mehr Dankbarkeit, da man besser weiß, dass nicht alles selbstverständlich ist.

Mame Diore Pene, 17 Jahre, Gymnasium 11. Klasse

Gesellschaftliche Krisen können auf individueller Ebene in einer akuten Phase oder im längeren Verlauf zu einer Stressreaktion führen. Jede*r Einzelne vermag sich vermutlich gut in Erinnerung rufen, welche Gedanken und welches Erleben alleine schon durch Nachrichten zu einem plötzlich auftretenden gesellschaftlichen Krisenereignis entstanden sind. Ein klassisches Beispiel ist die Frage, wo man am 11. September 2001 (Anschlag auf das World Trade Center in New York) oder am 13. März 2020 (Beschluss des ersten COVID-19 Lockdowns) gewesen ist und wie man auf die ersten Nachrichten reagiert hat.

Bezug zum Fallbeispiel Sara

Mit Beginn des Angriffskriegs auf die Ukraine nimmt Sara die Veränderungen der Erwachsenen in ihrer Umgebung wahr. Sie ist sichtlich verunsichert, weint viel und spricht weniger mit anderen.

Bezug zum Fallbeispiel Ben

In der COVID-19-Pandemie beginnt Ben viel zu essen. Er schläft mehr, bewegt sich weniger und nimmt somit zu. Zugleich ist er leicht reizbar, zieht sich zurück und ist traurig.

All dies können erste Symptome einer Stressreaktion sein. Bei Ben akkumuliert sich diese langfristig in einer depressiven Episode.

Sozial-ökologische Krisen können auf vier verschiedenen Pfaden auf die psychische Gesundheit einwirken (Clayton, 2021):

1. Einzelne Ereignisse wie Naturkatastrophen können direkte Folgen mit sich bringen und z.B. zu Depression, Suizidalität, und Posttraumatischen Belastungsstörungen führen (Beaglehole et al., 2018).
2. Die psychische Gesundheit kann durch schleichende Veränderungen leiden: So ist der steigende Meeresspiegel Ursache für den Verlust von Heimat und erzwungene Migration. Höhere Temperaturen werden in Zusammenhang mit vermehrter Aggressivität und Suizidalität gebracht (Mares & Moffett, 2016; Miles-Novelo & Anderson, 2019).
3. Krisen können zu Veränderungen physischer und sozialer Systeme führen wie wirtschaftliche Unsicherheit oder Flucht, was wiederum indirekt zu psychischer Belastung führen kann.
4. Schließlich kann die Wahrnehmung der Krise als solche belastend sein, wenn sich junge Menschen um ihre Zukunft sorgen (Hickman et al., 2021).

All diese Belastungen im Kontext sozial-ökologischer Krisen gehen mit Stress einher. Das Ausmaß und die Art der konkreten Stressreaktionen können inter- und intra-individuell sehr unterschiedlich ausfallen. Im Folgenden möchten wir zunächst eine Begriffsbestimmung geben.

4.1 Was bedeutet Stress?

Das Wort Stress ist gesellschaftlich breit etabliert und somit Alltagsgegenstand. Es gilt als üblich, „gestresst" zu sein, sei es am Arbeitsplatz, in der Schule, in der Familie oder sogar in der Freizeit. Begrüßenswert an dieser Integration in den Alltag ist die Sichtbarkeit von möglicher körperlicher, psychischer und sozialer Belastung. Allerdings wird der Stressbegriff oft sehr breit verwendet, als rein von außen bedingt betrachtet oder auch als eine Art Auszeichnung für das eigene Leistungsniveau gesehen. Wissenschaftlich gibt es viele verschiedene Perspektiven auf den Stressbegriff, von denen wir einige für den Schulalltag besonders relevante aufgreifen möchten.

Definition Stress

Stress kann als jede Art von Veränderung definiert werden, die eine körperliche, emotionale oder psychische Belastung darstellt. Stress ist die Reaktion des Körpers auf alles, was Aufmerksamkeit oder Aktion erfordert. Jeder Mensch erlebt in gewissem Maße Stress. Die Art und Weise, wie jemand auf Stress reagiert, macht jedoch einen großen Unterschied für das allgemeine Wohlbefinden. (Weltgesundheitsorganisation, 2022)

4.2 Ein grundlegendes Stressmodell

Kaluza (2011) beschreibt drei Ebenen des Stressgeschehens in einem Stressreaktionsmodell (Abbildung 1). Dieses veranschaulicht, wie äußere Stressoren (z.B. Schulalltag, aber auch Krisen) Stressreaktionen in Körper und Psyche hervorrufen (z.B. körperliche Agitiertheit, emotionale Reaktionen). Das entscheidende Verbindungsglied sind persönliche Stressverstärker (vgl. Kap. 4.2.2), die in der Person liegen und z.B. von eigenen Ressourcen (z.B. aktuell entspannt oder überfordert) und Erwartungen an die eigene Person (z.B. alles perfekt machen zu wollen oder fehlertolerant sein) abhängen.

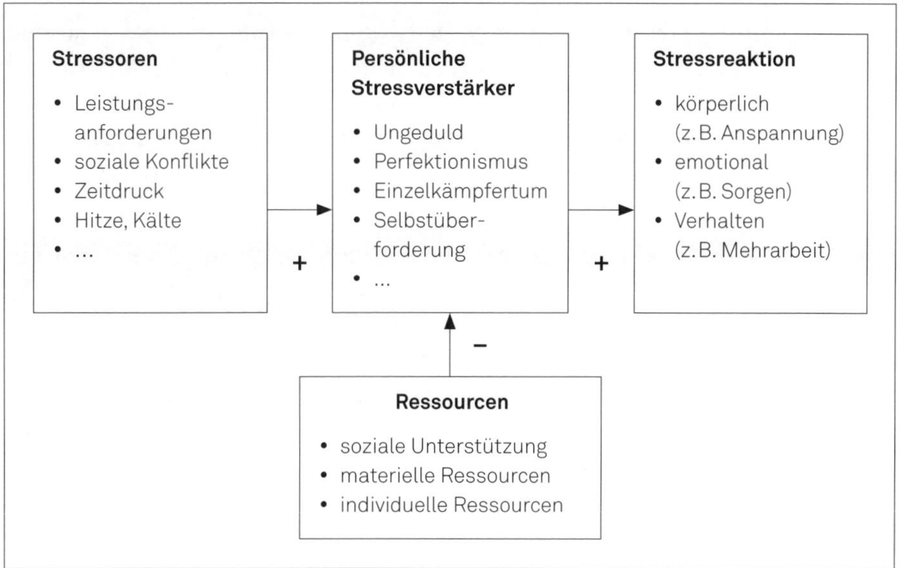

Abbildung 1: Stressreaktionsmodell: Drei Ebenen von Stress ergänzt um Ressourcen, illustriert mit Beispielen (nach Kaluza, 2011)

4.2.1 Stressoren

Für das Thema dieses Buches sind zunächst jene Stressoren relevant, die alle äußeren Anforderungen betreffen, die zu einer Stressreaktion führen können. Das betrifft nicht nur sozial-ökologische Krisen im Allgemeinen, sondern konkreter auch physikalische Stressoren (z.B. Lärm, Hitze, Kälte, Nässe), körperliche Stressoren (z.B. Verletzung, Schmerz, Hunger, Behinderung), Leistungsstressoren (z.B. Zeitdruck, Überforderung), sowie soziale Stressoren (z.B. Konkurrenz, Isolation, Konflikte; vgl. Kaluza, 2011). Bemerkenswert an dieser Liste ist die enorme Vielfalt an Stressoren, die auch schon ohne das Vorhandensein größerer Krisen vorliegen können. Treten weitere externe Stressoren in Gestalt von Krisen auf, werden all die genannten Stressoren zusätzlich befeuert. In der Pandemie waren dies zum Beispiel die ständigen Unterrichtsausfälle, im Zuge der Klimakrise können Klassenräume sehr heiß werden etc.

Die psychologische Stressforschung teilt Stressoren ein nach Auftretenshäufigkeit und Schweregrad: *Alltagsstressoren,* sog. *daily hassles,* sind beispielsweise Zeitnot im Familienmanagement, finanzielle Engpässe, eine zeitweilige Erkrankung, Schulstress, Probleme unter Gleichaltrigen. Sie stehen im Kontrast zu *größeren kritischen Lebensereignissen,* sog. *critical life events.* Diese können normativ sein (z. B. die Einschulung, Umzug), oder nicht-normativ (z. B. Todesfälle, Trennungserlebnisse etc.; z. B. Hannigan, Edwards & Burnard, 2004). Auch wenn die Alltagsstressoren an sich bewältigbar und weniger schwerwiegend sind, können sie auch längerfristig und ununterbrochen wirken, und somit nicht minder belastend und ressourcenfordernd sein. Kritische Lebensereignisse sind meist umschrieben und zeitlich befristet, für sich genommen jedoch meist schwerwiegender als die Alltagsstressoren. Unabhängig vom Schweregrad erfordern sowohl Alltagsstressoren als auch kritische Lebensereignisse einen Ressourceneinsatz (vgl. Definitionskasten; Wempe, 2019).

Gerade im Kindes- und Jugendalter sind die Alltagsstressoren in den Bereichen Familie, Peers und Schule nicht zu unterschätzen. Auftretende kritische Lebensereignisse verstärken dann deren Effekte. Wir müssen somit von einem kumulativen Effekt verschiedener alltäglicher und/oder außergewöhnlicher Belastungen auf Kinder und Jugendliche ausgehen. Zudem müssen gerade Kinder die Bewältigungsmöglichkeiten erst noch erwerben, um mit Stressoren adaptiv umgehen zu können (z. B. Eisenberg & Fabes, 1992).

Der Krisenbegriff, den wir in diesem Buch verfolgen, lässt sich nur bedingt in die bisherigen Konzepte der Alltagsstressoren oder kritischen Lebensereignisse einordnen, da letztere meist umschriebene, zeitlich begrenzte Ereignisse umfassen. Sozial-ökologische Krisen hingegen können eher als historisch-globale und gesellschaftliche, meist länger andauernde kritische Lebensereignisse verstanden werden (Wempe, 2019; Weierstall-Pust et al., 2022). Man könnte auch von kritischen gesellschaftlichen Lebensphasen sprechen: Sie treffen zeitlich auf alle Menschen in einem gemeinsamen gesellschaftlichen Lebenskontext zu, zum Teil auch global, und lassen sich nicht auf einen klaren Zeitraum eingrenzen.

Klima- und Umweltstressoren

Sozial-ökologische Krisen wie die Klima- und Biodiversitätskrise gehen mit einer Vielzahl an belastenden Auswirkungen für Menschen einher, die in Summe als *Klimastress bzw. Umweltstress* bezeichnet werden können (vgl. Kap. 4.5). Entsprechende Stressoren können individueller (z. B. über Hitze), sozialer (z. B. durch den Verlust von Angehörigen) oder ökologischer (z. B. durch das Miterleben von Naturzerstörung) Art sein und ganz akut (selbst erlebt), medial vermittelt (über Fernsehen, Internet etc.) oder antizipiert (im Sinne einer sorgenvollen gedanklichen Vorwegnahme) wirken (Peter & Niessen, 2022).

Im Versuch, den sozial-ökologischen Krisen als Stressoren gerecht zu werden, bedienen wir uns daher einer weiteren hilfreichen Einteilung von Stressoren aus der Traumaforschung. In frühen Arbeiten unterschied Terr (1991) sowohl die *Dauer der Belastung* (Typ I: einmalig, unerwartet, plötzlich; versus Typ II: lang andauernd, wiederholt, chronisch) als auch die *Verursachung* (interpersonell versus akzidentiell, nicht-interpersonell). Die in diesem Buch definierten sozial-ökologischen Krisen lassen sich hierbei unter die akzidentellen Belastungen einordnen, die sowohl eine unerwartete Form annehmen können (wie z. B. eine Überschwemmung, ein Kriegsbeginn), als auch eine permanente (z. B. wiederholte Änderungen in Restriktionen aufgrund einer Pandemie, Folgen einer Dürre).

Bevor in Kapitel 4.3 auf die kurz- und langfristigen bio-psycho-sozialen Auswirkungen von Stress eingegangen wird, sei an dieser Stelle schon darauf hingewiesen, dass es die chronischen Stressoren sind, die die profundesten, langfristigen Auswirkungen auf das Individuum zeigen (Cohen, Janicki-Deverts & Miller, 2007). Sie umfassen sowohl die lang andauernden, ggf. sich wiederholenden Stressoren an sich sowie die Folgeeffekte einzelner, schwerwiegender Ereignisse (Burke et al., 2018). Zugleich wirken die großen sozial-ökologischen Krisen auch verstärkend auf die individuellen Auswirkungen der Alltagsstressoren oder individueller kritischer Lebensereignisse. Sie treffen oft nicht auf ein optimal funktionierendes System voller Ressourcen, das Stresseffekte abpuffern kann, sondern verstärken bereits vorhandene Stressoren, die das individuelle Ressourcensystem bereits beanspruchen.

Definition Ressource

Ressourcen bezeichnen alle einer Person zur Verfügung stehenden, von ihren genutzten oder beeinflussten schützenden und fördernden Kompetenzen und äußeren Handlungsmöglichkeiten. Dies beinhaltet Fähigkeiten, die es ermöglichen, Situationen zu beeinflussen und unangenehme Einflüsse zu reduzieren. Unterschieden wird oft zwischen inneren physischen und psychischen Ressourcen (z. B. Körperkraft und die Fähigkeit, Situationen für sich positiv umzudeuten) und äußeren Ressourcen, die alle physikalischen, materiellen, biologischen, ökologischen, sozialen, institutionellen, kulturellen, organisationalen etc. Möglichkeiten umfassen, die einer Person zur Verfügung stehen. Dies kann finanzielle Absicherung, aber auch soziale Vernetzung oder Rückhalt in der Gemeinde sein (Ahbe, 1997).

Auf Belastungen folgen Stressreaktionen, sowohl akut in der Situation und in den nachfolgenden Tagen als auch lang andauernde, chronische Stressreaktionen. Im Folgenden wird die Entstehung einer akuten Stressreaktion beschrieben.

4.2.2 Stressreaktion

Das Entstehen einer Stressreaktion kann anhand eines psychobiologischen Modells dargestellt werden (vgl. Abb. 3 und Kap. 4.3.1). Ein akuter, externer Stressor wird über Sinneskanäle wahrgenommen. Dies kann Rauchentwicklung bei einem Feuer sein oder aber auch ein Gesichtsausdruck des Gegenübers, welcher auf Gefahr hindeutet (vgl. Signalfunktion von Gefühlen, Kap. 4.3.2). Es bedarf dann einer kognitiven Bewertung („Ist das gefährlich?") sowie einer emotionalen Reaktion (z.B. Angst), um ein Bedrohungsempfinden zu entwickeln. Es folgt eine körperliche Reaktion, die auch zu einer Veränderung von Gedanken und Verhalten führt. Relevant ist somit nicht nur der Stressor an sich, sondern auch die innere Verarbeitung basierend auf individuellen Stressverstärkern (vgl. Kaluza, 2011).

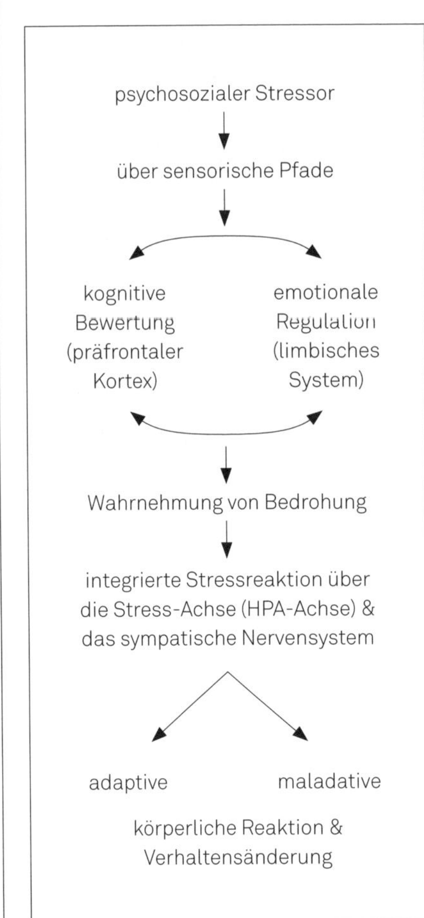

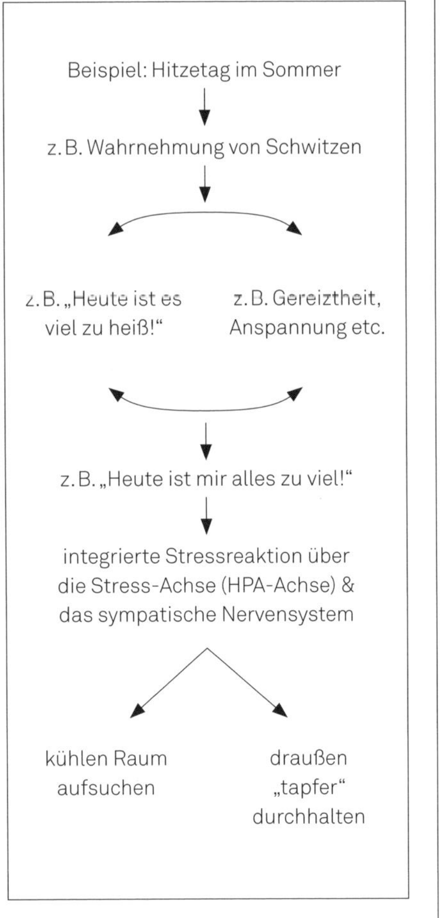

Abbildung 2: Psychobiologisches Stressmodell nach Feller et al. (2019) mit Beispiel eines Krisenereignisses

Exkurs: Das „Problem“ mit unserem Stresssystem angesichts längerfristiger gesellschaftlicher Gefahren und Risiken

Unsere Stressreaktion (vgl. Abb. 3) funktioniert sehr gut bei akuten, unmittelbaren Krisenereignissen, die uns persönlich betreffen. Weniger gut ausgerichtet sind unsere inneren Warnsysteme auf längerfristige (z.B. Pandemie, Flutereignis) oder gar zukünftige Stressoren (z.B. schlechtere Lebensbedingungen, gesundheits- und lebensbedrohliche Sommertemperaturen). Bei permanenten Stressoren, die nicht unmittelbar sichtbar oder zu erfassen (also latent) sind, lässt die Wahrnehmung von Bedrohung mit der Zeit nach, da wir die dafür notwendige ständige Bewertungsschleife nicht aufrechterhalten können. Bei zukünftigen Stressoren, die nicht physisch, sondern lediglich kognitiv präsent sind (z.B. die Katastrophenszenarien aus den Klimamodellen), ist es leichter möglich, gar nicht erst zu einer Wahrnehmung von Bedrohung und/oder zur Einschätzung eines damit verbundenen Risikos (für einen selbst oder bedeutsame andere) zu kommen. Wir müssen somit eine gewisse kognitive Anstrengung aufbringen, um uns dauerhaft und langfristig adaptiv mit gesellschaftlichen Krisen auseinanderzusetzen.

Auf Ebene der Stressreaktionen zeigt sich eine Vielzahl möglicher körperlicher sowie kognitiv-emotionaler Veränderungen (Kaluza, 2011). Die individuelle Stressreaktion lässt sich gut mittels des aus der Angstforschung entwickelten Kampf-Flucht-Erstarren („fight, flight or freeze“) Modells (vgl. Abbildung 3; Cannon, 1915) erklären, das aktuell auch im Zusammenhang mit den Ängsten gegenüber den sozial-ökologischen Krisen diskutiert wird (Dohm, Chmielewski, Peter & Schulze, 2023). Ein äußerer Stressor (z.B. Löwe) führt in unmittelbarer Reaktion zum Kampf („fight“), zur Flucht („flight“) oder zum Erstarren („freeze“). Diese prototypischen, quasi automatisierten Reaktionen können je nach Situation jeweils angemessen sein: bei einem Löwen sucht man, falls noch möglich, besser schnell Schutz (Flucht); in einer größeren Gruppe ist vielleicht eine direkte Konfrontation nicht ganz aussichtslos (Kampf). Bei einem anderen gefährlichen Tier kann das Erstarren lebensrettend sein, wenn dieses nur auf Bewegungen reagiert.

Bei der Begegnung mit einem Stressor kommt es unmittelbar zu einer *körperlichen Aktivierung und Energiemobilisierung,* indem z.B. das Herz schneller schlägt oder die Muskelspannung steigt. Hierbei werden verschiedene körperliche Systeme wie das autonome Nervensystem (z.B. Anstieg des Herzschlags, Chrousos & Gold, 1992) und das hormonelle System (z.B. Cortisol-Ausschüttung, z.B. Marieb & Hoehn, 2007) aktiviert. Der Körper wird somit in Alarmbereitschaft versetzt. Dies ist kurzfristig sehr sinnvoll, um entsprechend reagieren zu können. Wenn beispielsweise in der Schule ein Feuer ausbricht, ist es sehr sinnvoll, dass alle in körperliche Alarmbereitschaft versetzt werden, um unverzüglich die Rettungswege anzusteuern und das Gebäude zügig zu verlassen.

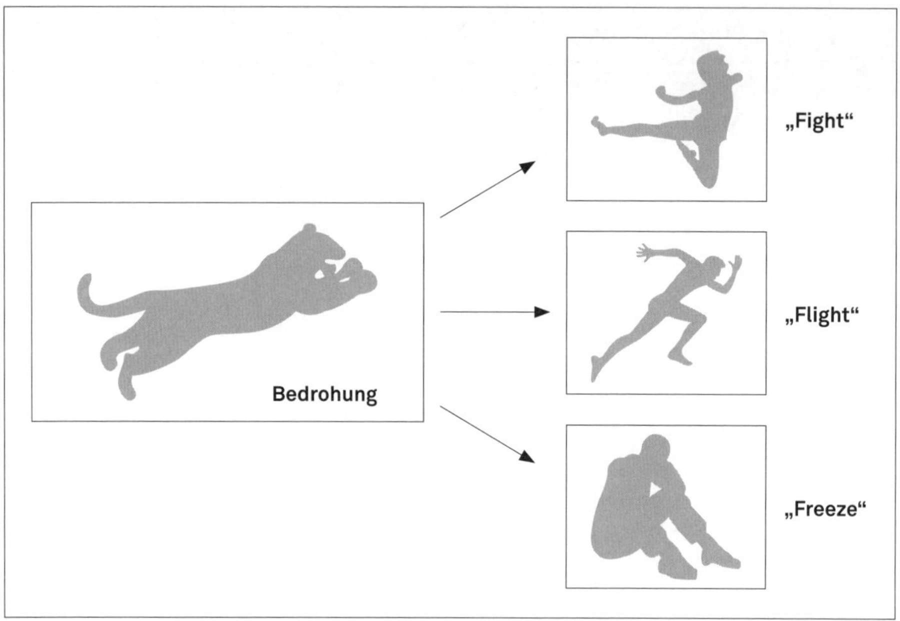

Abbildung 3: Reaktionsmuster auf Stress

Auf der *Verhaltensebene* lassen sich verschiedene Stressreaktionen offen beobachten. Das kann ein hoch funktionales Verhalten sein, wie die Flucht vor einem Feuer. Es können jedoch auch weniger funktionale Reaktionen sein, wie z. B. ungeduldiges Verhalten, mehr Konsum von Essen oder Betäubungsmitteln, unkoordiniertes Arbeitsverhalten oder zwischenmenschliche Konflikte. Auf der *kognitiv-emotionalen* Ebene werden schließlich alle nicht direkt sichtbaren Reaktionen zusammengefasst, die Gedanken, Gefühle, Sorgen, Selbstvorwürfe, Nervosität etc. umfassen können. Auch diese können einen funktionalen Charakter haben, wenn man beispielsweise überlegt, wo sich der nächste Notausgang befindet. Sie können jedoch auch hinderlich werden, wenn negative Gedanken und Gefühle die Person lähmen.

Diese Ebenen beeinflussen sich gegenseitig, sowohl im Aufbau der Stressreaktion als auch im Abbau: Beispielsweise kann durch den Abbau der körperlichen Stressreaktionen (z. B. durch Entspannung oder Sport) auch eine kognitiv-emotionale Entspannung eintreten (vgl. Kapitel 6).

Das Bindeglied zwischen Stressor und Stressreaktion bilden die individuellen *Stressverstärker*. Diese umfassen nach Kaluza (2011) persönliche Motive, Einstellungen und Bewertungen und somit den eigenen Anteil am Stresserleben. Das können z. B. überhöhte Ansprüche an sich selbst sein. Im Zusammenhang mit Krisen sind hier insbesondere die wahrgenommene Bedrohung, Unsicherheitserleben und mangelnde soziale Unterstützung zu nennen. Zudem gibt es auch Ressourcen, die als Puffer für Stress wirken können (vgl. Abbildung 1). Zentral ist hier die soziale Unterstützung, die zum einen real wirkt, wenn z. B. ein Freund bei den Hausaufgaben hilft oder eine Lehrkraft kurzfristig für eine Kollegin die Pausenaufsicht übernimmt. Zugleich ist die wahrgenommene soziale Unterstützung zentral: wenn Schüler*innen in ihrer Schule beispielsweise das Gefühl haben, mit ihren Sorgen immer zu den Lehrkräften oder zur Schulleitung gehen zu können (vgl. z. B. Ditzen & Heinrichs, 2014).

4.3 Kurz- und langfristige Auswirkungen von Stress

Im Folgenden werden die kurzfristigen Auswirkungen von Stress anhand der psychobiologischen Ebene sowie der psychologischen Ebene dargestellt. Das Kapitel schließt mit einer Zusammenfassung der langfristigen Auswirkungen von Stress.

4.3.1 Psychobiologische Stressreaktion

Stress wirkt auf psychobiologischer Ebene, wobei wir hier die kurzfristige Reaktion (fight-flight-freeze) von langfristigen psychobiologischen Veränderungen unterscheiden können (Chrousos & Gold, 1992). Wie oben anhand des Fight-Flight-or-Freeze-Modells beschrieben sowie in Abbildung 2 dargestellt, löst akuter Stress eine Kaskade an Reaktionen im Körper aus.

Herzstück der psychobiologischen Stressreaktion ist die Amygdala im limbischen System. Sie setzt bei Konfrontation mit einem Stressor zwei unterschiedlich schnelle Stressreaktionen in Gang, wir können es uns wie eine Autobahn und Landstraße vorstellen.

Die erste, schnelle Stressreaktion erfolgt auf der Autobahn, direkt über das sympathische Nervensystem im Rückenmark, den sog. Sympathikus. Im Mark der Nebenniere werden zwei Botenstoffe der Gruppe der Katecholamine ausgeschüttet: Adrenalin und Noradrenalin. Dies führt u. a. zu einer Erhöhung des Pulses, des Blutdrucks und der Anspannung. Das macht das Individuum auf körperlicher Ebene zur Handlung bereit, was die zuvor beschriebene Fight-Flight-or-Freeze-Reaktion ermöglicht.

Der zweite, langsamere Weg (die Landstraße) ist die Hypothalamus-Hypophysen-Nebennierenrinden-Achse (HPA-Achse oder auch „Stress-Achse“). Die HPA-Achse hängt zentral mit der Ausschüttung von Hormonen im Rahmen der Stressreaktion zusammen. Dort wird das Corticotropin Releasing Hormone (CRH) ausgeschüttet. CRH löst neben der Freigabe von Noradrenalin auch die Freigabe des sog. Adrenocorticotropin-Hormons (ACTH) durch die Hypophyse aus. Dies wiederum gelangt auch zur Nebenniere. In der Nebennierenrinde wird daraufhin Cortisol ausgeschüttet. Cortisol hat eine Vielzahl an wichtigen Funktionen im Körper und ist somit kurzfristig hilfreich. Bei langanhaltender Dysregulation ist es jedoch schädlich und kann somit langfristig zu Folgeerkrankungen wie Krebserkrankungen und anderen somatischen Erkrankungen führen (z. B. Reiche, Morimoto & Nunes, 2005; Tak & Rosmalen, 2010). Diese psychobiologische Kaskade ist demnach kurzfristig eine sinnvolle, adaptive Reaktion des Körpers, um uns in Alarmbereitschaft zu versetzen und handlungsfähig zu machen. Sie ist jedoch begrenzt: Wenn ausreichend Cortisol im Blut vorhanden ist, setzt die körpereigene Stressbremse ein. Die Nebennierenrinde hört auf, Cortisol zu produzieren. Zeitgleich wird der Parasympathikus aktiviert, der für Ruhe und Entspannung zuständig ist. Das Alarmsystem fährt wieder runter, das Entspannungssystem fährt hoch.

Unter Dauerstress – d. h. chronische Stressoren halten an und/oder vorhandene Stressoren können nicht bewältigt werden – läuft auch die psychobiologische Stressreaktion weiter, wenn auch weniger ausgeprägt. Die Ampel steht gewissermaßen auf „dauergelb“. Es kann zu einer Schwächung der Stressbremse und Sensibilisierung der Stressachse kommen, was wiederum eine anhaltende und erhöhte CRH-Ausschüttung zur Folge hat und entsprechend die oben beschrieben Stresskaskade am Laufen hält. Forschung zu frühen Stresserfahrungen und der Traumaforschung deutet darauf hin, dass diese psychobiologischen Prozesse beim Erleben von Stress und Trauma die Entstehung körperlicher und psychischer stressassoziierter Erkrankungen vermitteln und somit erklären können (Entringer et al., 2016).

4.3.2 Die Sache mit den Gefühlen …

Neben den oben skizzierten psychobiologischen Reaktionen ist eine weitere kurzfristige Auswirkung von Stress in der Regel die Wahrnehmung eines *Gefühls*. Je nach Stressor ist die Palette sehr breit, von Angst (z. B. bei Infektion mit einem neuartigen Virus), über Wut (z. B. bei Untätigkeit der Politik im Rahmen der Klimakrise) oder Ohnmacht (z. B. bei Krieg) bis hin zu Freude (z. B. bei der Einschulung). Starke Gefühle können als unangenehm erlebt werden (umgangssprachlich wird von „negativen“ Gefühlen gesprochen), erfüllen jedoch eine Funktion und sind daher unerlässlich für das Überleben von Menschen (vgl. Kasten).

Definition Gefühl

Umgangssprachliche Bezeichnung eines subjektiven Erlebenszustandes, der beschreibt, ob und wie ein Ereignis, eine Vorstellung oder Erinnerung eine Person berührt. Gefühle sind überwiegend unwillkürlich und laufen automatisiert ab. Häufig erfährt man sich beim Erleben von Gefühlen als passiv, während das Gefühl selbst als unkontrollierbar erscheint (vgl. Scherer, 1982).

Funktion von Gefühlen

Gefühle haben primär eine *kommunikative bzw. Signalfunktion*. Für einen selbst bedeuten sie die Mitteilung eines Bedürfnisses (z.B. bei Angst: das Bedürfnis nach Schutz). Sie bieten außerdem eine zwischenmenschliche Kommunikationsfunktion, insbesondere durch den körperlichen Ausdruck und Verhaltensweisen (z.B. wird bei Trauer eine Trostreaktion des Gegenübers ausgelöst). Zudem wird eine Motivation angestoßen, z.B. um ein Verhalten zu ändern. So schwierig Gefühle in großer Intensität auszuhalten sind, so wichtig sind sie somit für unser tägliches Zusammenleben.

Trotzdem ist – insbesondere bei negativen Gefühlen – eine erste Reaktion oft, *Gefühle zu vermeiden oder zu verdrängen* (Hu et al., 2014). Dies mag kurzfristig zu einer Erleichterung führen, ist langfristig aber in der Regel nicht sinnvoll: In der Forschung mehren sich die Hinweise, dass die körperliche Anspannung dennoch bestehen bleibt und körperliche Erkrankungen auslösen kann, u.a. über die oben dargestellte psychobiologische Achse (z.B. Appleton et al., 2014; Roy, Riley & Sinha, 2018). Genauso ist es möglich, dass man sich damit beispielsweise entgegen der eigenen Werte verhält, was langfristig den Stress erhöht. Ein Beispiel dafür ist ein liebevoller Familienvater, der als Führungskraft in einem fossilen Energieversorgungsunternehmen arbeitet. Ein wichtiger Wert für ihn ist eine sichere Zukunft für seine Kinder; er unterdrückt das Gefühl der Unsicherheit, dass die eigene Arbeit dem entgegensteht.

Es ist grundsätzlich, insbesondere aber auch in Extremsituationen, unserer Gesundheit und Funktionstüchtigkeit nicht zuträglich, zu lange in einem Zustand der *Gefühlstaubheit* oder des *Hyperarousals,* also einer „Übererregung“, zu verharren – auch wenn beide Extreme als erste Reaktionen auf äußere Krisen nicht unüblich und zunächst nicht pathologisch zu bewerten sind (vgl. Abbildung 4).

Gerade in Überforderungssituationen oder Schockzuständen, wie sie oft mit äußeren Krisen verbunden sind, ist ein Zustand von *Gefühlstaubheit* keine Seltenheit und kann eine Schutzfunktion erfüllen (z.B. Schutz vor überflutenden Gefühlen). Es gibt zunächst keine dringende Handlungsnotwendigkeit, wenngleich es sinnvoll sein kann, diesen Zustand als solchen wahrzunehmen. Hält eine derartige Gefühlstaubheit über einen längeren Zeitraum an, ist es hilfreich, sich Zeit zu nehmen und sich der Gefühlswahrnehmung bewusst zuzuwenden, denn das dauerhafte Fehlen von Gefühlen kann eine Belastung für die Person selbst und/oder ihre Mitmenschen werden und schlechtestenfalls z.B. das Ausbilden einer depressiven Episode begünstigen.

Von der Abwesenheit von Gefühlen zum anderen Extrem auf der in Abbildung 4 veranschaulichten Achse der Gefühlsregulation: der Überflutung oder dem sogenannten *Hyperarousal*. Wie bei Gefühlstaubheit liegt auch bei starken Gefühlen nach dem Erleben einer Krise i.d.R. zunächst keine dringende Handlungsnotwendigkeit vor, zumal diese Reaktion als Zeichen der inneren Auseinandersetzung mit dem Erlebten verstanden werden kann.

Es lohnt sich somit, Gefühle als Signal- und Impulsgeber anzuerkennen und für sich selbst besser zu verstehen. Langfristige starke Gefühle infolge von Stress oder die anhaltende Abwesenheit von Gefühlen können jedoch zu Belastungen und Krankheiten führen.

Abbildung 4: Gefühlsregulation

4.3.3 Langfristige Auswirkungen von Stress

Bei der Betrachtung der langfristigen psychischen Auswirkungen von Stress ist es zunächst wichtig, eines der grundlegenden Modelle der klinischen Psychologie zu kennen: *das Vulnerabilitäts-Stress-Modell*. Dieses beschreibt, unter welchen Bedingungen sich unter Stress eine psychische Störung als eine mögliche langfristige Stressfolge entwickeln kann. Im Vulnerabilitäts-Stress-Modell werden psychische Störungen nicht als monokausale Folgen eines einzelnen Auslösers betrachtet, sondern entstehen immer im Kontext individueller Verwundbarkeit. Solche individuellen Vulnerabilitäten können zum einen Merkmale der Person wie z.B. genetische Faktoren, das Temperament oder ein geringer sozioökonomischer Status darstellen, zum anderen auch Merkmale der Lebensgeschichte, wie z.B. (frühe) traumatische Erfahrungen. Auch soziale Faktoren, wie z.B. das soziale Netzwerk oder die bisherige Sozialisation, sind wichtige Einflussfaktoren dafür, wie eine individuelle Vulnerabilität entstehen kann. Es sind diese individuellen Vulnerabilitäten, die bei einem kritischen Lebensereignis, das Stress auslöst, die Entstehung psychischer Störungen oder anderer psychischer Beeinträchtigungen begünstigen. Es sind wiederum auch diese Vulnerabilitäten, die überhaupt das Auftreten bestimmter kritischer Lebensereignisse wahrscheinlicher oder weniger wahrscheinlich machen. Ebenso können weitere modifizierende Variablen wie psychische Faktoren (z. B. Copingstile) oder umfeld- und förderungsbezogene Faktoren (z. B. Bildung) einen positiven oder negativen Einfluss auf die Entstehung und den Verlauf von psychischen Beeinträchtigungen haben.

Die Implikationen dieses Modells sind bei der Betrachtung der psychischen Auswirkungen von Stress wie folgt: Stress, kritische Lebensereignisse und damit auch Krisen haben ganz verschiedene Auswirkungen auf die Menschen, da sie jeweils auf eine *individuelle Vulnerabilität* treffen. Die Bandbreite der Auswirkungen von Stress geht dabei von vorübergehenden Beeinträchtigungen des Wohlbefindens bis hin zu chronischen psychischen Belastungen, organischen Erkrankungen oder der Entwicklung psychischer Störungen.

Belastungsbedingte psychische Störungen

Ganz allgemein sind bei den Auswirkungen von Stress auf die Psyche psychische Beeinträchtigungen von psychischen Störungen mit Krankheitswert zu unterscheiden. Psychische Beeinträchtigungen sind insbesondere als vorübergehende, isolierte Abweichungen im Erleben und Verhalten einer Person zu verstehen, während psychische Störungen länger dauernde Abweichungen darstellen, die mit einem bestimmten Muster von Symptomen einhergehen und zu klinisch bedeutsamen Leiden führen.

Das Stresserleben ist ein zentraler Faktor in der Entwicklung und Aufrechterhaltung psychischer Störungen. Psychische Störungen werden nach offiziellen, international gültigen Systemen eingeordnet, sogenannten Klassifikationssystemen. Diese basieren auf dem aktuellen Stand der Wissenschaft und Expert*innendiskussionen. Sie ermöglichen eine professionelle Einschätzung dazu, wann ein Krankheitswert vorliegt und somit eine Behandlung erforderlich ist. Die Diagnosestellung erfolgt über Kinder- und Jugendlichenpsychotherapeut*innen und -psychiater*innen.

Die aktuellen Klassifikationssysteme psychischer Störungen, das DSM-5 und ICD-11, definieren eine spezifische Gruppe stress- und belastungsassoziierter psychischer Störungen (American Psychiatric Association, 2013; WHO, 2019). Gemeinsames Definitionsmerkmal dieser Störungskategorie ist ein direkter Zusammenhang zwischen dem Erleben einer Belastung und der Entwicklung der psychischen Symptomatik. Die Definition, was unter eine solche Belastung fällt, hat sich im Laufe der Jahre gewandelt. In den Vorversionen DSM-IV und ICD-10 wurde die Belastung als Trauma definiert, welches eine potentiell lebensbedrohliche Erfahrung darstellen musste. Aktuelle Definitionen fassen den Begriff des Traumas und der außergewöhnlichen Belastung breiter und inklusiver.

Definition eines Traumas nach ICD-11
Einem extrem bedrohlichen oder schrecklichen Ereignis oder einer Reihe von Ereignissen ausgesetzt zu sein (Bundesinstitut für Arzneimittel und Medizinprodukte, 2022).
Definition eines Traumas nach DSM-5
Erleben von tatsächlichem/drohendem Tod, ernsthafter Körperverletzung, sexueller Gewalt auf mindestens eine Art: 1. Direktes Erleben 2. Direkte Zeugenschaft 3. Erfahren, dass nahestehender Person ein Trauma widerfahren ist 4. wiederholte extreme Konfrontation mit aversiven Details eines Traumas

Neben Störungsbildern, die klar mit einem traumatischen Ereignis zusammenhängen (z. B. Posttraumatische Belastungsstörung), kann sich auch eine Vielzahl anderer psychischer Störungen entwickeln, die mehr oder weniger direkt mit dem Ereignis in Verbindung stehen. Dazu gehören depressive Störungen, Angststörungen und aggressive Störungen (vgl. Kasten). Selbstverständlich führt nicht jedes traumatische Ereignis zu einer Folgestörung.

Posttraumatische Belastungsstörung (PTBS) nach ICD-11
Kennzeichen sind Symptome des Wiederauflebens (sog. Intrusionen, z. B. lebhafte Erinnerungen, Rückblenden, Albträume), einer Erhöhung des Erregungsniveaus (z. B. Hypervigilanz, erhöhte Schreckhaftigkeit) und Vermeidung von Gedanken und Erinnerungen und/oder von Aktivitäten, Orten oder Personen.
Depressive Störungen
Die Symptome der negativen Stimmung, Interessens- und Antriebsverlust und Hoffnungslosigkeit, so wie sie im Erwachsenenalter auftreten, sind nicht immer bei Kindern und Jugendlichen zu beobachten. Insbesondere jüngere Kinder zeigen Selbstwertzweifel, Stimmungswechsel, Spielunlust, Langeweile, schlechte Laune, weinen und sind gereizt, was sich in Wutanfällen äußern kann.
Angststörungen
Angststörungen können sich in verschiedenen Bereichen manifestieren: Trennungsängstlichkeit (die existenzielle Angst vor Verlust der Bezugsperson), und Phobien (die spezifische, teilweise panikartige Angst vor bestimmten Objekten oder Situationen) und soziale Ängste (die Angst im zentrum der Aufmerksamkeit zu stehen) können infolge anhaltender Belastung genauso entstehen wie

generalisierte Ängste (nicht kontrollierbare Sorgenketten über zukünftige Ereignisse, meist gepaart mit physiologischer Erregung, Nervosität und somatischen Beschwerden).

Störungen des Sozialverhaltens

Diese Störungsgruppe ist gekennzeichnet durch oppositionell-aufsässiges Verhalten im Grundschulalter mit regelmäßigen Wutanfällen, Konflikte mit Erwachsenen und/oder Gleichaltrigen, aggressives Verhalten und Regelverstößen. Im Jugendalter kann sich auch delinquentes Verhalten zeigen.

Bezug zu Fallbeispiel Ben

Bei Ben wird eine mittelgradige depressive Episode diagnostiziert. Diese äußert sich in sozialem Rückzug, Reizbarkeit und Traurigkeit. Er hat wenig Hoffnung auf Besserung. Wie das Vulnerabilitäts-Stress-Modell beschreibt, wird auch bei Ben deutlich, dass die sozial-ökologischen Krisen (COVID-19-Pandemie, Klimakrise, Ukrainekrieg) auf eine grundsätzliche Vulnerabilität und wenig Ressourcen im System treffen: So sei er schon immer eher sensibel gewesen und es besteht eine gewisse genetische Vorbelastung väterlicherseits, der ähnliche Symptome kennt. Die Eltern sind durch finanzielle Sorgen belastet und haben durch Familienzuwachs wenig Zeit für ihn.

4.3.4 Entwicklungsabhängigkeit psychischer Belastungen

Wie Kinder und Jugendliche auf belastende Lebensereignisse reagieren, ist einerseits sehr individuell und andererseits stark entwicklungsabhängig. Über die gesamte Spanne des Kindes- und Jugendalters können infolge außergewöhnlicher Belastungen vermehrt somatische Beschwerden (z. B. Bauch- oder Kopfschmerzen), Wutausbrüche, Reizbarkeit und launisches Verhalten sowie Über- und Unterreaktionen auf Reize (z. B. Körperkontakt, helles Licht, plötzliche Bewegungen oder laute Geräusche) auftreten. Auch Angst um die eigene Sicherheit, die Sicherheit anderer und sozialer Rückzug sind keine Seltenheit (Danese et al., 2020).

Darüber hinaus zeigen sich altersgruppenspezifische Reaktionen. Im Vorschul- und Grundschulalter kann sich die Verarbeitung eines belastenden Ereignisses durch dessen „Wiederholung" zeigen, z. B. durch wiederholtes Sprechen über das Ereignis oder durch dessen „Nachspielen" und Zeichnen. Zudem können regressive Verhaltensweisen auftreten, wenn bspw. ein Kind wieder einnässt, obwohl es trocken war. Auch eine Zunahme von Trennungsängsten, eine erhöhte Anhänglichkeit sowie das Auftreten neuer Ängste sind möglich (National Child Traumatic Stress Network Schools Committee, 2008). Im Jugendalter können sich belastungsbedingte Probleme in einer Zunahme von Aggression und Risikoverhaltensweisen, z.B. Alkohol- und Drogenkonsum, äußern. Ebenso kann sich eine emotionale Taubheit, ein Abstumpfen bei Jugendlichen zeigen. Die belastungsbedingten Symptome nähern sich im Jugendalter sehr der Symptomatik des Erwachsenenalters an – die Auseinandersetzung mit den Belastungen wird konkreter und kognitiver. Mit Blick auf größere gesellschaftliche Krisen spielt es auch eine Rolle, dass Jugendliche sich politisch engagieren und Nachrichten verfolgen. Es ist hierbei zu beachten, dass Kinder und v.a. Jugendliche ihre Belastungen nicht immer direkt ansprechen.

Die vorigen Ausführungen machen deutlich, dass das Spektrum an potentiellen langfristigen Reaktionen auf belastende Lebensereignisse sehr breit ist und sich sowohl internalisierend als auch externalisierend äußern kann. Zudem sind die einzelnen Symptome sehr unspezifisch und treten nicht selten aus gänzlich anderen Gründen auf (z.B. sozialer Rückzug bei Depression) oder können auch einen normalen Teil der Entwicklung darstellen (z.B. Entwicklung neuer Ängste im Vorschulalter, Impulsivität im Jugendalter). Zentral ist, dass Handlungsbedarf besteht, wenn ein *starker individueller Leidensdruck und/oder eine Beeinträchtigung im Alltag, z.B. durch Rückzug aus Freundschaften,* vorliegt.

4.4 Stressbewältigung

Welche Strategien sind hilfreich, um Stress bewältigen zu können? In ihrem *transaktionalen Stress- und Copingmodell* postulieren Lazarus und Folkman (1984; vgl. Abb. 6), dass der Einstieg in die individuelle Bewältigung stressinduzierender Situationen zunächst mit einer ersten Bewertung der Situation erfolgt (sog. Appraisal, engl. für Bewertung): Wird die Situation als positiv oder als irrelevant bewertet, so ist keine spezifische Stressbewältigung erforderlich. Wird sie jedoch als gefährlich oder bedrohlich eingeschätzt, so kommt es zunächst zu einer weiteren, sekundären Bewertung: Das Individuum ruft die verfügbaren eigenen Ressourcen ab. Reichen diese und die vorhandenen Bewältigungsmöglichkeiten aus, um dem bedrohlichen Reiz zu entgegnen, werden diese umgesetzt. Stehen jedoch nicht ausreichend Ressourcen oder Bewältigungsmöglichkeiten zur Verfügung, so entsteht Stress, der zusätzliche Bewältigungsmaßnahmen erfordert. Das transaktionale Stress- und Copingmodell zeigt hier auf, wie interindividuell unterschiedlich die Stressbewältigung zu sehen ist, da sie stets *transaktional* ist, d.h. ein Ergebnis der Interaktion zwischen dem Ereignis, der individuellen Veranlagung und (sozialer) Umwelt darstellt.

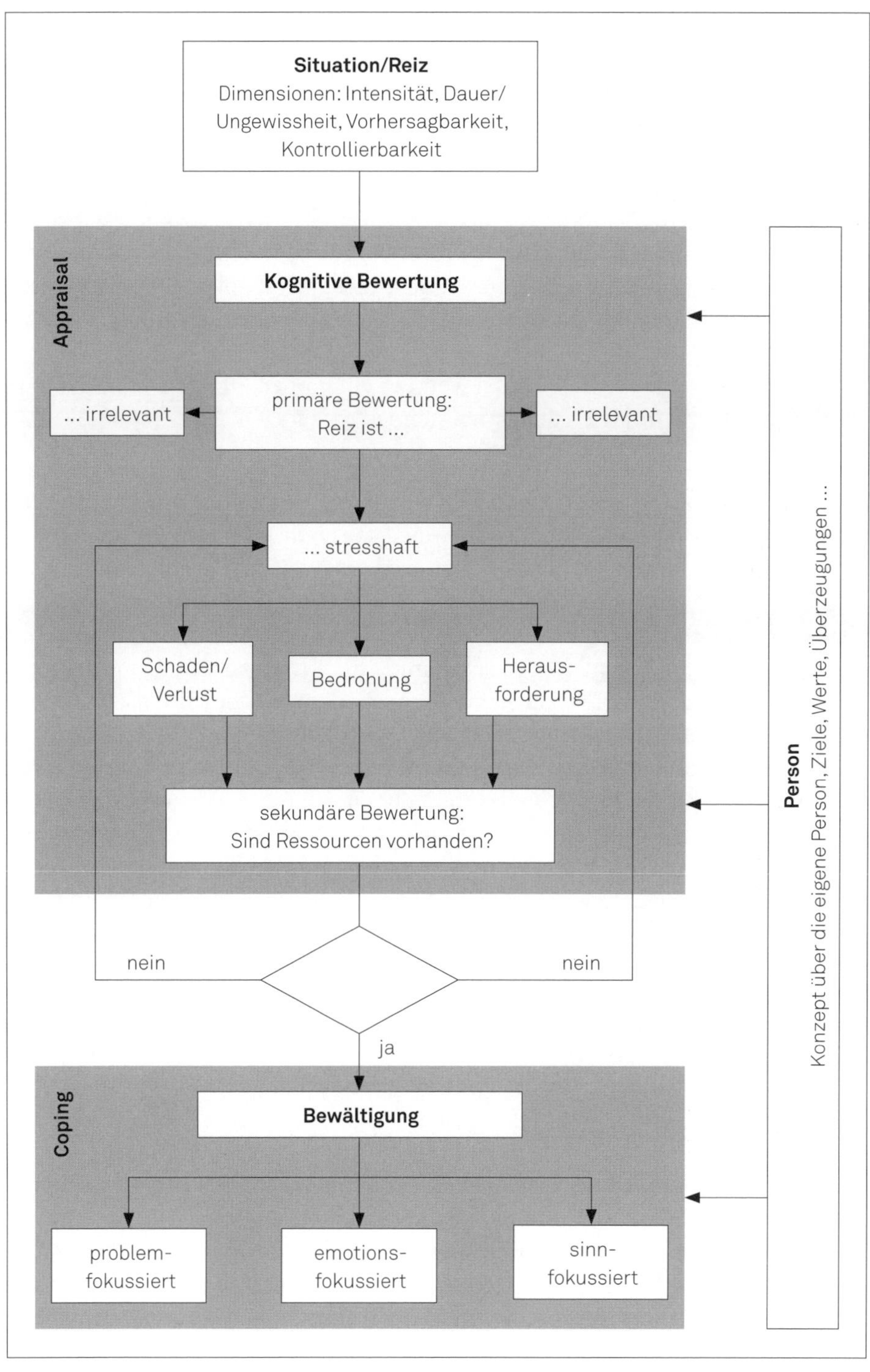

Abbildung 5: Transaktionales Stressbewältigungsmodell (adaptiert nach Ernst, Franke & Franzkowiak, 2022; Bundeszentrale für gesundheitliche Aufklärung)

4.4.1 Bewältigungsstrategien

In jüngeren Studien zum Umgang mit krisenbezogenem Stress, hier bezogen auf die Klimakrise (Ojala, 2012; 2013; Ojala & Bengtsson, 2019), ließen sich verschiedene Bewältigungsstrategien nachweisen, die unter anderem auf dem transaktionalen Ansatz basieren:

- *problemfokussierte Bewältigung:* „Ich denke darüber nach, was ich selbst tun kann." (zielt primär darauf ab, das Problem aktiv zu lösen)
- *emotionsfokussierte Bewältigung:* „Ich denke, dass das Problem übertrieben ist." (zielt primär darauf ab, die unangenehmen emotionalen Reaktionen aufzulösen)
- *sinnfokussierte Bewältigung:* „Auch wenn es ein großes Problem ist, muss man zuversichtlich sein." (zielt auf sinnstiftendes Verhalten)

Das Konzept der sinnfokussierten Bewältigung (meaning-focused coping) geht unter anderem auf Susan Folkman (2008) zurück. Es passt deshalb gut für den Umgang mit gesellschaftlichen Krisen, weil diese nicht einfach mal schnell gelöst werden können – schon gar nicht alleine. Eine alleinige problemfokussierte Herangehensweise wäre eine Überforderung und würde uns ständig mit einem persönlichen Scheitern konfrontieren. Ein Ausweichen auf die emotionsfokussierte Strategie („die Krise ist ja nicht so schlimm", „die Krise betrifft mich nicht" etc.) funktioniert hingegen nur so lange, bis die Auswirkungen der Krise nicht mehr zu ignorieren sind und selbst bei Aufrechterhaltung der Ignoranz (Verleugnung) zu spürbaren Belastungen führen. Eine sinnfokussierte Bewältigung würde hingegen die Bedrohung hinter dem Stressor anerkennen, während gleichzeitig auch anerkannt wird, dass es Gründe für Zuversicht gibt (Ojala, 2012; 2013), weil bspw.

- bereits wissenschaftlich fundierte Konzepte zur Lösung existieren,
- die Lösung vielleicht nicht realistisch erscheint, aber zumindest die Eindämmung auch schon ein großer Gewinn wäre,
- es auch andere Menschen gibt, die sich ebenfalls für die Lösung bzw. Eindämmung der Krise einsetzen,
- auch ein kleiner eigener Beitrag einen bedeutsamen Puzzlestein für die Lösung der Krise darstellen kann,
- wie in einem positiven Schneeballeffekt das eigene Engagement andere dazu anregen kann, sich auch zu engagieren ...

Sowohl die problemfokussierte als auch die sinnfokussierte Bewältigung scheinen in Krisen tatsächlich mit Engagement einherzugehen – auch wenn dies heißt, sich mit einer existenziellen Bedrohung bewusst auseinanderzusetzen (vgl. Fritsche et al., 2021; Fritsche & Hoppe, 2019). Die emotionsfokussierte Bewältigung dämpft hingegen zwar die Sorgen, ruft jedoch auch keine positiven Verhaltenskonsequenzen hervor. Als bedeutsamer Vorteil der sinnfokussierten Bewältigung gegenüber den beiden anderen Formen erwies sich in Ojalas Studien zudem (2012; 2013), dass nur diese mit einem stärkeren allgemeinen positiven Affekt und einer höheren Lebenszufriedenheit einherging – zwei wichtigen Indikatoren für das subjektive Wohlbefinden. Eine sinnfokussierte Bewältigung vermag somit sowohl adaptive als auch transformationale Zielstellungen möglich zu machen.

Schlussendlich haben alle drei Formen ihre Berechtigung. Bestenfalls gehen problem- und emotionsfokussierte Strategien beim Umgang mit permanenten Krisen gemeinsam in einer sinnfokussierten Bewältigung auf, indem sich eine Person zum Beispiel konkret für die Lösung eines Teilaspektes eines Problems engagiert (z. B. Integration von geflüchteten Kindern in der Schule), während andere (belastendere, überfordernde) Aspekte (z. B. anhaltender Krieg) ausgeblendet werden.

Bezug zum Erfahrungsbericht N. Oehmichen

Die Lehrerin bemängelt, dass Schulen vorwiegend emotionsfokussiert agieren und begleitende Gefühle rund um Krisen verdrängen, um zurück zum Alltag zu kommen. Dies ist in gewissem Ausmaß natürlich notwendig, trotzdem wird in ihrem Bericht auch deutlich, dass sowohl Schüler*innen wie auch Lehrkräfte unter den anhaltenden Sorgen und Ängsten leiden. Der nächste Schritt wäre somit eine eher problem- und sinnfokussierte Auseinandersetzung mit den Krisen.

4.4.2 Wie können wir dieses Modell auf die großen Krisen übertragen?

Die primäre Bewertung führt in der Regel dazu, dass der Stressor, d. h. die verschiedenen sozial-ökologischen Krisen bzw. ihre Erscheinungsformen, als bedrohlich wahrgenommen wird. Die sekundäre Bewertung der eigenen Ressourcen im Umgang mit den Krisen ist individuell unterschiedlich. Schon angesichts der „Größe“ der gesellschaftlichen Krisen ist eine alleinige problemorientierte Bewältigung, d. h. die (vollständige) Änderung der Krise an sich, als individuelle Bewältigungsstrategie im Umgang mit ihnen nicht möglich – eine Feststellung, die sehr viele Kinder und Jugendliche (aber auch Erwachsene) mit einem gewissen Gefühl der Ohnmacht machen müssen. Lediglich den eigenen emotionalen Bezug gegenüber dem Stressor zu ändern, greift aufgrund der gesamtgesellschaftlichen Relevanz ebenfalls zu kurz.

Neuere Studien setzten das transaktionale Stress- und Copingmodell in den Kontext der sozial-ökologischen Krisen. Eine Studie mit jungen Erwachsenen bestätigte Lazarus’ und Folkmans Annahmen, dass die Stressbewältigung im Rahmen der COVID-19-Pandemie nicht unabhängig von den eigenen Ressourcen und Resilienz zu sehen ist (Shigeto et al., 2021).

4.5 Krisenassoziierte psychische Belastungen

Seit 2020 ist eine akute Kumulation von Krisen mit der COVID-19 Pandemie, dem Angriffskrieg Russlands auf die Ukraine sowie der andauernden Klimakrise zu beobachten (Weierstall-Pust et al., 2022). Seit Beginn der *COVID-19-Pandemie* gab es zudem viele Untersuchungen zur psychischen Gesundheit von Kindern und Jugendlichen. Verschiedene Übersichtsarbeiten (z. B. Meherali et al., 2021) kommen dabei zu dem Schluss, dass vorwiegend Ängste, Depressionen, Schlaf- und Appetitstörungen sowie Beeinträchtigungen der sozialen Interaktion vermehrt bei Kindern und Jugendlichen auftraten.

Hinsichtlich der psychischen Belastung, die allein die *Klimakrise* für Kinder und Jugendliche darstellt, konzentriert sich die Literatur häufig auf die Folgen von Naturkatastrophen, welche infolge der Klimakrise an Häufigkeit zugenommen haben. Hier sind erwartungsgemäß die Posttraumatische Belastungsstörung, Depressionen, Angststörungen und -zustände, Bindungsstörungen sowie Schlafstörungen, also die klassischen Traumafolgestörungen, als Auswirkung zu erwarten (z. B. Burke et al., 2018). Auch mit sekundären Störungen wie z. B. Drogenmissbrauch ist zu rechnen. Zusammengenommen schaffen die Klimakrise und ihre Folgen eine Grundlage für negative Auswirkungen auf die psychische Gesundheit im Erwachsenenalter.

Es ist eine (methodische) Herausforderung für die Forschung, die verschiedenen Stressoren in Ursache und Wirkung zu trennen, und wir müssen von sich überlappenden Effekten der verschiedenen Krisen ausgehen (Weierstall-Pust et al. 2022). Gerade die Klimakrise wirkt zudem verstärkend für andere Stressoren, indem bspw. Naturkatastrophen häufiger auftreten. In der Forschung wird zudem noch zu selten berücksichtigt, dass auch die abstrakte Bedrohung der Klimakrise Auswirkungen auf die psychische Gesundheit vor allem von Kindern und Jugendlichen haben kann. Krisenbedingte Stressoren bringen zudem in den sensiblen Entwicklungsphasen der Kindheit und Jugend vielfältige emotionale, psychosoziale und kognitive Entwicklungsrisiken mit Auswirkungen auf die gesamte Lebensspanne mit sich (Peter & Petermann, 2021). Die einzelne Krise als alleinige Ursache für psychische Störungen oder Entwicklungsdefizite zu nennen, greift allerdings kurz.

Insgesamt ist von einer komplexen Mehrfachbetroffenheit von Kindern und Jugendlichen durch die globalen sozial-ökologischen Krisen und ihre Folgen auszugehen (Peter, Dohm & Krimmer, 2023): Psychische Folgen durch akute Belastungen (z. B. starker Stress während eines Extremereignisses), infolge von Krisenauswirkungen auf soziale Beziehungen oder Infrastrukturen (z. B. die vorübergehende Schließung von Schulen) sind ebenso erwartbar, wie psychische Beeinträchtigungen infolge von krisenbedingten Erkrankungen (z. B. neue Infektionskrankheiten oder Allergien) oder belastenden Umweltveränderungen (z. B.

Hitzestress oder höhere Luftverschmutzung; vgl. hierzu Lob-Corzilius & Weimann, 2021). Hinzu kommen die emotionale Belastung im Zusammenhang mit der aktiven Auseinandersetzung mit den Krisen und dem dabei empfundenen *Vertrauensverlust gegenüber der Politik* (vgl. Hickman et al., 2021) sowie das belastende Erleben, mit Klima- und Umweltprotesten quasi zum Selbstschutz *„Erwachsenenaufgaben" übernehmen* zu müssen, denen die verantwortlichen Erwachsenen nicht nachkommen und *welche die Kinder überfordern* (Peter et al., 2022).

Merke

Die ökologischen Veränderungen im Rahmen der Klimakrise führen zum Beispiel zu einer Häufung von Naturkatastrophen. Auch werden grüne Erholungsorte in der Natur, die einen positive Wirkung für die psychische Gesundheit haben können, verschmutzt oder zerstört. Dies stellt Risikofaktoren für das Entstehen von Angststörungen, Depression, Posttraumatischer Belastungsstörung etc. dar (vgl. Cuijpers et al., 2023).

Weiterer Gegenstand der Forschung sind Risiko- und Schutzfaktoren für die Entwicklung psychischer Belastungen infolge gesellschaftlicher Krisen. Ma, Moore und Cleary (2022) konnten nachweisen, dass vor allem PTBS, Depressionen und Angstzustände im Zusammenhang mit der Klimakrise gefunden werden. Hinsichtlich möglicher Schutzfaktoren wurde zudem deutlich, dass Jugendliche und junge Erwachsene, die über eine ausgeprägte Fähigkeit zur Stressbewältigung und eine höhere allgemeine Bewältigungseffizienz verfügen und sinn- und problemfokussierte Bewältigungsfähigkeiten einsetzen, nach einem klimabezogenen Ereignis eine tendenziell bessere Anpassung zeigten. Das Leben in einem stabilen, fürsorglichen, weniger belasteten familiären Umfeld und die soziale Unterstützung durch Gleichaltrige und betreuende Erwachsene war ein weiterer Schutzfaktor für das Wohlbefinden junger Menschen nach den Auswirkungen der Klimakrise (Ma et al., 2022).

Es wird deutlich, dass es neben aller Betrachtung von Belastung rund um Stress auch notwendig ist, positive Faktoren näher zu beleuchten. Das nachfolgende Kapitel geht somit weiter auf Schutzfaktoren ein und beleuchtet eine salutogenetische Perspektive auf Stress.

Bezug zu Fallbeispielen und Erfahrungsberichten

In allen Fallbeispielen wird deutlich, dass auch Ressourcen vorliegen. Dies sind beispielsweise Eltern, die sich sorgen, oder Kolleg*innen, die sich unterstützen und gemeinsam engagieren. Ben erhält außerdem institutionelle Hilfe im Rahmen einer psychiatrischen Behandlung, wenngleich psychotherapeutische Behandlungskapazitäten nicht bestehen. Bei allen wird deutlich, dass es v.a. die sozialen Schutzfaktoren sind, auf die sie zugreifen und die sie als hilfreich erleben.

4.6 Die Salutogenetische Perspektive auf Stress

Ist Stress tatsächlich immer schlecht und macht krank? Schließlich führt er nicht immer und nicht bei jeder Person zu einer anhaltenden Belastung oder sogar Erkrankung. Stress kann im Gegenteil zu persönlichem Wachstum und Resilienz (vgl. Kapitel 5), also einer Widerstandskraft gegenüber krisenhaften Stressoren führen, wenn bestimmte Schutzfaktoren (vgl. Abbildung 1) vorhanden sind. Ein kurzer Abriss der salutogenetischen Perspektive auf Stress soll hier dem Verständnis weiterhelfen.

Begriffsklärung Schutzfaktor

Faktoren, welche die Auftretenswahrscheinlichkeit von Störungen beim Vorliegen von Belastungen vermindern, z. B. soziale Unterstützung, finanzielle Ressourcen, Optimismus (Rönnau-Böse et al., 2022).

Begriffsklärung Salutogenese

Beschreibung von Faktoren und deren Wechselwirkung untereinander, die zur Entstehung und Aufrechterhaltung von Gesundheit führen (Antonovsky, Maoz, Dowty & Wijsenbeek, 1971).

Ein zentraler Faktor für die salutogenetische Betrachtung ist die wahrgenommene Unterstützung (Schwarzer & Leppin, 1989): Sowohl Alltagsstressoren als auch kritische Lebensereignisse lassen sich eher bewältigen, wenn die betroffene Person soziale Unterstützung durch ihr Umfeld erlebt. Dabei ist weniger zentral, wie groß oder objektiv die Unterstützung ist, sondern eher die subjektive Einschätzung und Wahrnehmung (vgl. Antonovsky, 1987, 1988). Ebenfalls relevant als Schutzfaktor ist Optimismus als Persönlichkeitseigenschaft, der z. B. zu besseren Gesundungsraten bei Krebspatient*innen führt (z. B. Scheier & Carver, 1992). Vermittelt wird dies vermutlich durch einen aktiveren Umgang mit dem Problem, d. h. eine motivierte und problemorientierte Suche nach Lösungen statt Vermeidung oder Flucht.

Als Persönlichkeitseigenschaft ebenfalls hilfreich ist die sogenannte Hardiness (Stärke, Widerstandsfähigkeit; Maddi, 1990), die aus Engagement und Selbstverpflichtung, Kontrolle und Herausforderungen besteht. Im Bereich der Schule ist dies z. B. das Engagement für die Bildung heranwachsender Schüler*innen in Kombination mit einem Gefühl von Kontrolle, z. B. über den Lernalltag, sowie die Betrachtung von Veränderungen als Chance statt als Bedrohung. Dabei ist zentral, dass sich Personen als selbstwirksam dabei erleben, selbst eine Möglichkeit der Lösung des Problems zu haben.

Antonovsky (1988) schlägt zudem *Kohärenzsinn* und *Sinnerleben* als wichtige Schutzfaktoren vor, die dafür stehen, dass Dinge verstehbar, machbar und sinnhaft sind. Dabei ist nicht gemeint, dass äußere Ereignisse wie ein Todesfall oder eben eine globale Krise erwünscht sind, sondern in ihrem Rahmen als Herausforderung gesehen und als Teil der eigenen Biografie eingeordnet werden können. Tatsächlich zeigt sich in schwierigen Situationen, inwiefern die Welt selbst dann noch als sinnvoll erlebt wird. Gelingt dies, liegt ein wichtiger Schutzfaktor im Umgang mit Krisen und Stress vor.

Bezogen auf gesellschaftliche Krisen liegt somit in jeder Krise und dem damit verbundenen Stress auch das Potential zu Wachstum und einer Verbesserung der individuellen und gemeinschaftlichen Situation. Aus diesem Grund vertieft das folgende Kapitel 5 insbesondere diese Perspektive mit der Vorstellung eines erweiterten Verständnisses von Resilienz als Konzept zum Umgang mit größeren und permanenten Krisen.

4.7 Zusammenfassung der Auswirkungen von Stress

Auf einer grundlegenden Ebene lässt sich der Zusammenhang von Stress und individueller Belastung in einem Bild beschreiben (Abbildung 6). Stellen Sie sich ein leeres Fass vor (= dies stellt die individuelle Kapazität dar, mit Belastung umzugehen). Spätestens wenn das Fass überläuft, zeigt sich die psychische Belastung, z.B. als Schlafstörungen, Aggression, Angst etc. Jede Person hat durch individuelle Vorbedingungen eine unterschiedliche Kapazität in ihrem eigenen „Stressfass“: ein reduziertes Fassungsvermögen liegt aufgrund von Vorbelastungen vor, z.B. durch geringe personale, soziale oder materielle Ressourcen; ein vergleichsweise höheres Fassungsvermögen kann sich wiederum durch ein hohes Maß insbesondere an intra- und interpersonellen Ressourcen ergeben. In dieses Fass fließen nun durch einen großen Wasserhahn der alltägliche Stress (z.B. Hausaufgaben, Konflikte mit Gleichaltrigen) und die gesellschaftlichen Krisen (z.B. COVID-19-Pandemie, Klimakrise). Bei zunehmendem Stress wird mehr und mehr Energie notwendig, um das Fass am Überlaufen zu hindern. Früher oder später wird dann das Fass überlaufen und somit in einer übermäßigen Belastung resultieren, die kaum noch gehandhabt werden kann.

Die Frage ist nun, wie das Stressfass am Überlaufen gehindert werden kann. Dabei ist es möglich, dass man versucht, das Fass zu vergrößern und somit das Fassungsvermögen auszubauen (vgl. Kapitel 5 Resilienz & für das Stressfass der Schule auch Kapitel 7), oder dass Stress durch den Abfluss kontrollierter abgelassen wird (vgl. Kapitel 6 Unterstützung im akuten Krisenfall). Aber auch die Krisen selbst, d.h. der ständige Zufluss an Stress kann durch strukturelle Veränderungen selbst abgebaut werden (vgl. Transformationale Perspektive in Kapitel 5 und langfristige Veränderungen in Kapitel 7). Letzteres wird oft vernachlässigt. Doch wir können Fässer weder unermesslich groß bauen noch allzu große Mengen gleichzeitig abfließen lassen. Wir brauchen also sowohl eine bessere Unterstützung bei psychischer Belastung (Abfluss) wie auch einen Abbau der Krisen selbst durch politische und gesellschaftliche Änderungen (Zudrehen des Wasserhahns).

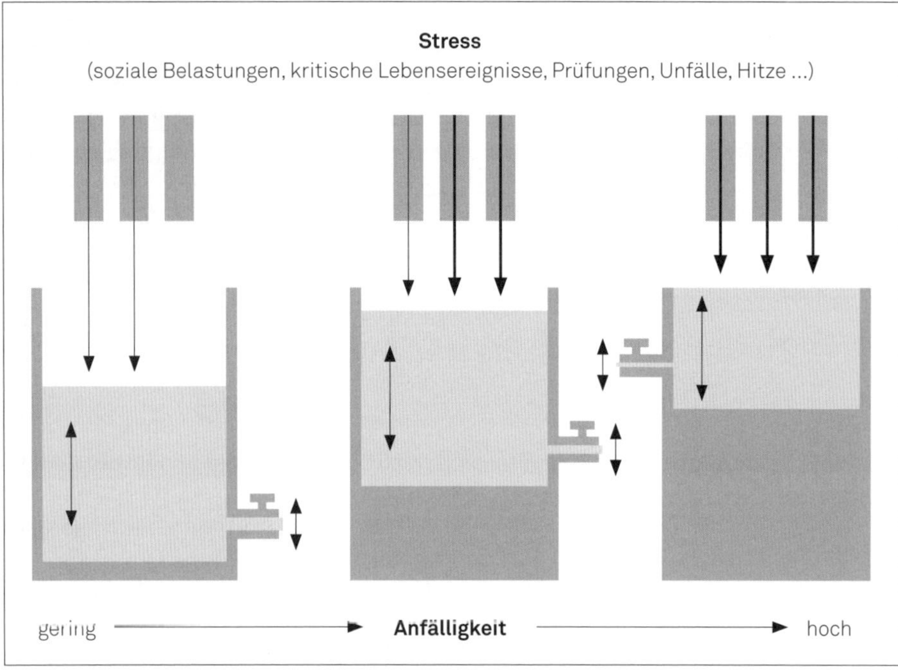

Abbildung 6: Vulnerabilitäts-Stress-Modell verbildlicht über ein Fass (Fassungsvermögen = Vulnerabilität; Wasser = Stress).

Fragestellungen für die Praxis

Lehrkräfte: Stellen Sie sich Ihr eigenes „Stressfass“ oder eines Ihrer Schüler*innen vor: Was fließt oben alles hinein? Wie gefüllt ist das Fass bereits? Was müsste dringend abfließen?

Schulleitung: Wie sieht das „Stressfass“ Ihrer Schule aus? Passt viel rein oder eher wenig? Welche Ventile ermöglichen Sie? Wer kann beim Stressablassen helfen?

Schulverwaltung: Welchen Stress melden Schulen an Sie zurück? Welche Stressoren gehen eventuell auch von Ihnen aus? Welche Ventile liegen in Ihrem Verantwortungsbereich?

5 Resilienz als Konzept für den Umgang mit Krisen

Mir persönlich tut Reden unheimlich gut bei einer Krise. Der Austausch mit anderen Menschen bringt mir immer wieder Hoffnung, dass alles wieder gut wird. Um einen klaren Kopf während Krisen zu bewahren, hilft mir persönlich immer ein Waldspaziergang. Für mich ist der Aufenthalt in der Natur immer sehr beruhigend, gerade in schwierigen Zeiten.

Fabienne, 18 Jahre, 12. Klasse, Gymnasium

Darüber zu reden. Erstmal finde ich es sehr wichtig zu wissen, wie die Situation wirklich ist. Es gibt leider sehr viele Gerüchte, Fake-News und Panikmache im Internet. Wenn man genug Fakten über die Situation kennt, kann man selber einschätzen was davon stimmt und glaubt nicht blind alles was man liest. Außerdem kann man seine Sorgen und Ängste teilen und auch diesen genauer auf den Grund gehen.

Lara, 18 Jahre, Abitur abgeschlossen

Krisen gehen an die Substanz – individuell, organisational, gesellschaftlich. Lebewesen oder Systeme, die damit gut zurechtkommen oder sogar gestärkt aus Krisenphasen hervorgehen, werden als „resilient“ bezeichnet (z. B. Keck & Sakdapolrak, 2013). Deshalb ist es nicht verwunderlich, dass im Zuge der Auseinandersetzung mit den großen gesellschaftlichen Krisen auch immer häufiger von Resilienz gesprochen wird. So nahm die Nennung des Wortes Resilienz in überregionalen deutschen Tages- und Wochenzeitungen seit 2000 nahezu exponentiell zu, seit 2016 mit einem sehr steilen Anstieg (Digitales Wörterbuch der deutschen Sprache, 2023b). Auch darüber hinaus erfreut sich das Resilienzkonzept in der Wissenschaft und Gesellschaft einer gestiegenen Popularität, wenngleich der Begriff sehr unterschiedlich gebraucht wird und interdisziplinäre Perspektiven eher rar sind (Weiß et al., 2018). Wir stellen im Folgenden ein Resilienzverständnis vor, wie wir es für die Anwendung im Kontext Schule in der Auseinandersetzung mit permanenten gesellschaftlichen Krisen als hilfreich erachten.

Entwicklungspsychologische Definition von Resilienz

Widerstandsfähigkeit eines Individuums, sich trotz ungünstiger Lebensumstände und kritischer Lebensereignisse erfolgreich zu entwickeln (z. B. Masten, 2001).

Bezug zum Fallbeispiel Ben

Ben hat sich bereits eine gewisse Resilienz erarbeitet, indem er sich gemeinsam mit seiner Schwester mit Blick auf die Klimakrise bei Fridays for Future engagierte und sich somit im Kontakt mit anderen als selbstwirksam erlebte. Dafür waren für ihn kontextuelle Ressourcen (vgl. Kap. 5.1) zentral, d.h. der Austausch mit anderen. Mit Wegfall dieses sozialen Austauschs im Rahmen der COVID-19-Pandemie stand die eigene Resilienz plötzlich auf sehr unsicherem Boden, Bens Gesundheit und Resilienz brach zusammen.

5.1 Resilienz-Facetten

Sozialwissenschaftlich kann Resilienz im Kontext krisenhafter und belastender Umstände als Widerstandskraft oder Bewältigungsressource verstanden werden (für einen Überblick siehe Wink, 2016). Peter und Niessen (2022) beschreiben drei Facetten (vgl. auch „analytische Aspekte" bei Endreß & Rampp, 2015, S. 38):

- Resilienz kann als *dynamischer Prozess* der Interaktion von verschiedenen Schutzfaktoren mit den Risikofaktoren eines belastenden Kontextes verstanden werden (z. B. Kalisch et al., 2017).
- Sie kann zudem als *Ergebnis* einer Auseinandersetzung mit einer Krise betrachtet werden im Sinne einer erfolgreichen Bewältigung.
- Nicht zuletzt kann Resilienz auch als vor einer Krise bestehende *Kapazität* beschrieben werden, die Auswirkungen von Krisen kurzfristig abzufedern, sich längerfristig anzupassen und Veränderungsprozesse ggf. auch aktiv mitzugestalten (z. B. Keck & Sakdapolrak, 2013).

Für den schulischen Kontext hat insbesondere die letzte Facette praktische Bedeutung, eröffnet sie doch die Möglichkeit, Kapazitäten zur erfolgreichen Bewältigung von Krisen in stabilen Phasen gezielt aufzubauen und so auch Menschen in ihren Bewältigungskompetenzen zu stärken, die über weniger Schutzfaktoren verfügen als andere. Im Fokus sollten dabei, und hier kommt zudem die erste Facette ins Spiel, *dynamische Resilienzmechanismen* wie soziale Kompetenzen und Problemlösefähigkeiten stehen, die im Vergleich zu eher stabileren Resilienzfaktoren wie dem familiären Hintergrund oder verfügbarem Einkommen durch Lernen im schulischen Kontext veränderbar sind (Kalisch et al., 2017; Peter & Petermann, 2021).

5.2 Transformationale und Mehrebenenperspektive

Entwicklungspsychologisch meint Resilienz eine gesunde und altersgemäße Entwicklung angesichts ungünstiger Lebensumstände oder kritischer Lebensereignisse. In der psychologischen Forschung wird insbesondere die erfolgreiche Bewältigung stressreicher und potenziell traumatischer Ereignisse als Zielgröße betrachtet (Rönnau-Böse et al., 2022). Resilienz ist dabei nicht gleichzusetzen mit einer grundlegenden Lebenskompetenz: Sie zeigt sich im Zusammenspiel mit negativen Lebensumständen oder Ereignissen, während Kompetenzen ohne diese betrachtet werden können (Green et al., 2007).

Vor dem Hintergrund von Krisen, welche die Bewältigungs-, Anpassungs- und Veränderungsmöglichkeiten einzelner Individuen deutlich übersteigen, greift eine solche individuelle Perspektive allerdings zu kurz (vgl. auch Bronfenbrenner, 1979). Sie kann im ungünstigsten Fall sogar dazu führen, dass die Resilienz eines Individuums im Ergebnis ausbleibt, weil das System nicht flexibel bzw. resilient genug ist, sodass trotz aller Bewältigungsbemühungen bei unveränderter oder steigender Belastung ab einem bestimmten Punkt die Kraft ausgeht (Liu, Reed & Girard, 2017). Gleiches kann auch mit einem System selbst geschehen, wenn es so stark belastet wird, dass die Möglichkeiten „zur selbst-organisierten Reparatur oder Selbstheilung“ nicht mehr ausreichen (Thurner, 2020, S. 79). Dieses Phänomen, dass allzu kurzsichtige Resilienzbemühungen mittel- oder längerfristig zu einem Zusammenbruch führen können, ist vor allem im beruflichen Kontext nicht unbekannt: Zum Beispiel dann, wenn sich Lehrkräfte in einem schulischen Umfeld, in dem die Anforderungen bei rückläufigen personellen und zeitlichen Ressourcen immer weiter steigen, trotz aller Achtsamkeit und Selbstfürsorge (bzw. Selbstoptimierung) in die chronische Erschöpfung arbeiten und krank werden (Peter, 2022).

In der Forschung zeigen sich für die Resilienz von Lehrkräften verschiedene Faktoren als essentiell (Mansfield et al., 2016). Dazu gehören persönliche Ressourcen wie Motivation, Sinnhaftigkeit und Optimismus (vgl. auch Kapitel 4.6. Salutogenetische Perspektive). Auch kontextuelle Ressourcen wie Leitungsverhalten in der Schule, Kolleg*innen oder die Qualität der Beziehungen zu Schüler*innen sind zentral. Darüber hinaus werden Strategien zum Umgang mit Problemen beschrieben wie Work-Life-Balance, Problemlösestrategien oder Abgrenzung (vgl. Tabelle 4; Mansfield et al., 2016). Hier wird deutlich, dass individuelle Ressourcen bzw. Kapazitäten nur einen Teil der Resilienz darstellen. Sie sind nicht beliebig erweiterbar. Zudem haben auch jene Menschen ein Recht auf Gesundheit und Wohlbefinden, deren Widerstandskräfte weniger stark ausgeprägt oder für die aktuellen Schwierigkeiten unpassend sind (siehe Kapitel 8 für eine ausführlichere Darstellung zur Gesundheit und Stärkung von Lehrkräften).

Tabelle 4: Überblick von Resilienzfaktoren geordnet nach Häufigkeit der zu den Ressourcen jeweils vorliegenden empirischen Belegen (angepasst aus Mansfield et al., 2016, eigene Übersetzung)

Persönliche Ressourcen	Kontextuelle Ressourcen	Strategische Ressourcen
• Motivation • Effektivität • Sinnhaftigkeit • Optimismus • soziale und emotionale Kompetenz • Initiative • Berufung • Hoffnung • Empathie • hohe Erwartungen • Werte • Mut	• Schulleitung • Kolleg*innen • Beziehungen mit Schüler*innen • Schulkultur • Mentor*innen • Vertrauen • Anerkennung • Autonomie • Familiäre Unterstützung • soziale Netzwerke • Möglichkeit der Mitgestaltung • emotionale Unterstützung • Zusammenarbeit • Einführungs-programme	• Work-life Balance • problemlösendes Verhalten • Fort- und Weiterbildung • Zielsetzungen • Grenzen setzen • Reflexion • Humor • Kommunikation • Hilfe suchen • Glauben • Zeitmanagement • Durchhaltevermögen • Emotionsregulation • Suche nach Möglichkeiten zur Erneuerung • Achtsamkeit

Bezug zum Erfahrungsbericht von Nora Oehmichen

In ihrem Bericht kann man zahlreiche persönliche Ressourcen herauslesen, sei es die Hoffnung auf eine Änderung, die Motivation dies mitzugestalten oder der Wunsch, mit Schüler*innen effektiv zu arbeiten. Zugleich schwingt bereits mit, dass kontextuelle Ressourcen fehlen, beispielsweise hinsichtlich der Pandemie. Als strategische Ressource ist zu nennen, dass sie bereits bei den Teachers4Future tätig ist und somit Hilfe und Unterstützung gesucht hat und gezielt am Problem selbst ansetzen möchte. Der Bericht spiegelt somit den Facettenreichtum von Resilienz wider. Zugleich beleuchtet er auch ihre Beschränkung, da längst nicht auf alle Ressourcen zurückgegriffen werden kann.

Kritische Einordnung des Resilienzkonzepts

Viele Darstellungen von Resilienz greifen zu kurz, da es nicht darum geht, die einzelnen Faktoren (vgl. Tabelle 4) isoliert voneinander zu maximieren (für eine interdisziplinäre Kritik am dominierenden Resilienzverständnis, siehe z. B. Karidi et al., 2018; medico international, 2017). Ganz im Gegenteil, sind doch einige der genannten Faktoren potenzielle Risikofaktoren für ein Burnout, wenn sie zu stark verfolgt werden (Agyapong et al., 2022). Zudem ist die individuelle Resilienz einer Person immer abhängig von ihrer Integration in das System sowie der Resilienz des Systems (siehe Abbildung 8, Liu, Reed & Girard, 2017). Es braucht daher eine multidimensionale Betrachtung von Resilienz, die an dieser Stelle nicht vollständig abgebildet werden kann, der wir uns in diesem Buch jedoch möglichst weit annähern wollen (vgl. Kapitel 5.3).

Bislang war bei globalen Krisen vor allem eine Adaptation, also eine Anpassung an die Umstände, die bevorzugte Strategie (z. B. Rettungsschirm für Banken in der Finanzkrise, Entwicklung von Impfstoff in der Pandemie, Deichbau und Klimaanlagen in der Klimakrise). Obwohl solche Anpassungsstrategien notwendig sind, geraten sie ab einem gewissen Punkt an ihre Grenzen (vgl. Future Earth, 2020). Insbesondere bei einer Häufung von Krisen sind grundlegende Transformationen notwendig, um (im Ergebnis und nicht nur auf einer Teilstrecke) resilient zu bleiben. Bei der Betrachtung von Resilienz in permanenten gesellschaftlichen Krisen müssen deshalb zwei wichtige Perspektiven berücksichtigt werden (vgl. Peter, 2022):

1. *Transformationale Perspektive:* Permanente und in ihrem schädlichen Ausmaß zunehmende Krisen erfordern eine Einflussnahme auf die Krisenursachen, um fatale Kipp-Punkte zu vermeiden, die Krisen zu beenden und ihre negativen Konsequenzen einzudämmen. Für die sozial-ökologischen Krisen hieße das, die Art und Weise, wie Menschen Wirtschaft und Gesellschaft organisieren, so weiterzuentwickeln, dass die schädlichen Einflüsse auf Klima- und Ökosysteme beendet werden. Für die Personalkrise im Schulsystem hieße das, die aktuell noch auf eine vollständige Unterrichtsversorgung (inklusive Reserve) ausgerichtete Schulorganisation so weiterzuentwickeln, dass mit dem real verfügbaren Personal die Aufgaben von Schule realistisch erfüllt werden können. Eine Missachtung dieser transformationalen Perspektive hieße im globalen Maßstab, beispielsweise ungebremst weiterhin fossile Energieträger zu nutzen und sich soweit möglich an die folgenden klimatischen Veränderungen anzupassen mit dem Risiko, dass immer mehr Teile der Welt unbewohnbar werden. Für den Schulkontext hieße das beispielsweise, das verfügbare Personal mehr arbeiten zu lassen, um den Schulbetrieb aufrechtzuerhalten – mit dem Risiko, dass es zu weiteren Personalausfällen wegen Krankheit oder Kündigung kommt.
2. *Mehrebenenperspektive:* Sowohl im kleineren schulischen als auch im größeren gesellschaftlichen Maßstab reicht es nicht aus, Resilienz lediglich auf der individuellen Ebene zu betrachten, weil globale und gesellschaftliche Krisen die Bewältigungsmöglichkeiten der Individuen übersteigen. Es braucht vielmehr flankierende und unterstützende Ressourcen bzw. Infrastrukturen und Prozesse auf der *kollektiven Ebene* (Gruppen, Teams, Organisationen, Verwaltun-

gen, Staaten etc.), um die individuelle Bewältigung (Adaptation) kurzfristig gut unterstützen zu können und längerfristige Veränderungsprozesse zu ermöglichen (Transformation), die zur wirksamen Eindämmung oder sogar Beendigung von Krisen beitragen, die ungebremst ansonsten in einen Kollaps führen würden. *Soziale Resilienz* kann hier gegenüber individueller Resilienz als „eine soziale Leistung oder ein Effekt der sozialen Eigenschaften einer Gemeinschaft" gegenüber einer „Bedrohung der jeweiligen Lebensverhältnisse" verstanden werden (Bonß, 2015, S. 26). Sie unterstützt Individuen in ihrer individuellen Resilienz und erfordert gleichzeitig die Ausbildung von Resilienz für die Gemeinschaft selbst.

Für den schulischen Kontext hieße das beispielsweise, auf der Ebene der Verwaltung Schulen personell, organisatorisch und materiell in die Lage zu versetzen, besser mit Krisen umgehen zu können. Auf der Ebene der konkreten Schule hieße es, sich organisatorisch entsprechend aufzustellen und in den Fachschaften auch nach Möglichkeiten der inhaltlichen Implementierung zu suchen, sodass die einzelnen Schulmitglieder schließlich im Krisenfall bei der Bewältigung auf eine stabile und verlässliche Unterstützung der kollektiven Ebenen zurückgreifen können. Gleichzeitig hieße das, ganz im Sinne der oben definierten schulischen Aufgaben, nicht nur auf Adaptation ausgerichtete organisationale und inhaltliche Aspekte zu berücksichtigen, sondern auch solche, die eine nachhaltige Transformation ermöglichen.

5.3 Ganzheitliches Resilienzverständnis

Die gleichzeitige Berücksichtigung der transformationalen sowie der Mehrebenenperspektive führt zu einem ganzheitlichen Resilienzverständnis: Resilienz im erweiterten Sinne als Kapazität von Individuen, Kollektiven, Organisationen und ganzen gesellschaftlichen Systemen, „in Interaktion mit einer belastenden Umwelt handlungsfähig zu bleiben, sich weiterzuentwickeln und aktiv Einfluss auf die belastende Umwelt zu nehmen" und zwar „mit dem Ziel die Belastung zu beenden, ohne dass dadurch neue Belastungen entstehen" (Peter, 2022, S. 250; vgl. Dohm & Klar, 2020; Peter & Niessen, 2022). Es geht also um Anpassung an das bereits Geschehene und das Unvermeidliche, während es gleichzeitig Schlimmeres zu verhindern gilt (vgl. hierzu auch das Resilienzverständnis vom Sachverständigenrat zur Begutachtung der Entwicklung im Gesundheitswesen, 2023). Im Zusammenhang positiver Entwicklungsfaktoren von Jugendlichen in der Klimakrise sprechen Pereira und Freire (2021) von der doppelten Zielstellung *Wohlbefinden und Engagement*.

Ganzheitliches Resilienzverständnis

Die (Entwicklung von) Kapazität, (1) Schocks und Krisenphasen als System möglichst gut absorbieren, (2) dabei die Mitglieder, Funktionen und Prozesse des Systems schützen und (3) Möglichkeiten einer adaptiven und transformationalen Reaktion des System und seiner Mitglieder ermöglichen und offenhalten zu können.

Um auf allen auf Schule bezogenen Ebenen Resilienz als Kapazität zu stärken und im Ergebnis möglichst auch zu erreichen, müssen die damit verbundenen unterschiedlichen Zielsetzungen berücksichtigt werden. Dafür kann ein praxisorientiertes Schema zur „Entwicklung und Gestaltung resilienter sozialer Infrastrukturen" herangezogen werden (Peter & Niessen, 2022). Dieses Schema greift die *Verbindung von transformationaler und Mehrebenenperspektive* auf und bringt sie in eine Vier-Felder-Tafel (siehe Abbildung 7): die beiden Zielsetzungen (kurzfristige Adaptation und längerfristige Transformation) in Verbindung mit den verschiedenen Ebenen (individuelle und kollektive Ebenen).

Für die daraus entstehenden vier Handlungsfelder können Handlungsansätze entwickelt werden (Peter & Kantrowitsch, 2021; Peter & Niessen, 2022):

- *Adaptiv-individuelles Handlungsfeld:* In diesem Feld geht es um die individuell verfügbare Kapazität, die akuten Konsequenzen von Krisen zu bewältigen, also bspw. den damit verbundenen Stress zu absorbieren. Entsprechende Resilienzmechanismen, die in der Schule gestärkt werden könnten, sind bspw. die Fähigkeit zur emotionalen Selbstregulation, soziale Kompetenzen oder Bewältigungsstrategien zur Stressverarbeitung (vgl. Fröhlich-Gildhoff & Rönnau-Böse, 2015; 2021).
- *Adaptiv-kollektives Handlungsfeld:* In diesem Feld geht es darum, den jeweiligen sozialen Kontext (eine Klasse, Schule, das Schulsystem etc.) in die Lage zu versetzen, adaptiv mit Stressoren umzugehen und handlungsfähig zu bleiben. Dazu gehört auch, Individuen einen schützenden Rahmen (der in der Krise selbst stabil und zuverlässig bleiben muss) zur Verfügung zu stellen und damit ihre individuelle Bewältigungskapazität zu verbessern. Anstatt es bspw. Menschen selbst zu überlassen, sich in einer Krisensituation um die eigene Gesundheit und das Wohlbefinden zu kümmern, könnten hier auf der kollektiven Ebene Angebote für alle gemacht werden.
- *Transformational-individuelles Handlungsfeld:* In diesem Bereich geht es um die individuell verfügbare Kapazität, begleitend oder initiativ an transformativen Prozessen teilzuhaben und auch mit den Konsequenzen solcher Prozesse umgehen zu können. Damit verbundene Resilienzmechanismen, die gefördert werden können, sind bspw. wieder soziale Kompetenzen, aber auch Problemlösefähigkeiten oder die Selbstwirksamkeit im Sinne der individuellen Überzeugung bzw. Erwartung, mit schwierigen Situationen oder Herausforderun-

gen erfolgreich umgehen zu können (vgl. Fröhlich-Gildhoff & Rönnau-Böse, 2015; 2021)
- *Transformational-kollektives Handlungsfeld:* Nicht zuletzt geht es in diesem Bereich darum, den jeweiligen sozialen Kontext (eine Klasse, Schule, das Schulsystem etc.) in die Lage zu versetzen, nachhaltige Prozesse in eigener Sache anzustoßen und umzusetzen sowie sich an Prozessen einer nachhaltigen Entwicklung zu begleiten. Dazu gehört es auch, die Mitglieder dieses Kontextes in die Lage zu versetzen und dabei zu unterstützen, individuell an solchen Prozessen teilzuhaben, also dafür entsprechende Strukturen und Angebote zu unterbreiten und damit verbundene individuelle Resilienzmechanismen zu stärken.

Diese vier Handlungsfelder stehen nicht separat nebeneinander. Bei der Entwicklung von Handlungsoptionen zur Umsetzung der beiden Zielstellungen sollten sie in Interaktion miteinander verstanden werden: So sollten Maßnahmen auf der kollektiven Ebene immer auch auf die Unterstützung von Handlungsmöglichkeiten auf der individuellen Ebene ausgerichtet sein, was die Individuen in einem System wiederum besser dazu befähigt, sich an der Stärkung und Entwicklung der kollektiven Strukturen und Prozesse zu beteiligen. Und Ideen zur Stärkung der Adaptation sollten neben dem Schutz von Gesundheit und Wohlbefinden auch berücksichtigen, dass sie bestenfalls dabei helfen, Menschen eine selbstbestimmte Teilhabe an gesellschaftlichen Entscheidungs- und Veränderungsprozessen zu ermöglichen, was wiederum der Anpassungsfähigkeit aller an sich verändernde und veränderte Rahmenbedingungen zugutekommt. Neben diesen allgemeineren Zielvorstellungen sollten mit Blick auf die sozial-ökologischen Krisen auch konkrete inhaltliche Konzepte in die Handlungsfelder einbezogen werden, insbesondere jenes der globalen nachhaltigen Entwicklung (vgl. WBGU, 2011).

5.4 Zusammenfassung Resilienz

Resilienz ist als Kapazität im Umgang mit Krisen von unschätzbarem Wert und zugleich ein Resultat des Umgangs mit diesen schwierigen Situationen. Ihre Grundlagen sind komplex, u. a. die Abhängigkeit von systemischen Voraussetzungen. Auch sind verschiedene Arten von Zielstellungen möglich im Sinne der Adaptation und Transformation. Bei der Ableitung von Strategien in der Vier-Felder-Tafel (vgl. Abbildung 7) ist es wichtig zu beachten, dass Resilienz und psychische Gesundheit nicht nur auf individuellen Faktoren beruhen, sondern im Bild eines Hauses mit verschiedenen Säulen auch die Säule der Schule als direktes soziales Umfeld sowie die Säule gesellschaftlicher Strukturen eine tragende Rolle haben. Brechen Gesellschaft und/oder Schule weg oder sind sie nicht ausreichend stark, bricht das Haus zusammen (vgl. Abbildung 8). Zudem kann bei Einsturzgefahr das Haus ausgebessert und stabilisiert werden (Adaptation) oder ein komplett neues, für kommende Situationen besser ausgerüstetes Haus erbaut werden (Transformation).

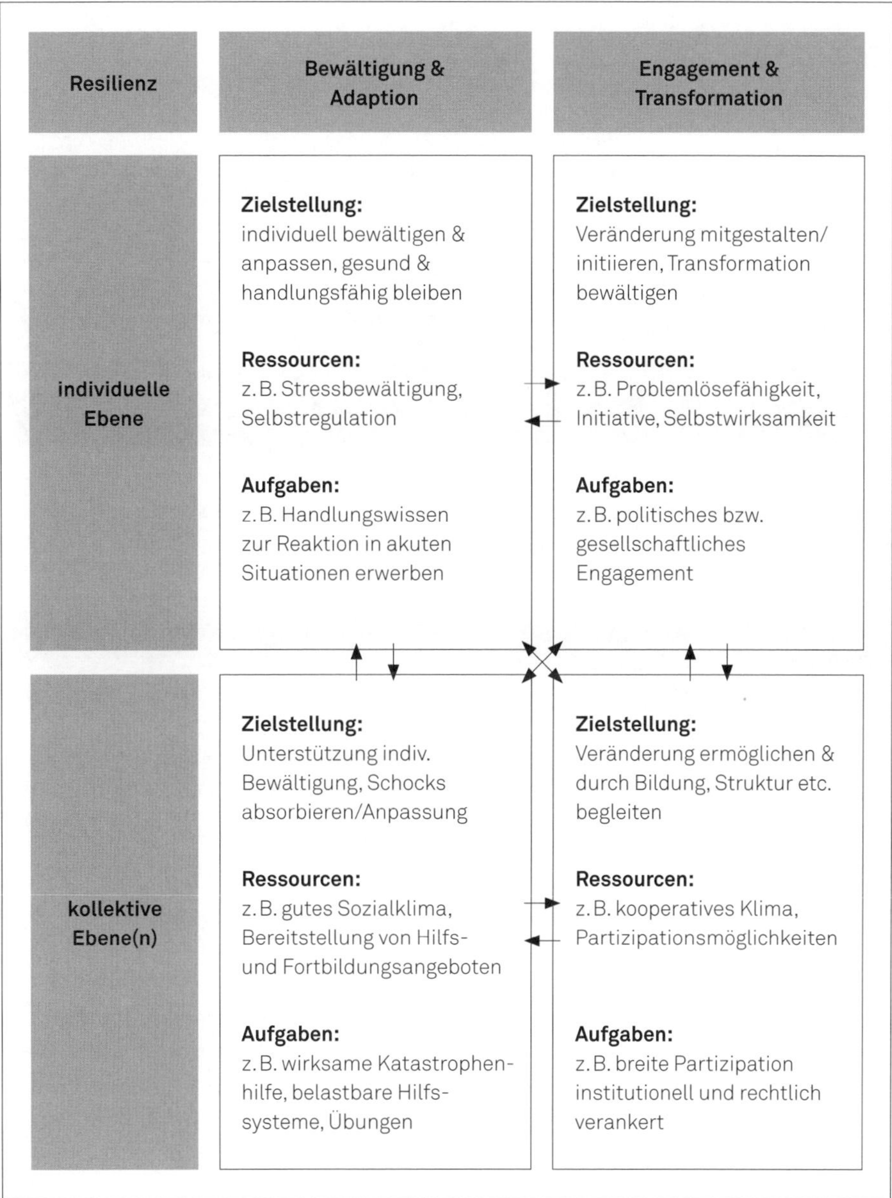

Abbildung 7: Vier-Felder-Schema zur Darstellung der Zielstellungen und Ebenen für Resilienz in Bezug auf gesellschaftliche Krisen (Copyright: Psychologists for Future; Lizenz: CC-BY-SA; vgl. Peter & Niessen, 2022). Für die einzelnen Felder lassen sich für Individuen, Organisationen, Institutionen, Gesellschaft etc. konkrete Ziele und Aufgaben festlegen. Zudem lassen sich empirisch bestätigte Ressourcen aus der Resilienzforschung einordnen. Die einzelnen Felder stehen miteinander in Verbindung, z. B. unterstützen Ressourcen auf der kollektiven Ebene Bewältigungs- und Handlungsmöglichkeiten auf der individuellen Ebene. Handlungsfähige Individuen tragen wiederum zur Stärkung der kollektiven Ebene(n) bei; siehe auch Anhang H

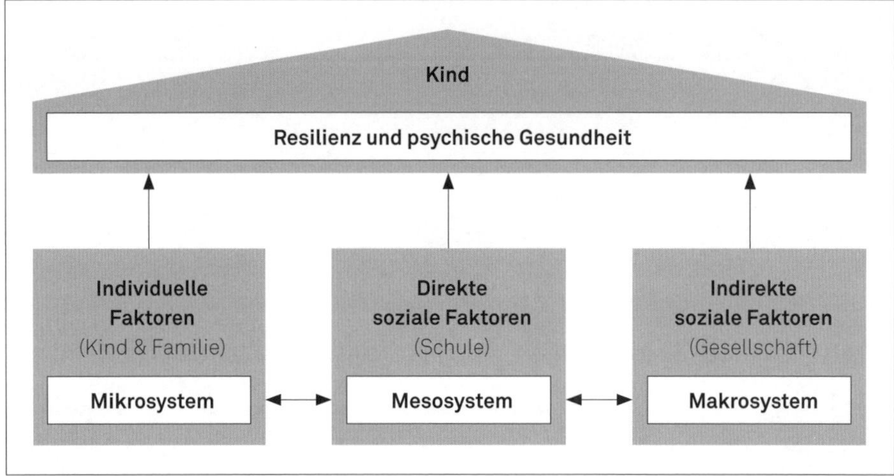

Abbildung 8: Resilienzhaus als Bild für eine Mehrebenenperspektive auf Resilienz, aufbauend auf Bronfenbrenner (1979).

Fragestellungen für die Praxis

Lehrkräfte: Stellen Sie sich Ihr eigenes Resilienzhaus vor. Welche Säulen sind stabil? Welche Säulen sind reparaturbedürftig?

Schulleitung: Wie resilient erleben Sie Ihre Schule? In welchen Bereichen verfügt diese über wirksame Ressourcen? Welche Ressourcen fehlen noch?

Schulverwaltung: Welches Resilienzverständnis wird in der Schulverwaltung verfolgt? Wie werden Schulen, Schulleitungen, Lehrkräfte und Schüler*innen unterstützt?

6 Unterstützung im Krisenfall

Ich erhalte von meinen Freunden und meiner Familie Unterstützung. Ich weiß, dass ich immer mit ihnen reden kann, wenn mich aktuelle Krisen belasten, und dass sie mir helfen, mehr über die aktuelle Situation zu erfahren. Zusätzlich fände ich es aber schön, wenn einem insbesondere größere Krisen, die viel in den Medien bespielt werden, auch im beruflichen oder schulischen Umfeld nähergebracht werden. Wenn man sich damit auseinandersetzen muss oder wenigstens eine feste Anlaufstelle genannt bekommt, fühlt man sich mit seinen Sorgen nicht allein und kann sich intensiver mit der Krise auseinandersetzen. Dadurch glaubt man nicht alles, was man in den Medien liest und ist den Fake-News gegenüber geschützt.

Lara, 18 Jahre, Abiturientin

In einer akuten Krisensituation ist die Stressreaktion hoch (vgl. Kapitel 4) – in der Regel nicht nur bei den Schüler*innen, sondern auch bei Lehrkräften. Erkenntnisse aus der Notfallpsychologie (vgl. Karutz, 2008; Zehnder et al., 2006) sowie der Psychotherapie sollen im Folgenden differenziert nach Personengruppen Ideen zum Umgang mit individuellen Stressreaktionen geben. Die Schwierigkeit in einer Gruppe besteht darin, dass nicht alle Kinder, Jugendlichen und Lehrkräfte eine ähnliche Reaktion zeigen (vgl. Kap. 4). Manche ziehen sich zurück, andere werden ängstlich oder wütend. Zugleich ist nicht jede Regulationsstrategie für jeden passend. Als Grundhaltung ist somit eine akzeptierende Haltung, dass unterschiedliche Reaktionen normal sind und nicht alles sofort funktionieren muss, sehr hilfreich. Beispielhaft werden die Fallbeispiele aus Kapitel 2 aufgegriffen. Der Unterstützung und Stärkung von Lehrkräften auch über einzelne Krisen hinaus widmen wir ein eigenes Kapitel (vgl. Kapitel 8).

Grundlegend gilt in der Medizin wie auch in der Psychotherapie die Grundannahme, dass eine Intervention empirisch belegte Wirksamkeit zeigen muss, um ihren Einsatz zu rechtfertigen (Cook, Schwartz & Kaslow, 2017). Bezogen auf das Thema des Umgangs mit Krisen erweist sich dieses Kriterium als schwierig: Zum einen sind globale und gesellschaftliche Krisen nicht immer ein direktes Thema der Psychotherapie, da viele Betroffene „nur“ belastet sind, aber nicht zwingend eine psychische Störung aufweisen und somit einer Behandlung im engeren Sinne bedürfen. Zudem gibt es beim Rückgriff auf die Notfallpsychologie für den Umgang mit – vor allem länger andauernden – Krisen gewisse Grenzen, da sich das notfallpsychologische Vorgehen in der Regel auf die akute Hilfe bei klar umgrenzten Ereignissen bezieht (z. B. psychische Erste Hilfe vor Ort nach einem Amoklauf, einer Naturkatastrophe oder einem Unfall). Zudem werden Interventionen teilweise aus dem Erwachsenenbereich übertragen, ohne klare Evidenz, ob entwicklungspsychologische Anpassungen nötig sind (Landolt, 2021).

Zum anderen ist das Thema der multiplen gesellschaftlichen Krisen, die bei der Bewusstwerdung akut („Was müssen wir jetzt tun?") und dann über einen längeren Zeitraum oft eher latent wirken, und des Umgangs mit diesen Krisen verhältnismäßig neu. Es bedarf auch innerhalb der Psychologie ein Um- und Weiterdenken, zum Beispiel mit einem Fokus auf Interdisziplinarität: Wir bewegen uns hier auch in den Erziehungswissenschaften, der Pädagogik, Soziologie, Medizin und Bildungspolitik. So werden *neben psychotherapeutischen oder beratenden Interventionen* unter Berücksichtigung psychologischer und medizinischer Grundlagen (z. B. Anleitungen zum Ressourcenaufbau, Umgang mit einer Panikattacke) *auch Systemänderungen* (z. B. Ausbau von Beratungsstrukturen in der Schule, Veränderung von Lehrplänen) als notwendig erachtet (vgl. z. B. Pereira & Freire, 2021). Eine Evaluation neuer Interventionen muss diese komplexen Änderungen ebenfalls mitdenken.

Die folgenden Ansätze und Empfehlungen bauen somit auf bestehenden evidenzbasierten Interventionen für bestimmte Problembereiche auf (z. B. Stabilisierung als Anteil der evidenzbasierten Traumabehandlung, körperbezogene Interventionen zum Abbau körperlicher Anspannung). Sie setzen zudem an Grundlagenmodellen an, wie Stress und Psychopathologie entstehen (vgl. Kapitel 4), indem beispielsweise Ressourcen und soziale Unterstützung einen großen Anteil erhalten. Ebenso folgen Ideen aus langjähriger Forschung dazu, welche Strukturen für Gesundheitsaufbau und -erhaltung essentiell sind (z. B. Adu et al., 2022). Konkrete landesspezifische Leitfäden stehen zudem in den Krisenmanualen der jeweiligen Schulbehörden zur Verfügung.

6.1 Hilfreiche Strategien zum Umgang mit Krisen

Anschließend an Kapitel 4.4 verweisen wir erneut darauf, dass die Art, wie Menschen individuell mit Stressoren umgehen, sehr komplex ist und von zahlreichen Variablen abhängt. Das führt zu teils erheblichen Unterschieden in der individuellen Reaktion auf objektiv gleiche oder ähnliche Situationen. Ganz grundsätzlich können äußere Stressoren bei Menschen verschiedene Reaktionsformen hervorrufen:

- sie setzen sich aktiv mit dem Stressor auseinander, um seine stressinduzierende Wirkung zu verringern (das kann sowohl kognitiv als auch über individuelles Verhalten geschehen; z. B. der Einsatz für geflüchtete Mitschüler*innen);

- sie verändern die Bewertung des Stressors, um mit dem Stress im Zusammenhang stehende unangenehme emotionale Reaktionen aufzulösen oder zu dämpfen (z. B. durch eine Bagatellisierung des Stressors oder eine positive Umdeutung; z. B. „Das ist ja alles halb so schlimm“);
- oder der Stressor wird derart überwältigend, dass die betroffene Person selbst nicht mehr in der Lage ist (bspw. durch fehlende Ressourcen oder schwindende Kräfte), adaptiv darauf zu reagieren, sie in einen Zustand der Ohnmacht oder Lähmung fällt (z. B. „ich kann einfach nicht mehr“).

Es sei daran erinnert, dass problem- und sinnfokussierte Bewältigungsstrategien (vgl. z. B. Ojala & Bengtsson, 2019) langfristig die positiveren Effekte für die psychische Gesundheit haben. Dennoch ist auch eine emotionsfokussierte Bewältigung, insbesondere in Phasen hoher Belastung, durchaus sinnvoll.

6.2 Kinder und Jugendliche allgemein unterstützen

Eine globale Krise erschüttert uns und Kinder und Jugendliche in unseren Grundfesten und dem Glauben an eine vorhersehbare, sichere, gerechte und kontrollierbare Welt, der zwar eine Illusion ist, der es uns jedoch ermöglicht, trotz aller Unsicherheiten und Ungerechtigkeiten gesund und handlungsfähig zu bleiben (z. B. Dalbert, 2013; Lerner & Goldberg, 1999). Eine starke emotionale Reaktion (vgl. Kapitel 4) ist somit nachvollziehbar und kann sich über ganz verschiedene körperliche, emotionale, gedankliche oder verhaltensbezogene Symptome zeigen. Um die unten vorgestellten Interventionen klar verorten zu können, werden sie nach Art des Bewältigungsmechanismus‘ eingeordnet (vgl. Ojala et al., 2013), wobei diese Einordnung von uns vorgenommen wurde. Eine Markierung gibt die Altersangemessenheit sowie die Notwendigkeit vorheriger Übung an, um gute Effekte zu erzielen (Tabelle 5). Letzteres beinhaltet, dass die Strategie in Phasen mit geringerem Stress aufgebaut werden muss, um bei akutem Stress wirksam zu werden.

In der Regel zeigt sich ein hohes, akutes Stresslevel in Körper und Gefühlen, seltener auch im Verhalten. Bewusste Gedanken spielen hier im Sinne einer kurzfristigen Stressreaktion (vgl. Kapitel 4) erst bei einem niedrigeren Stresslevel eine Rolle. Die für alle Altersgruppen geltenden Strategien werden im Folgenden ausgeführt, an das Alter angepasste Strategien folgen in den altersspezifischen Abschnitten (Kap. 6.3 und 6.4).

Tabelle 5: Auflistung verschiedener Bewältigungsstrategien im Umgang mit Stress

emotionsfokussiert	problemfokussiert	sinnfokussiert
• Stabilisierung • kontrollierte Abreaktion • emotionale Offenheit und Validierung • Ablenkung und Ausgleich • Gefühlsbalance • Akzeptanz[b] • Achtsamkeit[b] • Entspannungsübungen[b]	• soziale Unterstützung und Austausch • Stimuluskontrolle: soziale Medien und Aufbau von Medienkompetenz[a] • inhaltlicher Wissensaufbau[a] • altersgerechte Gesprächsangebote[a]	• soziale Unterstützung und Austausch • Akzeptanz • Ressourcenaktivierung • kognitive Strategien[a]

Anmerkungen. [a]ab Jugendalter besonders gut geeignet; [b]Aufbau dieser Fertigkeiten in Phasen mit geringerem Stress empfohlen; im Anschluss regelmäßige Übung.

6.2.1 Beispiele für emotionsfokussierte Bewältigungsstrategien

Stabilisierung. Zur Stabilisierung gehört das Schaffen einer äußeren und inneren Sicherheit. Dies bedeutet, dass zunächst eine objektive Sicherheit geschaffen werden muss: *Die Kinder und Jugendlichen wie auch andere Personen dürfen keiner objektiven Gefahr ausgeliefert sein.* Dies scheint auf der Hand zu liegen, ist aber dennoch wichtig zur ersten Absicherung, um z. B. nicht in einem 40 Grad heißen Raum Gespräche zu führen. Es gilt, ein *Gefühl von (innerer) Sicherheit* zu schaffen und dabei zu unterstützen, sich selbst regulieren bzw. beruhigen zu können (vgl. Ressourcenaktivierung). Für Kinder und Jugendliche ist das z. B. der Kontakt zu ihren Freund*innen oder nahen Bezugspersonen. Eine Anleitung zur Entspannung, um die körperliche Stressreaktion etwas zu dämpfen, ist ebenfalls hilfreich. Stabilisierung ist eine Voraussetzung für weitere Interventionen, wenn der Belastungsgrad bzw. die Gefahr groß ist.

Emotionale Offenheit und Validierung. In erster Instanz ist es daher nicht unbedingt sinnvoll, die Krise, Ursachen etc. genau verstehen zu wollen, sondern der emotionalen Reaktion Raum zu geben. Das kann für die Schule bedeuten, einfach erst einmal darüber zu sprechen, wie es den Kindern und Jugendlichen geht. Dabei ist nicht *ein* Gefühl „richtig“, sondern *alle* haben ihren Raum, auch eine Indifferenz gegenüber dem Thema („ist mir doch egal, was in der Ukraine passiert“) darf sein. Dabei ist wichtig, dass sich Lehrkräfte oder andere mit den Kindern und Jugendlichen betraute Personen über ihre eigenen Gefühle klar sind, und wie diese sich auf ihr eigenes Erleben und professionelles Verhalten auswirken (vgl. z. B. Sieland, 2008).

Achtsamkeit. Achtsamkeit ist eine besondere Form der Aufmerksamkeit, welche absichtsvoll ist, sich auf den gegenwärtigen Moment bezieht (statt auf die Vergangenheit oder die Zukunft) und welche keine Wertung beinhaltet. Der Begriff der Achtsamkeit ist populärwissenschaftlich und medial weit verbreitet und bedarf für den positiven Effekt vor allem einer regelmäßigen Übung. Achtsamkeit ist kein Allheilmittel, aber eine sinnvolle Strategie bei häufiger Anwendung, um ein Innehalten im Hier und Jetzt nach einer Krisensituation zu schaffen.

Eine regelmäßige Achtsamkeitspraxis empfiehlt sich somit auch abseits einer Krisensituation, um dann in der akuten Notlage darauf zurückgreifen zu können. Nach Kabat-Zinn (1982) beschreibt Achtsamkeit eine Aufmerksamkeitspraxis, die absichtsvoll und somit bewusst gesteuert ist, sich auf den gegenwärtigen Moment bezieht und dabei nicht wertet. Konkrete Anleitungen finden sich in den Begleitmaterialien im Anhang dieses Bandes. Ein Übungsbeispiel wäre, in der Schule einmal bewusst den Klassenraum anzuschauen *(absichtsvoll),* dabei nicht über Zukunft oder Vergangenheit nachzudenken *(Bezug auf gegenwärtigen Moment)* und keine wertenden Kategorien wie „schönes Bild", „hier müsste mal wieder geputzt werden" etc. *(nicht wertend)* zu verwenden. Analog kann dies auch mit dem Tastsinn angewendet werden (z. B. mit den Fingern bewusst das Holz des Stuhls befühlen).

Achtsamkeit als Konzept ist mittlerweile vielfach in Schulen angelangt. Externe Fachkräfte kommen in Schulen um Kinder und Jugendliche sowie das Schulpersonal zu unterstützen. Dies kann hilfreich sein, um aus dem normalen Arbeitsmodus zwischen Lehrkraft und Schüler*innen zu kommen. Idealerweise kann das vorhandene schulische Ressourcensystem (z. B. Schulpsychologie, Schulsozialarbeit) gefragt werden, wer für ein Training verfügbar wäre.

Kontrollierte Abreaktion. Bei hoher körperlicher Anspannung kann es empfehlenswert sein, diese überschießende physiologische Erregung einer Belastungsreaktion zunächst zu verringern. Beispiele umfassen eine gezielte körperliche Aktivität (z. B. Joggen), Bewegungsübungen, Kurzformen von Muskelanspannung und -entspannung oder Tanzen. Dies soll dazu dienen, die körperliche Erregung so zu reduzieren, dass eine Auseinandersetzung mit der belastenden Emotion wieder möglich ist (Heinrichs, Stächele & Domes, 2015).

Gefühlsbalance. Neben all den negativen Gefühlen rund um Krisen sollen und müssen auch positive Gefühle Raum finden. Genauso wie nie alles gut ist, ist auch nie alles schlecht. Gemeinsam kann man „feiern" oder dafür dankbar sein, was gerade gut ist. Das kann sein, dass in der Schule ein wichtiger Meilenstein geschafft wurde oder es einfach allen gut geht. Fragen Sie gezielt nach: „Wofür bist du gerade dankbar? Was hat dich heute zum Lächeln gebracht?"

Ablenkung und Ausgleich. Kindern (und auch Jugendlichen) kann es sehr helfen, sich zumindest zeitweise von einer Krise abzulenken. Es wird teilweise kritisch diskutiert, wie sinnvoll Ablenkung ist – das heißt, inwiefern dadurch nicht Gefühle vermieden werden (Wolgast & Lundh, 2017). Trotzdem ist eine Dauerbelastung ebenfalls nicht sinnvoll, sodass eine zeitweise Ablenkung hilfreich sein kann, um wieder „Energie zu tanken". Beispiele für Ablenkung sind, etwas zu spielen, einen Film zu schauen oder einem Hobby nachzugehen. In der Regel wechseln Kinder ganz von selbst das Thema oder gehen ins Spielen über. Davon sollten sie dann nicht abgehalten werden, auch wenn dadurch die Gesprächssituation abrupt endet und aus Sicht der erwachsenen Person noch Punkte offengeblieben sind. Gegebenenfalls können wichtige Inhalte nochmal zu einem anderen Zeitpunkt wieder aufgegriffen werden.

6.2.2 Beispiele für problem- und sinnfokussierte Bewältigungsstrategien

Soziale Unterstützung. Im Buch wurde bereits mehrfach der soziale Bezug zu anderen Personen hervorgehoben, der von unschätzbarem Wert ist, um mit Krisensituationen umzugehen. Insbesondere für Lehrkräfte ist hier relevant, dass es nicht um eine inhaltliche Unterstützung geht, d.h. Sie müssen nicht auf alles eine Antwort haben. Es geht vielmehr um eine wahrgenommene soziale Unterstützung, füreinander da zu sein und sich gegenseitig zu unterstützen. Dies findet in der Kombination mit einer Validierung von Emotionen („es ist ok, Angst zu haben") statt. Lehrkräfte können hier natürlich auch ihre Vorbildfunktion nutzen, indem sie eigene Sorgen mitteilen, aber auch den Umgang damit („Ich habe auch Angst, aber ich versuche jetzt mich darauf zu konzentrieren, was ich machen kann. Wenn ich nicht weiter weiß, hole ich mir Rat von anderen."). In einer Krisensituation bedeutet dies insbesondere, nicht einfach über die Krise hinweg zu gehen und darüber nicht zu sprechen, sondern einen Raum zu öffnen, in dem über die Krise gesprochen wird und alle erfahren können, dass sie nicht alleine sind. Im nächsten Schritt kann es auch der im Fallbeispiel von Sara angesprochene Flohmarkt für Kriegsbetroffene sein, der die Gemeinschaft hervorhebt. Auch in Bezug auf die Klimakrise ist es für Kinder und Jugendliche unterstützend, wenn die Klasse sich gemeinsam einsetzt und beispielsweise mit anderen Klassen zusammen für erneuerbare Energien in der Schule eintritt.

Ressourcenaktivierung. Beim Blick auf Krisen wird schnell vergessen, dass auch positive Eigenschaften und Umstände vorliegen. Wie in Kapitel 4 beschrieben, sind genau diese Ressourcen jedoch essentiell, um die Stressreaktion abzupuffern und im Ergebnis zur Resilienz zu gelangen. Einfache Übungen auch im Klassenzimmer können folgende sein (siehe auch Material im Anhang):

- sich kurz drei Dinge vergegenwärtigen und aufschreiben, für die man dankbar ist oder die einem in einer belastenden Situation schon mal gutgetan haben
- an eine Person denken oder mit dieser sprechen, die einem nahesteht und als unterstützend erlebt wird
- eine Lieblingsaktivität ausführen (z. B. Lieblingslied hören)
- sich selbst etwas Gutes tun
- gegenseitig positive Eigenschaften benennen („Ich mag an dir, dass du ...")

Diese Übungen sollen vergegenwärtigen, dass es auch Gutes im Leben gibt, und die Perspektive etwas verschieben. Als Grundsatz kann man sich setzen: „Was würde mein*e beste*r Freund*in mir jetzt sagen oder empfehlen? Was würde ich ihm*ihr jetzt raten?"

Nicht jede Übung ist für jedes Kind oder jede Entwicklungsphase geeignet, sodass wir im Folgenden Besonderheiten der Altersgruppen vertiefen möchten.

Definition Entwicklungsaufgaben

Entwicklungsaufgaben (zuerst formuliert nach Havighurst, 1948) umschreiben Aufgaben, die sich jedem Individuum in einer bestimmten Lebensphase stellen. Sie werden biologisch bedingt (z. B. Pubertät), sozial herangetragen (z. B. Einfinden in soziale Gruppe), kulturell gefordert (z. B. Erlernen von Schreiben) oder auch individuell bedingt (z. B. durch Geschwisterkonstellation). Wenn eine Aufgabe erfolgreich bewältigt wird, stellt dies die notwendigen Bedingungen für das Angehen der nächsten Entwicklungsaufgabe dar. Scheitert das Individuum an der Aufgabe, ist das Bewältigen der nächsten Aufgaben erschwert und das individuelle Wohlergehen wie auch die Integration in die Gesellschaft erschwert. Die Entwicklungsaufgaben ziehen sich dabei nicht nur über Kindheit und Jugend, sondern bis ins hohe Alter (z. B. Auseinandersetzung mit dem eigenen Lebensabend und Tod).

6.3 Besonderheiten im Grundschulalter

Exkurs: Entwicklungsaufgaben Grundschulalter

Denkt man an Aufgaben, die Kinder im Grundschulalter bewältigen müssen, kommt schnell das Erlernen von Lesen und Schreiben in den Sinn. Ebenfalls zentral sind aber eine Reihe anderer körperlicher, sozialer und individueller Entwicklungsaufgaben, über die hier ein kurzer Überblick erfolgt:

- Entwicklung von abstrakten Konzepten und Denkschemata (Verständnis bspw. für physikalische Größen, Zeit, Kausalität oder Konzepte wie Freiheit)
- Gewissen, Moral, Werte

- Einfinden in soziale Gruppen ohne Beobachtung durch Erwachsene, dabei Einhalten von sozialen Rollen und sozialen Kompetenzen, um beispielsweise Konflikte zu lösen
- körperliche Entwicklung inkl. körperlicher und (fein)motorischer Geschicklichkeit
- zunehmende Unabhängigkeit von Erwachsenen
- Erwerb von Kulturfertigkeiten (Lesen, Schreiben, Rechnen)

Somit ist deutlich, dass auch der Umgang mit Krisen in diesem Alter z.B. der kognitiven Entwicklung, aber auch der sozialen Kompetenz angepasst werden muss (angelehnt an Havighurst, 1948).

Aufmerksamkeit und Sensibilität. Im Umgang mit jüngeren Kindern ist eine aufmerksame und sensible Haltung besonders wichtig. Einige Kinder werden es ablehnen, über eine Krise zu sprechen. Grundsätzlich sind auch die kognitiven Kapazitäten noch nicht ausreichend ausgeprägt, um Krisen in ihrem ganzen Ausmaß zu erfassen – was uns selbst im Erwachsenenalter noch vor Herausforderungen stellt. So ist für ein Grundschulkind vielleicht nicht nachvollziehbar, wie weit oder nah die Ukraine entfernt ist. Die Klimakrise mit extremen Auswirkungen in 20 Jahren wirkt hingegen womöglich sehr nah. Es ist nicht begreifbar, wie ein kleines Virus, das man nicht sehen kann, die ganze Welt lahmlegt. Bei jüngeren Kindern sollte man darauf achten, dass man weder zu komplexe, gar (geo-)politische Themen diskutiert, noch die eigene Angst und Unsicherheit in den Vordergrund stellt. Sie können solche Informationen oftmals noch nicht richtig einordnen: Sie nehmen die Stimmungen von Erwachsenen in der Regel sehr gut, aber in gewisser Weise ungefiltert auf („Irgendwas stimmt grad nicht, alle sind nervös“). Das kann dann zu einer diffusen Angst führen. Stattdessen sollte man zwar den Themen gegenüber offen sein, aber die Gespräche auf Augenhöhe und entwicklungsangepasst mit dem Kind führen und es dort abholen, wo es steht.

Passender Zeitpunkt. Grundsätzlich spricht nichts dagegen, Krisen aus Gesprächen mit Kindern auszuklammern, wenn sie nicht darüber sprechen möchten. Krisen wie Krieg, Klimakrise, Energiekrise etc. sind keine primären Kinderthemen, die von Erwachsenen initiativ angesprochen werden müssen. Sinnvoll ist es aber, auf das Kind zu achten, ob es sich anders verhält, unruhig ist und vielleicht doch Sorgen im Raum stehen. Hier hilft eine offene Frage, „Was beschäftigt dich gerade?“, um den Raum zu öffnen. Gerade im schulischen Kontext sprechen Kinder ihnen wichtige Themen oder Sorgen bereitende Umstände durchaus von selbst an. An die Fragen und Aussagen der Kinder lässt sich dann behutsam anknüpfen.

Kindgerechte Sprache. Kinder spielen zwar oft Kämpfe oder Kriege, können aber die Begriffe in ihrer Tragweite selten richtig einschätzen. Es empfiehlt sich, auf der Sprach- und Verständnisebene des Kindes zu bleiben, die es mit Fragen und Aussagen vorgibt, und ggf. Missverständnisse aufzuklären, also z.B. zu fragen: „Was hast du gehört/gesehen?". Kinder müssen nicht die kompletten Ursachen von Krisen verstehen, die oft multikausal und komplex verwoben sind. Sie dürfen sich ein eigenes Bild aufbauen, das in ihr Weltkonzept passt. Manche Kinder mögen vielleicht auch nicht darüber sprechen, sondern möchten lieber malen – auch das ist in Ordnung. Für die Einordnung von Sachverhalten empfiehlt es sich auch, an den Alltagserfahrungen der Kinder anzusetzen und Zusammenhänge anhand praktischer Beispiele zu veranschaulichen (z.B. zum Thema Krieg: „Streit kennst du auch, wenn du dich mit deinem Freund z.B. um ein Spiel streitest.").

Altersübergreifende Aufmerksamkeit. Auf dem Schulhof oder unter Geschwisterkindern ist es üblich, dass ältere Kinder den jüngeren Kindern Dinge erklären und dabei vielleicht auch extreme, falsche oder nicht altersangemessene Ansichten teilen. Wir wissen nicht immer, wie Botschaften beim Gegenüber ankommen, insbesondere wenn das andere Kind nicht so viel darüber weiß. Um gerade bei den jüngeren Kindern keine unnötigen Ängste und falschen Annahmen zu verankern, sollten solche Prozesse vermieden werden. Es ist sinnvoll, mit älteren Kindern zu überlegen, mit wem sie alternativ besser über eine Krise sprechen können und wer ihnen dann zuhören und sie unterstützen kann.

Bezug zum Fallbeispiel Sara (Kapitel 2)

Sara erhielt von ihrem Bruder Informationen, die ihr Angst machten und die sie nicht einordnen konnte. Ob die Ukraine 1.000 km entfernt ist oder sogar ziemlich in der Nähe liegt, war für sie nicht klar differenzierbar. Im Fernsehen sah sie zunehmend Bilder, die sie nicht zuordnen konnte und die ihr Angst machten. Den neuen Kindern in der Klasse aus der Ukraine stand sie somit abwartend bis ablehnend gegenüber. Als unterstützend nahm sie das Gesprächsangebot und das gemeinsame Handeln in der Krise wahr.

6.4 Besonderheiten im Jugendalter

Entwicklungsaufgaben im Jugendalter

Im Jugendalter steht die zunehmende Individuation vom Elternhaus und der Familie sowie das Finden einer neuen Rolle innerhalb der Familie und der Gesellschaft im Raum. Überblicksartig werden hier die zentralen Entwicklungsaufgaben dargestellt:

- Identitätsentwicklung inkl. Entwicklung von Unabhängigkeit bzgl. Werten, ethischen Ansichten und emotionaler Kompetenz
- Vorbereitung auf einen Platz in der Gesellschaft mit Blick auf bspw. Beschäftigung und Engagement, Partnerschaft und Familie sowie soziales Netzwerk
- Auseinandersetzung mit der eigenen Geschlechtsidentität und Geschlechtsorientierung, dabei Akzeptanz des Körpers

- reife Beziehung zu Gleichaltrigen, Entwicklung von neuen Beziehungsformen zu Gleichaltrigen, u.a. Konfliktlösung durch Diskussion, romantische Beziehungen
- Entwicklung von sozial verantwortlichem Verhalten

Jugendliche versuchen also, ihren eigenen Platz in der Welt zu finden. Traditionell geht es dabei oft um eine Abgrenzung von Erwachsenen bzw. Eltern und eine Annäherung an Gleichaltrige. Aktuell geschieht dies nicht nur in der unmittelbaren, physischen Umwelt, sondern auch in sozialen Medien (vgl. Fallbeispiel Ben, Kapitel 2). Somit ist in Krisen zu beachten, dass der Umgang und die Bewältigung von Jugendlichen durch Gleichaltrige vor Ort wie auch virtuell beeinflusst wird. Es ist ebenfalls zu beachten, dass sich viele Gedanken und Gefühle im Jugendalter zurecht um die Frage drehen: „Wer bin ich?" Denn dies hängt unmittelbar damit zusammen, wie man sich ethisch verhält (z.B. Will ich Massentierhaltung durch Fleischkonsum unterstützen, wenn Tiere und Natur leiden?) oder welche Haltung entwickelt wird (z.B. Wie würde ich mich verhalten, wenn ein*e Mitschüler*in rassistisch beleidigt wird?) (angelehnt an Havighurst, 1948).

Akzeptanz. Starke Gefühle können leicht zum Impuls und Wunsch führen, diese so schnell wie möglich wieder loszuwerden. Dies ist nachvollziehbar, aber oft nicht hilfreich, da zum einen die Stressbelastung weiter besteht und zum anderen sonst die wichtige Signalfunktion der Gefühle unterdrückt wird. Der „Kampf" gegen ein Gefühl raubt zudem Energie und Ressourcen, die eigentlich zur Auseinandersetzung mit der Quelle des Stresses – der Gefahr, Bedrohung oder Krise – notwendig sind. Ähnlich der bereits genannten Validierung von Gefühlen hilft also die Akzeptanz und Normalisierung von Gefühlen in der weiteren Auseinandersetzung.

Definition Normalisierung von Gefühlen

Individuelle Gefühle, sowohl positive als auch negative, werden als Teil der menschlichen Erfahrung anerkannt und akzeptiert. Dies baut auf der Erkenntnis auf, dass Gefühle unterschiedlich sind und dass jeder Mensch das Recht hat, seine eigenen Gefühle zu haben, unabhängig von gesellschaftlichen Normen oder Erwartungen.

Praktischer Exkurs

Stellen Sie sich kurz folgender Aufgabe: Eine Minute lang dürfen Sie nicht an einen weißen Bären denken. An alles andere dürfen Sie natürlich denken – nur an einen weißen Bären auf keinen Fall. Es ist ganz wichtig, dass Sie nicht an einen weißen

Bären denken. Wenn Sie doch an einen weißen Bären denken, machen Sie bitte einen Strich in eine Strichliste. Bitte jetzt umsetzen und erst im Anschluss weiterlesen.

...

Was haben Sie gemerkt? Haben Sie an einen weißen Bären gedacht? Lassen Sie im nächsten Schritt Ihren Gedanken freien Lauf. Wenn Sie nun an einen weißen Bären denken, betrachten Sie diesen Gedanken einfach als Teil einer Landschaft von Gedanken, in der auch andere Gedanken kommen und gehen. Bitte jetzt umsetzen und erst im Anschluss weiterlesen.

...

Was ist Ihnen aufgefallen? Wie unangenehm waren die Gedanken an den weißen Bären im zweiten Durchgang?

Achtsamkeit. In Verbindung mit der Akzeptanz steht die Achtsamkeit, das oben bereits beschriebene bewusste Wahrnehmen und die gezielte Aufmerksamkeit. Gerade für Jugendliche kann dies – auch abseits von Krisen – eine gute Strategie sein, um mit dem Tumult des Lebens klarzukommen. Achtsamkeit zeigte sich in Studien als hilfreich, wenn Jugendliche dazu neigten, viel zu grübeln (sog. Rumination; Perry-Parrish et al., 2016). Somit scheinen Achtsamkeitsübungen – unter der Voraussetzung, dass sie auch jenseits akuter Krisen geübt werden – eine sinnvolle Strategie für Jugendliche zur Selbstregulation von Gefühlen und negativen Gedanken zu sein (siehe auch Anhang D).

Entspannungsübungen. Ähnlich zu Achtsamkeitsübungen sind auch Entspannungsübungen jenseits von Psychotherapie in der breiten Praxis bekannt. Als konkrete Trainings werden oft Autogenes Training (z. B. Stetter & Kupper, 2002) oder Progressive Muskelrelaxation (PMR; z. B. Torales et al., 2020) eingesetzt. Diese gelten als eher unspezifische Interventionen und können Jugendlichen helfen, eine hohe Erregung zu regulieren (vgl. auch Kontrollierte Abreaktion, Kap. 6.2.1), um sich dann mit der Situation wieder auseinandersetzen zu können (siehe auch Anhang D). Empfohlen werden auch einfach ausführbare Atemübungen.

Praktischer Exkurs

Folgende Atemübung können Sie bzw. die Schüler*innen praktisch in jeder Situation anwenden, auch unbemerkt: Atmen Sie langsam und tief ein. Halten Sie Ihren Atem kurz an (2–3 Sekunden) und atmen Sie dann wieder ebenso langsam aus. Warten Sie 2–3 Sekunden, bevor Sie wieder langsam einatmen. Wiederholen Sie diesen Vorgang fünf- bis zehnmal. Zählen Sie im Kopf jeden Vorgang mit, konzentrieren Sie sich dabei ausschließlich auf den Vorgang und die Zählung. Wenn Sie beim Zählen rauskommen, weil bspw. die Gedanken doch abschweifen, beginnen Sie mit dem Zählen wieder in Ruhe von vorne. Sie können diese Übung auch variieren, bspw. können Sie die Luft beim Ausatmen durch die geschlossenen Lippen pressen (leise oder auch mal wie bei einem Pferdeschnauben).

Wissensaufbau und altersgerechte Gesprächsangebote. Zu einem Gespräch über eine Krise gehört zum einen die Krise selbst. Je nach Alter, Interesse und Vorwissen der Jugendlichen kann die jeweilige Thematik dabei auch tiefer beleuchtet werden (z. B. hinsichtlich wissenschaftlicher Hintergründe, gesellschaftlicher Zusammenhänge, langfristiger Folgen etc.). Eine Pandemie eignet sich zum Verständnis von medizin-historischem Wissen und biologischen Grundlagen (Wie war das bei der Spanischen Grippe? Wie werden Viren genau übertragen? Was ist ein mRNA-Impfstoff?). Anhand des Ukrainekrieges kann geopolitisches und historisches Wissen integriert werden. Das Verständnis der Krise selbst hilft, um sich gemeinsam mit anderen zum Beispiel politisch zu engagieren. Zugleich sollte ein Gesprächsangebot auch die Auswirkungen der Krise auf die eigene Person (vgl. Kapitel 4) umfassen, um zu zeigen, dass eine körperliche und psychische Reaktion normal ist und wie damit adaptiv umgegangen werden kann. Dieses in der Psychotherapie als Psychoedukation bekannte Vorgehen ist wirksamer Bestandteil von Behandlungen (z. B. Higa-McMillan, Francis, Rith-Najarian & Chorpita, 2016). Ähnlich wie bei Kindern jüngeren Alters gilt aber auch bei Jugendlichen, dass diese nicht über eine Krise sprechen müssen. Gerade wenn eigene (mitunter auch individuell-krisenhafte) Themen aktuell im Vordergrund stehen (vgl. Entwicklungsaufgaben), ist möglicherweise nicht genug Kapazität dafür vorhanden. Es kann aber auch passieren, dass Jugendliche sich einem Krisenthema besonders ablehnend gegenüber zeigen, z. B. weil sie sich schon in anderen Kontexten viel damit beschäftigt haben (vgl. z. B. den Hinweis von Jonathan am Anfang von Kap. 3). Dann könnte gemeinsam überlegt werden, welche anderen Themen gerade wichtig sind und besprochen werden wollen.

Stimuluskontrolle: soziale Medien und Aufbau von Medienkompetenz. Grundsätzlich bergen soziale Medien neben all den bekannten Gefahren auch Vorteile, da die Möglichkeit von sozialer Unterstützung und Vernetzung sowie zur zügigen Information rund um eine Krise besteht (Tušl et al., 2022). Oft mehr im Vordergrund und vielfach belegt ist aber tatsächlich der negative Effekt; d. h. mehr Konsum von sozialen Medien rund um ein Krisenereignis steht in Verbindung mit einer schlechteren psychischen Gesundheit (z. B. Zhao & Zhou, 2020). Dabei ist neben der Quantität des Medienkonsums nicht auszuschließen, dass falsche Nachrichten und manipuliertes Bildmaterial konsumiert werden, oder potenziell traumatisierende Szenen (vgl. Exkurs zum Anschlag von Halle, Kap. 3.2.2). Eine Krise kann auch durch soziale Medien psychisch und emotional als sehr unmittelbar und folglich auch belastend erlebt werden. Hier gilt es dringend, die Medienkompetenz von Jugendlichen zu unterstützen (vgl. KMK, 2016).

Definition Medienkompetenz

Fähigkeit, Medieninhalte kritisch zu verstehen, zu bewerten und verantwortungsbewusst damit umzugehen.

Es geht dabei nicht darum, das Smartphone oder soziale Medien gar nicht mehr zu benutzen – was in der Regel auch schlicht keine Option ist. Vielmehr geht es darum, gemeinsam Regeln zu entwickeln und Erfahrungen zu teilen: Wie geht es mir, wenn ich vor dem Schlafengehen etwas über eine Krise lese? Wenn ich mal versuchsweise einen Tag lang keine sozialen Medien konsumiere, wie geht es mir dann? Wie kann ich einschätzen, ob eine Quelle vertrauenswürdig ist? Berichten andere dasselbe? Wie kann ich dem Reiz widerstehen, mir etwas sehr Verstörendes anzuschauen? Häufig geht es darum, einen anderen Umgang mit sozialen Medien erst einmal auszuprobieren und nicht einfach Regeln von außen umzusetzen. Als Lehrkraft darf man dabei auch neugierig sein und sich von den Jugendlichen zeigen lassen, wie und wo sie sich informieren, um deren Lebenswelt kennenzulernen und von ihrer Kompetenz zu profitieren.

Soziale Unterstützung und Aufbau gesellschaftlicher und demokratischer Kompetenzen. Insbesondere der positive Austausch mit Gleichaltrigen, aber auch die Unterstützung durch nahestehende Erwachsene ist der Schlüssel zum Umgang mit Krisen, wie verschiedene Studien zur COVID19-Pandemie (z. B. Li et al., 2021), aber auch zur Klimakrise (z. B. Frick et al., 2022) zeigen. Jugendliche orientieren sich in dieser Altersphase stark an anderen und profitieren von einem guten sozialen Netzwerk. Wie in den Entwicklungsaufgaben beschrieben, steht auch die Orientierung hin zur Gesellschaft an, welche hier aufgegriffen werden kann: Wenn junge Menschen gemeinsam aktiv werden und zusammen an der Auflösung von Krisenursachen mitwirken können, stärkt das ihre Selbstwirksamkeit und partizipative Wirksamkeit sowie Zuversicht und trägt bestenfalls auch dazu bei, dass das in Kapitel 3 angesprochene gesellschaftliche Risiko einer desillusionierten globalen Jugend gemindert wird. Im besten Fall werden so auch demokratische und soziale Grundlagen gelegt, um später über die eigene psychische Gesundheit hinaus als aufklärte*r und mündige*r Bürger*in die Gesellschaft mitzugestalten (vgl. Kap. 7.2).

Kognitive Strategien. Viele Jugendliche bleiben an bestimmten Themen stärker „hängen“, d. h. sie vertiefen sich in diese, philosophieren und diskutieren. Wenn diese eine hohe Brisanz haben wie die zahlreichen gesellschaftlichen Krisen, könnten sie unter Druck geraten, konstant an diesem Thema arbeiten zu müssen. In der Tat haben die Krisen einen sehr hohen Aufforderungscharakter, sich einzusetzen. Hier hilft es, kognitive Gegenannahmen aufzubauen und auf die eigenen Ressourcen zu achten („Ich darf über Belastungen/Überlastung sprechen und Verletzlichkeit zeigen“, „Ich darf eine Pause machen“, vgl. Frick et al., 2022).

Bezug zum Fallbeispiel Ben

Für Ben ist das soziale Umfeld zentral. So belastete ihn die Klimakrise bereits, aber er schaffte es, sich eine soziale Unterstützungsstruktur zu suchen und Selbstwirksamkeit zu erleben. Dies brach mit den Kontaktbeschränkungen der COVID-19-Pandemie abrupt ein. Typisch ist auch die Abwendung von Erwachsenen und das Suchen nach einer eigenen Strategie zum Umgang mit den multiplen Krisen.

6.5 Eltern unterstützen

Die Belastung durch globale Krisen, aber auch die Belastung einer einzelnen Person bringt oft eine Belastung der ganzen Familie mit sich. Es ist damit zu rechnen, dass auch die Eltern bzw. Sorgeberechtigten der Schüler*innen durch die Sorgen ihrer Kinder, aber auch durch eigene Ängste und Probleme belastet sind. Viele fühlen sich vielleicht hilflos im Umgang mit den Krisen selbst, aber auch mit der Reaktion ihres Kindes. Wie in der Metapher in der Einführung beschrieben, sitzen auch die Eltern mit „im selben Boot". Grundsätzlich gelten somit alle bereits eingeführten Hintergrundinformationen und Interventionen auch für Eltern. Einige besondere Punkte möchten wir hier weiter ausführen.

Zur Vorbereitung auf Gespräche mit Eltern können gängige Grundlagen der Kommunikation herangezogen werden, wie aktives Zuhören, die Trennung von Beobachtung und Bewertung, die Berücksichtigung von Sach- und Beziehungsebene oder eine angenehme Gesprächsatmosphäre, inklusive geeignetem Ort (ausführlich zur Kommunikation in der Elternarbeit siehe z. B. Aich & Behr, 2019; Bartscher, 2022).

Validierung elterlicher Gefühle. Auch Eltern können potentiell ganz andere Gefühle zeigen, als Sie erwarten würden. Vielleicht sind sie vor allem besorgt um die schulische Zukunft ihres Kindes oder haben finanzielle Sorgen. Vielleicht sind sie wütend auf die Regierung. Erkennen Sie auch hier die Gefühle der Eltern an, ohne zu werten und zwangsläufig davon auszugehen, dass ein bestimmtes Gefühl „richtig" ist. Gefühle dürfen dabei natürlich nicht zu einer Gefährdung oder Beeinträchtigung des Kindes oder zu einer Eskalation der Gesprächssituation führen („Ich kann verstehen, dass Sie wütend sind, weil gerade scheinbar nichts funktioniert. Ich möchte Sie bitten, zu berücksichtigen, dass auch Ihr Kind in einer hilflosen Situation steckt.").

Verständnis für das Kind entwickeln. Eltern sind teilweise selbst hilflos oder schauen anders auf die Welt. Das kann z. B. dazu führen, dass sie – scheinbar wenig hilfreich – einfordern, dass das Kind trotzdem „funktionieren" solle. Hier hilft es, mit den Eltern zu besprechen, was ihr Kind schon verstehen oder verarbeiten kann, also die alters- und entwicklungsadäquaten Kompetenzen des Kindes zu betonen. Helfen kann auch der Blick auf (hypothetische oder reale) Ressourcen in der Vergangenheit, z. B. mit der Frage „Wenn Sie sich vorstellen, als Sie so alt waren wie

Ihr Kind jetzt: Was haben Sie damals gebraucht, was war Ihnen wichtig? Was hätte Ihnen mit Blick auf die aktuelle Situation geholfen? Was hat Ihnen damals in einer schwierigen Lage geholfen?"

Aktuelle Probleme. Durch die Pandemie, Energiekrise, Inflation etc. häufen sich auch reale Probleme wie langzeiterkrankte Angehörige, finanzielle Sorgen und vieles andere. Eltern können und sollen dies nicht vor den Kindern verstecken, aber auf der Ebene von Erwachsenen Hilfe einholen. Lehrkräfte sind nicht primär in der Rolle, in passende psychosoziale außerschulische Angebote zu vermitteln. Sie können jedoch einen Überblick über Beratungsangebote bereithalten und Eltern wertschätzend auf solche Möglichkeiten hinweisen. Es ist wichtig, dass Eltern auf ein soziales Netzwerk und/oder professionelles Netzwerk (thematische Beratung, Elternberatungsstellen, Seelsorge etc.) zurückgreifen können, um ihre Sorgen zu thematisieren, statt dies in ihrer Not mit ihren Kindern zu besprechen. Zur Entlastung der individuellen Kapazitäten der schulischen Fachkräfte sollten solche Informationen mindestens schulweit, bestenfalls auch für die gesamte Region, in der die Schule liegt, bereitgestellt werden.

Praktische Unterstützung im Schulalltag. Manchmal braucht es ganz praktische Lösungen und unkonventionelle Angebote. Im Zuge der COVID-19-Pandemie mit Schulschließungen und vielerorts technischen Mängeln in der Ausstattung war es zur Entlastung der Eltern und Kinder beispielsweise hilfreich, Hausaufgaben, Leistungsbewertungen und sonstige Anforderungen zu reduzieren. Schulen haben dies ganz unterschiedlich gehandhabt. Wichtig ist, bei allem Blick auf notwendige Lernfortschritte in einem oft engen Zeitkorsett, nicht nur die Zeitressourcen der Schüler*innen zu berücksichtigen, sondern auch diejenigen der Eltern. Je nach personellen und organisatorischen Möglichkeiten sollten Lernphasen und Lernaufträge möglichst vor Ort in der Schule bearbeitet werden können, während das Zuhause primär für die gemeinsame Erholung da ist. Ganztagskonzepte, Hausaufgabenbetreuung, Lesepatenschaften, eine dafür nötige temporäre Auflösung von strengen Stundenplänen und Klassengruppen sowie Kooperationen mit lokalen Trägern und Vereinen sind Formen der schulischen Entwicklung, die auch Eltern unterstützen und entlasten können.

Kontakt und Gesprächsangebote. Nicht immer muss es ein Einzelgespräch sein. Bei einer akuten Krise bietet sich ein Sonder-Elternabend an, bei dem Sie informieren, wie Sie als Lehrkraft, aber auch die Schule insgesamt mit der Situation umgehen. Dabei geht es nicht darum, schon alle Lösungen und Antworten parat zu haben, sondern Zwischenstände und aktuelle Diskussionen mitzugeben. Neben der reinen Informationsweitergabe ist es auch ein Ziel, Kontakt aufzubauen, die Sorgen der Eltern wahrzunehmen und eine gute Gelegenheit für einen gemeinsamen Austausch zu schaffen. Hier geht es, wie bereits eingeführt, insbesondere um eine frühzeitig wahrgenommene soziale Unterstützung, ohne dass Sie für jedes Problem eine Lösung anbieten müssen.

Kindeswohlgefährdung. Multiple Krisen, eigene Sorgen und und und ... All das kann in der Kombination dazu führen, dass Eltern derart überwältigt bzw. überfordert sind, dass sie ihr Kind nicht mehr angemessen versorgen können oder eventuell sogar gefährden. Achten Sie auf Anzeichen dafür, dass ein Kind vernachlässigt wird oder objektive Gefahren vorliegen. Nehmen Sie in diesem Fall Kontakt zur Schulleitung bzw. zum Krisenteam innerhalb der Schule auf und beziehen Sie das Jugendamt gegebenenfalls nach Kontakt mit einer „Insoweit erfahrenen Fachkraft“ (InsoFa) im Falle eines Verdachts auf Kindeswohlgefährdung gemäß den geltenden örtlichen Regularien und Abläufe ein.

Grenzen setzen. Wenn für Eltern Stress und Belastungen zu viel werden, ist es für sie sinnvoll, sich zumindest eine Zeit lang zu begrenzen und sich weniger einzubringen. Die Kinder müssen natürlich dennoch versorgt sein, aber vielleicht ist *soziale Unterstützung durch Familienangehörige oder vertrauensvolle Menschen aus dem engeren sozialen Netzwerk* möglich. Gerade die COVID-19-Pandemie zeigte eindrücklich, wie sehr die Mehrfachbelastung aus Beruf, Familie und Care-Arbeit plus Krisen Eltern aufreiben kann (Calvano et al., 2022).

Bezug zum Fallbeispiel Sara

Sehr deutlich werden die aufgebrauchten eigenen Ressourcen der Eltern, die zeitlich durch ihre Arbeit sehr eingespannt sind. Auch emotional sind sie als Pflegekraft sowie in der Energieversorgung auch in ihrem Arbeitsumfeld direkt von den Krisen betroffen und emotional involviert. Hier liegt somit v. a. ein emotionales und zeitliches Ressourcenproblem der Eltern vor, die auch einen Blick auf ihr zweites Kind haben müssen. Soziale Unterstützung in einem größeren Netzwerk, in diesem Falle außerhalb der Großfamilie, ist essenziell, um die Dauerbelastung auch bei den Eltern zu reduzieren.

6.6 Das System Schule nutzen

Die Schule bietet verschiedene „natürliche“ Ansatzpunkte für die Unterstützung in akut oder permanent wirkenden Krisen. Im akuten Fall müssen Fachkräfte in der Schule *sofort reagieren,* worauf sie durch die jeweiligen Notfallpläne der Länder sowie individuelle Fortbildung vorbereitet und worin sie von vorhandenen Hilfestrukturen in der Schule wie einem schulinternen Krisenteam (vgl. Kap. 7.2) oder externen Ressourcen wie der Notfallseelsorge, länderspezifischer Krisenteams bzw. der Schulpsychologie unterstützt werden. Im Anschluss an die unmittelbare Reaktion schließt sich eine *Stabilisierungsphase* an, in der weitere Schritte geplant werden, die *Versorgung von Betroffenen* sichergestellt wird und notwendige *Informationen* an die Schulgemeinschaft, Sorgeberechtigten, weitere Hilfesysteme und zuständige Behörden auf den Weg gebracht werden. Bestenfalls sind solche Aufgaben innerhalb von Schulleitung und Krisenteam vorab verteilt und somit abgesichert (vgl. z. B. Landesschulamt Sachsen-Anhalt, 2020).

Im Anschluss an eine solche akute Phase, die oft nur wenige Stunden oder Tage umfasst, folgt die Phase der *Nachsorge,* die mitunter einen langen Zeitraum betreffen kann. In dieser Phase wird die *Nachbetreuung* von Betroffenen organisiert und beobachtet und die *Rückkehr zum Alltag* sichergestellt (mittelfristige Perspektive, vgl. Beginn dieses Kapitels). Eine Reflexion der Krise und Krisenintervention im Team markiert schließlich den Einstieg in die Überarbeitung der bisherigen *Vorsorge,* die längerfristig durch Präventionsmaßnahmen und/oder eine Anpassung der schulinternen Abläufe abgesichert werden sollte. Die Verantwortlichen an der Schule sollten im gesamten Prozess die Personenkreise, die betroffen sind oder auch potenziell betroffen sein können, im Fokus der Aufmerksamkeit halten, um ggf. auf unmittelbar oder erst verzögert auftretende individuelle Notlagen angemessen reagieren zu können (Landesschulamt Sachsen-Anhalt, 2020).

Grundsätzlich kann diese exemplarische Struktur zum Umgang mit schulischen Krisen ebenfalls für den Umgang mit permanenten gesellschaftlichen Krisen herangezogen werden. So können solche Krisen mit lokal akuten Ereignissen einhergehen (vgl. Exkurs zum Anschlag von Halle, Kap. 3.2.2) oder auch in der gesamten Gesellschaft eine Phase des akuten Schocks auslösen (bspw. der Beginn des Ukraine-Krieges). Für eher latente Auswirkungen von Krisen sind hingegen Instrumente aus der Nach- bzw. Vorsorge hilfreich, in dem Sinne, dass es hier vor allem um eine *permanente „sorgende" Aufmerksamkeit* in Kombination mit langfristig tragenden Angeboten geht (vgl. Kap. 7).

Neben der individuellen psychosozialen Versorgung von Schüler*innen (vgl. Kap. 6.1–6.6) können auch die „natürlichen" Gruppen an der Schule – Klassen, Kurse und Freundeskreise – für den Austausch und die gegenseitige Unterstützung genutzt werden. Hier kann es durchaus hilfreich sein, die Klasse aufzubrechen und entweder gezielt Gruppen zu bilden (z. B. hinsichtlich der Betroffenheit) und/oder die Schüler*innen selbst Gruppen bilden zu lassen. Dabei ist jedoch darauf zu achten, das weniger gut integrierte Schüler*innen nicht alleine bleiben.

Der *feste und verlässliche strukturelle Rahmen* der Schule trägt dazu bei, dass im Anschluss an die Akutphase einer Krise eine angemessen schnelle Rückkehr in den Alltag gewährleistet und unterstützt werden kann. Insofern bietet die „Normalität des Schulalltags" eine wichtige Leitplanke für alle Schulmitglieder, die nicht erst errichtet werden muss. Dieser Übergang muss nicht abrupt, sondern kann für die gesamte Schulgemeinschaft oder Teile davon auch schrittweise erfolgen. Die Schüler*innen sollten dabei mit ihren Bedürfnissen und eigenen Vorstellungen einbezogen werden. Dies gilt auch für die inhaltliche Gestaltung von Akut- und Übergangsphasen, in denen insbesondere sinnstiftende Tätigkeiten ermöglicht bzw. angeregt werden sollten, die im Zusammenhang mit der jeweiligen Krise stehen. Für den Umgang mit permanenten, latenter wirkenden Krisen kann die feste

Schulstruktur jedoch mitunter auch hinderlich sein, da sie eine Veränderung für die Schule in verschiedenen Bereichen mit sich bringen oder erfordern kann, auf die wir im folgenden Kapitel eingehen wollen.

Bezug zum Fallbeispiel Sara

Saras Klassenlehrerin involviert die Kinder in eine konkrete Unterstützung ukrainischer Kinder. Sie nutzt somit die natürliche Gruppe (Klasse) und bietet im Rahmen ihrer Möglichkeiten einen gut strukturierten Rahmen, um sich sinnstiftend und selbstwirksam mit der Krise auseinanderzusetzen. Sara erlebt dies als sehr hilfreich.

6.7 Zusammenfassung

Wir schließen an dieser Stelle an das Bild des überlaufenden Fasses aus Kapitel 4.7 an: Je nachdem, wie voll unser Fass gerade ist (= wie ausgeprägt die emotionale Belastung gerade ist), können wir verschiedene Strategien einsetzen – alle dienen dem Ablassen von Wasser. Wenn der Wasserstand (= die Erregung) hoch ist, müssen wir die Spitzen der Erregung ggf. zunächst mit emotionsfokussierten Strategien, welche auf den Körper und Gefühle abzielen, vom Wasser abschöpfen (vgl. Tabelle 5). Wenn es der Wasserstand gerade zulässt, können wir mit problem- und sinnfokussierten Interventionen den Abfluss frei machen.

Fragestellungen für die Praxis

Lehrkräfte: Denken Sie an Ihre eigenen Klassen und überlegen Sie, was den Schüler*innen wann gutgetan hätte oder hat, z. B. in den Tagen nach dem Beginn des russischen Angriffskriegs auf die Ukraine, im Hitzesommer 2022 etc. Was haben Sie tatsächlich umgesetzt? Was war schwierig, was hat gut geklappt?

Schulleitung: Welche Hilfe- und Krisenstrukturen haben Sie innerhalb Ihrer Schule? Wie haben diese Strukturen in vergangenen Krisensituationen, wie der Pandemie oder zu Beginn des russischen Angriffskrieges, funktioniert? Wo gab es Schwierigkeiten? Was haben Sie in der Folge verändert? Was steht noch aus?

Schulverwaltung: Welche Möglichkeiten haben Schulen, im Krisenfall von regulären Vorgehensweisen abzuweichen? Welche Schulungsangebote gibt es für Lehrkräfte und Schulleitungen? Wie einfach ist es für Schulen, zusätzliche Ressourcen hinzuzuziehen?

7 Schulen langfristig krisenfester machen

Und dann möchte ich genau das mit ihnen entdecken dürfen. Dafür brauche ich Freiraum: Um aktuelle Themen aufgreifen zu können, ohne mit dem Stoff in Verzug zu kommen. Um Prüfungsleistungen individuell und flexibel gestalten zu können, anstatt alles im Gleichmarsch lernen zu lassen. Um tatsächlich ins Handeln kommen zu können, anstatt an diesem Punkt wieder auf das Format der nächsten Klassenarbeit umlenken zu müssen. Und um allen Beteiligten den Druck und die Angst zu nehmen, die sie handlungsunfähig und ohnmächtig machen.

Lena Wagner, Teachers for Future

*Ich würde mir wünschen, dass Krisen in der Schule angesprochen werden, dass man über sie aufklärt und informiert. Die Schüler*innen sollten die Möglichkeit haben, über ihre Ängste zu sprechen. Es wäre schön, wenn Schulen transparenter mit Krisen umgehen ohne sie totzuschweigen.*

Fabienne, 18 Jahre, 12. Klasse, Gymnasium

Die großen sozial-ökologischen Krisen, die sich insbesondere seit 2020 in Europa und weltweit verdichtet haben – Corona, Krieg und Klima – stellen die Schulen immer wieder aufs Neue vor die Herausforderung, die Sorgen der Schüler*innen aufzufangen und Lösungsansätzen und Handlungsmöglichkeiten in der Schule einen Raum zu geben. So erlebten wir es insbesondere mit dem Beginn des Ukrainekrieges: Auf die nunmehr seit zwei Jahren bestehenden pandemischen Belastungen, Unsicherheiten und Sorgen der Schüler*innen kam der Ukrainekrieg als große, unbekannte und unsichere Belastung hinzu. Hitzewellen im Sommer und damit eine direkte Auseinandersetzung mit Folgen der Klimakrise tun ihr übriges. Es ist zu erwarten, dass eher weitere Krisen folgen, als dass die Belastung der Gesellschaft wie auch des Systems Schule durch multiple Krisen nachlässt.

Um diese Belastungen zeitnah und professionell auffangen zu können, bedarf es eines Aufbaus von nachhaltigen Strukturen, die den Rahmen geben, auf diese Ereignisse im Kontext Schule wirksam und angemessen reagieren zu können. Momentan ist innerhalb der Curricula wenig Raum für eine solche sozioemotionale Auseinandersetzung. Zudem fehlen oft innerschulische Strukturen und Personal sowie flächendeckend funktionierende außerschulische Netzwerke.

In der längerfristigen Schulentwicklung gibt es Größen, die sich leichter verändern lassen als andere. Zunächst können alle Schulmitglieder Interessenvertretungen und politische Akteure wie Eltern- und Schüler*innen-Vertretungen, Fachverbände und Gewerkschaften motivieren bzw. sich dort selbst engagieren, um größere Veränderungen anzustoßen. Im dienstlichen Rahmen sollten sich Schulleitungen und Kollegien darauf konzentrieren, welche Freiheitsgrade sie selbst vor Ort in ihrer eigenen Schule haben: Was funktioniert bereits gut? Womit wurden in der Vergangenheit gute Erfahrungen gemacht? Was wurde mit welchem Ergebnis bereits probiert? Was noch nicht? Was kann anders gemacht werden? Was ist alternativ möglich? Und: Wo ist der Einfluss der Schulmitglieder am größten? Ungeachtet dessen braucht es auch Veränderungen, deren Ermöglichung in den Händen der Schulbehörden, insbesondere der Ministerien, liegt.

Bezug zum Erfahrungsbericht der Lehrkraft und weiteren Zitaten

Die Tatsache, dass die interviewten Lehrkräfte sich bereits engagieren, zeigt wie viel Potenzial sie im System Schule sehen. Sie sehen deutlich ein Bild von Schule als nachhaltig, demokratisch und zukunftsfähig vor sich, das sie umsetzen möchten. Weniger deutlich wird, inwiefern strukturelle Prozesse und Unterstützung eine Rolle spielen: Schulentwicklung scheint in dieser Hinsicht aus Perspektive der Lehrkräfte eine Bewegung „von unten“ zu sein.

7.1 Inhaltliche Entwicklung schulischer Angebote

Bei der personellen Ausstattung haben Schulen in der Regel kaum Mitgestaltungsmöglichkeiten. Eine Ausnahme bilden die freien Schulen, die jedoch auch an wirtschaftliche Bedingungen gebunden sind. Umso wichtiger ist es, bewusst zu prüfen, wie das vorhandene Personal möglichst gut qualifiziert werden kann. Ein wesentlicher Schlüssel sind Fortbildungen zu einschlägigen Themen, die dann wiederum in den Schulalltag, d.h. die täglichen Routinen und den Unterricht, eingebunden werden können.

Psychische Gesundheit. Für die Umsetzung der Zielstellung der Adaptation nach dem ganzheitlichen Resilienzkonzept braucht das Thema psychische Gesundheit einen angemessenen Raum. Lehrkräfte sollten über ein Grundverständnis für die Wirkung und Verarbeitung von Stress verfügen (vgl. Kapitel 4) und darüber, welche Angebote (inhaltlich und organisatorisch) im Schulalltag regulär unterbreitet werden können, damit Schüler*innen psychisch möglichst gesund bleiben und Belastungen präventiv in ihren Auswirkungen abgemildert werden können. Hierzu zählen auch Möglichkeiten der Nachteilsausgleiche für chronische (psychische) Erkrankungen, kritische Lebensereignisse oder akute Belastungsphasen.

Bezug zum Fallbeispiel Ben

Der Klassenlehrer berichtet, dass er die Not von Ben wie auch von anderen Kindern in der Klasse sehr deutlich sieht. Zugleich wird deutlich, dass es seine eigene Kapazität überfordert und er mehr Unterstützung durch die Schulpsychologie benötigt. Somit ist positiv zu vermerken, dass er bereits die psychische Gesundheit im Blick hat. Es bleibt jedoch ein Ressourcenproblem sowohl innerhalb der Schule durch den Mangel an Schulpsycholog*innen wie auch im Gesundheitssystem durch fehlende Psychotherapieplätze.

Psychische Erste Hilfe. Über die präventiven Grundlagen hinaus benötigen Lehrkräfte leicht anwendbare Basis-Fertigkeiten im Umgang mit psychischen Belastungen von Kindern und Jugendlichen sowie auch denen der Bezugspersonen, die oftmals mit den Belastungen der Schüler*innen interagieren (vgl. Kapitel 6.5). Hierzu gehören insbesondere Methoden der Gesprächsführung nach kritischen Ereignissen, Grundwissen zu altersspezifischen Stressreaktionen sowie zur Trauerarbeit einzeln oder in der Gruppe. Hierbei geht es nicht nur um den reinen Erwerb zusätzlicher Kompetenzen und Fertigkeiten, sondern letzten Endes um ein Empowerment der Lehrkräfte und ihre langfristige Entlastung sowie der Schüler*innen. Kenntnis der lokalen psychosozialen Unterstützungssysteme und eine Vernetzung mit ihnen ist eine notwendige Ergänzung dieser psychologischen Kompetenzen. Wichtig ist außerdem, dass Lehrkräfte in ihren eigenen Bewältigungskompetenzen gestärkt werden (vgl. Kapitel 8). Dazu gibt es mittlerweile spezielle Erste-Hilfe-Kurse für Psychische Gesundheit, in denen sich Lehrkräfte spezifisch weiterbilden können[3]. Für den Umgang mit der Zielgruppe Kinder und Jugendliche gibt es beispielsweise das Modul „Notfälle in Schulen“[4].

Bezug zum Fallbeispiel Sara

Sara hat trotz ihres jungen Alters bereits mehrere Krisen miterlebt, die sie belasten. Ihre junge Lehrerin hat mit einem Gesprächsangebot in der Klasse und einer Unterstützung des gemeinsamen Zusammenhalts und Aktivwerdens reagiert, welches Sara dankbar annahm. Die Lehrerin berichtet jedoch auch, dass sie selbst überfordert gewesen sei. Mehr Unterstützung, z. B. durch spezifische Fortbildungen, wäre somit sicher hilfreich.

Individuelle Resilienz. Entwicklungspsychologisch können insbesondere sechs Resilienzmechanismen identifiziert werden, die in der sozioemotionalen Entwicklung vor allem im Kindes- und Jugendalter zentral und „besonders relevant sind, um Krisensituationen, aber auch Entwicklungsaufgaben […] zu bewältigen“ (Fröhlich-Gildhoff & Rönnau-Böse, 2015, S. 42ff.; vgl. auch Pereira & Freire, 2021): *Selbstwahrnehmung* (zum Beispiel das Erkennen und Einordnen eigener Gefühle; oder

3 https://www.mhfa-ersthelfer.de/de/ (abgerufen am 05.01.2023)
4 https://www.psychologenakademie.de/seminar/notfaelle-in-schulen/

das Fähigkeitsselbstkonzept), *Selbstregulation* (mit den eigenen Gefühlen in belastenden Situationen umgehen zu können), *Stressbewältigung* (für stressauslösende Situationen wirksame Bewältigungsmechanismen einsetzen zu können), *soziale Kompetenzen* (Konflikte sozial lösen und positive soziale Kontakte knüpfen und erhalten zu können), *Problemlösefähigkeiten* (Ziele so auswählen zu können, dass sie umsetzbar sind; Kompetenzen zur Lösungsfindung, zur Planung und Umsetzung) und nicht zuletzt *Selbstwirksamkeit* (die Überzeugung, mit schwierigen Situationen erfolgreich umgehen zu können – alleine oder in der Gruppe). Jede dieser Mechanismen stellt eine wichtige Kompetenz dar, die es in der Schule zu vermitteln gilt.

Beziehungsarbeit. Viele wirksame Resilienzfaktoren und Resilienzmechanismen fußen auf positiven sozialen Beziehungen. Die Gestaltung solcher Beziehungen ist ein wirkmächtiges Arbeitsmittel von Lehrkräften, um gemeinsam psychisch gesund zu bleiben (Harding et al., 2019). Gelingt diese Arbeit, ist eine wesentliche Grundbedingung für ein positives subjektives Wohlbefinden erfüllt, was wiederum der Schlüssel für zahlreiche positive schulische Konsequenzen sein kann für den Lernerfolg, für Leistungsmotivation, psychische Gesundheit, positive Beziehungen der Schüler*innen untereinander, ein allgemein besseres soziales Klima. Fähigkeiten zur Beziehungsarbeit, unter denen die Kommunikation (insbesondere die Bewältigung von Kommunikationsstörungen) sowie die professionelle Haltung einen großen Bereich einnehmen, sind durchaus erlernbar. Zu bewährten Konzepten wie „Classroom-Management“ oder „Neue Autorität“ gibt es zahlreiche Fachliteratur und Fortbildungsmöglichkeiten.

Gesunde Schule. Alle vorgenannten Themen laufen auf das Konzept der „guten gesunden Schule“ zu (vgl. Hinweis zum Projekt „Mind Matters“ in Kap. 10). Dazu gehören nicht nur eher physiologische Bereiche wie ausreichend Bewegung, gesunde Ernährung und Stressverarbeitung (z. B. Paulus & Michaelsen-Gärtner, 2008), sondern vor allem auch soziale Felder wie Schul- und Klassenklima oder Mobbing-Prävention sowie der Bereich des individuellen Engagements, der Selbstbestimmung und Teilhabe an Entscheidungsprozessen (z. B. Paulus, 2003; Peter, 2012). Hierbei geht es auch darum, den zentralen sozialen Bedürfnissen der Schulmitglieder nach bspw. Autonomie, guten Beziehung, Wirksamkeit, Gerechtigkeit (im Prozess, in der Interaktion und hinsichtlich der Prozess- und Interaktionsergebnisse) und Sicherheit nachzukommen und so den Boden für Zufriedenheit und Wohlbefinden zu bereiten, der dann in Krisenphasen bestenfalls tragen kann und Schocks absorbieren hilft. Mit einem Konzept für eine „gute gesunde Schule“ können Schulen die Zielstellung der Adaptation über die Stärkung der kollektiven Ebene umsetzen und so auch die Grundlage dafür legen, dass junge Menschen während der Schulzeit und danach mit Krisensituationen und Krisenphasen wirksamer umgehen können.

Nachhaltigkeitsbildung. Ein Konzept für Nachhaltigkeitsbildung kann an die Grundlagen der „Gesunden Schule“ gut anschließen, um den Bereich der transformationalen Zielstellung (und der problem- und sinnfokussierten Bewältigung, vgl. Kap. 4.4.1 & 6.2) abzudecken. Auch hier gibt es für Lehrkräfte zahlreiche Angebote, bspw. zur transformativen Bildungsarbeit (vgl. Heitfeld & Reif, 2020) oder zu Peer-to-Peer-Ansätzen (für einen Überblick zur Nachhaltigkeitsbildung aus der psychologischen Perspektive vgl. Peter & Kantrowitsch, 2021). Frei verfügbare Publikationen wie der „Orientierungsrahmen für den Lernbereich Globale Entwicklung im Rahmen einer Bildung für nachhaltige Entwicklung" (Schreiber & Siege, 2016) ergänzen das Angebot. Viele weitere Angebote sind in den letzten Jahren hinzugekommen (z.B. https://publicclimateschool.de/) und werden fortlaufend angepasst. Empirisch lässt sich im Zusammenhang mit der Klimakrise zeigen, dass Schulen in Deutschland hinsichtlich umweltbezogener Informiertheit und naturwissenschaftlicher Kompetenzen bereits gut aufgestellt sind, es allerdings noch an umweltbezogenen Werthaltungen sowie umweltbezogener Selbstwirksamkeit mangelt, also an Motivation und Zutrauen (Diedrich et al., 2022). Dies spricht für eine Erweiterung der umweltbezogenen Themen um wertebezogene Fragestellungen sowie die Integration wirksamkeitsfördernder Lernformate im Sinne eines Lernens durch aktives Engagement (vgl. Heitfeld & Reif, 2020; Peter & Kantrowitsch, 2021).

Für all diese Themen empfiehlt sich eine gute organisatorische Verankerung, um die Verantwortung für die Einführung und Umsetzung auf möglichst viele Schultern verteilen zu können und die Akzeptanz in der sowie die Nutzung durch die gesamte Schulgemeinschaft zu erhöhen.

Bezug zum Fallbeispiel Ben

In Bens Fallbeispiel wird deutlich, dass die Familie, aber auch der Klassenlehrer sich wünschen, dass es mehr Unterstützung in der Schule für psychische Probleme gibt. Schüler*innen sind einen Großteil des Tages in der Schule, sodass hier natürlich auch eine psychische Symptomatik zum Tragen kommt und aufgefangen werden muss. Gute Beziehungen durch Ausreichende Kapazität des Schulpersonals und der Unterstützungssysteme (z.B. Schulpsycholog*in) sowie ein Konzept von Gesunder Schule würden Ben somit eine große Hilfe sein. Einen Austausch und eine Fortbildung zum Thema Nachhaltigkeit suchte sich Ben außerhalb der Schule im Rahmen der Fridays-for-Future-Bewegung.

7.2 Organisatorische Veränderungen innerhalb der Schule

Schulen haben ein eigenes, wertvolles Potenzial, Resilienz zu fördern, da dort Menschen zusammenkommen und sowohl Wissen erwerben als auch durch den gegenseitigen Austausch lernen können. Hierbei spielen auch Organisationsstruktur und -klima eine wichtige Rolle. Einrichtungen, denen Resilienzförderung gut gelingt, sind zum Beispiel durch eine transparente Organisation mit einheitlichen Regeln sowie durch ein positives Sozialklima der gegenseitigen Wertschätzung gekennzeichnet (vgl. Fröhlich-Gildhoff & Rönnau-Böse, 2015; 2021). Einen/strukturellen Rahmen bieten Lehrformate wie der Frei-Day (https://frei-day.org/), bei denen Schüler*innen der Raum gegeben wird, sich mit aktuellen gesellschaftlichen und ökologischen Herausforderungen auseinanderzusetzen und eigene Ziele und Lösungen zu entwickeln.

Transparenz. Transparenz ist ein zentrales Kriterium für interaktionale sowie prozedurale Gerechtigkeit (Peter et al., 2013) und eine wichtige Bedingung, das Bedürfnis nach Sicherheit zu erfüllen. Zur Transparenz in den Interaktionen gehört eine „faire Kommunikation, bei der sachlich relevante Informationen (z.B. Entscheidungskriterien, Fakten) oder auch persönliche Informationen (z.B. Befindlichkeiten, Meinungen), soweit diese im gegebenen Zusammenhang von Bedeutung sein könnten“, ausgetauscht werden (ebd., S. 15). Sind Strukturen, Regeln und Prozesse in einem sozialen Kontext wie der Schule klar, einsehbar und auch vorhersehbar, dann gibt das den Mitgliedern dieses Kontextes mehr Sicherheit, weil sie sich dann nicht als Spielball willkürlicher oder scheinbar zufälliger Geschehnisse sehen, weil sie absehen können, was in der nächsten Zeit passiert, und weil die Konsequenzen des eigenen Verhaltens ebenfalls überschaubar sind. In Krisenphasen sorgen transparente Strukturen darüber hinaus dafür, dass Menschen wissen, wohin sie sich konkret mit ihren Sorgen oder auch Hinweisen auf die Nöte anderer wenden können. Eine transparente Meldekette sorgt in akuten Krisen dafür, dass alle relevanten Personen in Kenntnis gesetzt, Unterstützungsprozesse unmittelbar eingeleitet und somit bedürftigen Personen ohne Verzug geholfen werden kann.

Sozialklima. Während Transparenz vor allem viele formale Fragen berührt, geht es beim Klima in Schulen und Klassen vor allem um das soziale Miteinander: die Beziehungen und Interaktionen der Schüler*innen untereinander sowie die Beziehungen und Interaktionen der Lehrkräfte mit den Schüler*innen und wie sie aus Sicht der jeweiligen Schulmitglieder erlebt werden (Peter, 2012). Dabei entwickelt sich das Klima nicht zwangsläufig wie eine „natürliche“ Variable, sondern es ist davon abhängig, wie der soziale Raum bewusst gestaltet wird, und diese Gestaltung liegt vor allem in den Händen der Lehrkräfte. Wichtige Dimensionen sind bspw. ein niedriger Sozial- und Leistungsdruck, eine hohe Schülerzentriertheit des Unterrichts sowie Gemeinschaft und Disziplin (Eder, 1998). Wobei hier immer zu berücksichtigen ist, dass die Einschätzung der Lehrkräfte, was ein gutes Klima ist und was nicht, von der Einschätzung der Schüler*innen durchaus deutlich abweichen kann. Zwar scheinen sich Lehrkräfte und Schüler*innen über ideale Bedingungen durchaus einig zu sein, nicht jedoch immer in der Bewertung der realen Bedingungen (z.B. Raviv et al., 1990). Neben der Berücksichtigung o.g. Dimensionen ist es folglich erforderlich, dass Lehrkräfte im Schulalltag Räume dafür schaffen, sich offen miteinander über die schulischen Bedingungen auszutauschen, damit sie nicht zuletzt auch ein realistischeres Verständnis für die Perspektiven und Erlebnisse ihrer Schüler*innen entwickeln können (Peter, 2012; Peter & Dalbert, 2013; Links zu Methoden und Projekten siehe Kap. 10).

Raum für Kommunikation. Transparente Strukturen und Prozesse und ein positives Sozialklima in der Schule erfordern, insbesondere in Krisenphasen, ein hohes Maß an Kommunikation zwischen den Schulmitgliedern, vor allem zwischen den verantwortlichen Lehrkräften. Die klassische Organisation von Schule nach Stundentafeln mit überwiegend knappen Pausen und kaum fest definierten Räumen für pädagogische Beratungen, Team- und Organisationsentwicklung bei gleichzeitig knappen personellen Ressourcen stehen einer solchen Bedingung allerdings entgegen. Ausgangspunkt für die „krisenfestere Schule" ist somit, im Schulalltag zeitliche und physische Räume für systematische Kommunikation zu schaffen, diese bestenfalls in die Stundentafel zu integrieren und somit verbindlich zu machen. Bewährt haben sich hierfür beispielsweise feste Teamstrukturen, wie sie Jahrgangsteams darstellen. Oder die Verankerung von Sprechtagen, an denen die Lehrkräfte länger in der Schule bleiben, um z. B. für Eltern und Schüler*innen nach dem Unterricht ansprechbar zu sein. Ein wöchentlicher Klassenrat (vgl. Methoden-Hinweis in Kap. 10) im Stundenplan hilft zudem, gemeinsam intensiver am Sozialklima arbeiten zu können.

Krisenteam. In allen Schulen sollte mittlerweile ein schulisches Krisenteam (wahlweise auch Präventionsteam oder Steuergruppe) Standard sein, das die Präventionsarbeit (inklusive Fortbildungsplan) koordiniert und in Krisenphasen die Schulleitung handlungssicher bei der Organisation der Bewältigung unterstützt. Krisenteams entlasten alle Lehrkräfte dadurch, dass sie Spezialwissen zu Krisenindikatoren und Handlungsmöglichkeiten sowie zu zwingenden Handlungsnotwendigkeiten bereithalten, das über das Standardrepertoire des Schulpersonals hinausgeht (z. B. Hörnberger, 2022). Bestenfalls verfügen die Teammitglieder neben einschlägigen Fortbildungen auch über ein angemessenes Zeitbudget, um die Schule auch unabhängig von akuten Kriseninterventionen im Fallmanagement oder der Nachsorge von Krisenereignissen zu unterstützen. Unterschieden werden sollte bei der Einrichtung von Krisenteams zwischen einem schulinternen Team, das aus ständigen Schulmitgliedern besteht, und einem erweiterten Krisenteam, zu dem auch einschlägige Fachpersonen aus dem weiteren schulischen Netzwerk gehören können (vgl. Hoffmann & Roshdi, 2011).

Demokratische Strukturen. Auf Empfehlung der Kultusministerkonferenz (KMK, 1973; 2018) soll es an allen Schulen Schüler*innen-Vertretungen zur Wahrnehmung der Interessen, Informations-, Beteiligungs- und Beschwerderechte der Schüler*innen geben. Damit werden demokratisches Handeln und demokratische Werte nicht nur unterrichtet, sondern können direkt erlebt werden. In der Realität haben Schüler*innen und ihre Vertretungen allerdings sehr unterschiedliche Einflussmöglichkeiten auf die Mitgestaltung (für einen Überblick, siehe Coelen, 2010). Das hängt unter anderem davon ab, wie demokratisch die jeweilige Schulkultur ausgeprägt ist. Demokratische Strukturen in der Schule haben verschiedene Vorteile: Partizipation und entsprechende Angebote stärken unter anderem die Selbstwirksamkeit und soziales wie politisches Interesse sowie zivilgesellschaftliches Engagement (z.B. Tzankova et al., 2022), eine Reihe gesundheitsbezogener Faktoren wie Zufriedenheit und Motivation, verschiedene Fertigkeiten bspw. zur Zusammenarbeit und Problemlösung sowie auch Faktoren auf der organisationalen Ebene wie ein positives Klima und soziale Beziehungen (Griebler et al., 2017).

Ein stärkerer Einbezug von Schüler*innen auf verschiedenen Ebenen ist somit geboten und sinnvoll und trägt zur Stärkung der individuellen und schulischen Resilienz bei. Hinzu kommt, dass die Perspektive von Schüler*innen auf die Schule einen schulischen wie auch gesellschaftlichen Mehrwert beinhaltet, den Lehrkräfte und Schulsystem nicht leisten können. Dies ist anhand der Wortmeldungen und Initiativen von Schüler*innen während der COVID-19-Pandemie (vgl. Andresen et al., 2020) wie auch als Initiator*innen der Fridays-for-Future-Bewegung (z.B. Koos & Naumann, 2019) deutlich geworden. Innerhalb von Schulen können Schüler*innen ihre Perspektiven dazu einbringen, welche Themen sie tatsächlich interessieren, welche Aktivitäten sie motivieren und wo ihnen etwas fehlt, bspw. auch im Umgang mit Krisen. Jenseits der formalen Vertretungsstrukturen hat sich in der Schule dafür bspw. die Methode des Klassenrates etabliert (Budde & Weuster, 2018; vgl. Quellen in Kapitel 10). Darüber hinaus wäre eine Verschränkung schulinternen Engagements mit einer Beteiligung an politischen und zivilgesellschaftlichen Prozessen im schulischen Umfeld über *Kinder- und Jugendräte* eine denkbare Ausweitung demokratischer Partizipation zur Erhöhung politischer Selbstwirksamkeit und einer besseren Berücksichtigung der Bedürfnisse von Kindern und Jugendlichen in ihrem Lebenskontext.

Bezug zum Fallbeispiel Ben

Das Engagement in einer gemeinsamen Bewegung, in der auch Stimmen von Kindern und Jugendlichen gehört werden, ist für Ben nicht nur politisch zentral, sondern auch für die eigene psychische Gesundheit. Das „Hören" von Kindern und Jugendlichen, die sonst nur wenig im politischen System mitbestimmen können, ist zentral, um Probleme zu verbalisieren und direkt wirksame Lösungen zu entwickeln.

7.3 Einbettung der Schule in ein soziales Unterstützungssystem

Der wirksame Umgang mit Krisen erfordert routiniertes vernetztes Arbeiten. Schulen wissen aus dem Fallmanagement bei Verdachtsfällen auf Kindeswohlgefährdung, wie wichtig bspw. die Zusammenarbeit mit dem örtlichen Jugendamt ist und dabei einen verlässlichen Kontakt zu den entsprechenden Ansprechpersonen zu haben. Beim Brandschutz gibt es Absprachen mit der Feuerwehr und auch die Polizei ist mit ihren Kontaktbeauftragten für die Schulen regelmäßig vor Ort. Zudem halten die Schulbehörden je nach Bundesland verschiedene multiprofessionelle Beratungsdienste vor, u.a. Schulsozialarbeit, Beratungslehrkräfte oder Schulseelsorge.

Darüber hinaus gibt es lokal sehr unterschiedlich eine Vielzahl freier Träger, die soziale oder Bildungsangebote für junge Menschen vorhalten, trauernde Kinder begleiten, spezifische Förderungen anbieten oder Eltern in Erziehungs- oder Konfliktfragen beraten. Wird dieses Netzwerk gepflegt und stets aktuell gehalten, kann es die schulische Arbeit in akuten oder permanenten Krisen, individuelle wie größere, gut unterstützen und die schulischen Ressourcen entlasten.

Als wichtig haben sich vor allem niedrigschwellige Zugänge zu Hilfesystemen erwiesen: Zeitnahe Termine ohne großen formalen Aufwand oder lange Anreise sind von großer Bedeutung, um Hilfsangebote bspw. überhaupt erreichen zu können. Auch wenn die Zugänglichkeit externer Beratungsangebote nicht in den Händen der Schule liegt, so können regelmäßige Netzwerktreffen, gemeinsame Handlungsleitfäden und Kooperationsvereinbarungen Schwierigkeiten in den Übergängen aufdecken und beheben helfen.

Das wichtigste Unterstützungssystem für Schüler*innen ist noch vor der Schule das Elternhaus. Eltern sind in Krisenphasen oft stark belastet, sodass sie mitunter selbst Unterstützung benötigen, um ihre Kinder gut unterstützen und dabei bspw. auch die Erwartungen der Schule erfüllen zu können. Wie mit anderen Netzwerkpartner*innen auch, sollten deshalb gerade zu den Eltern in krisenfreien Zeiten gute Beziehungen aufgebaut werden, die dann in belastenden Phasen stark genug sind, um tragen zu können. Eltern, die ein hohes Vertrauen in die Schule bzw. die Lehrkräfte ihrer Kinder haben, nehmen Unterstützungsangebote oder Hinweise viel leichter an. Zusätzlichen Belastungen in Krisen durch eine möglicherweise misslingende Kommunikation kann so auch gut vorgebeugt werden.

Weiterhin hält jede Kommune, Landkreis oder Stadt(bezirk) ein Angebot an Beratungsstellen für Ehe, Familie und Lebenskrisen vor. Teilweise von kirchlichen oder öffentlichen Trägern betrieben, ist die Struktur je nach Ort sehr unterschiedlich und nicht immer einfach durchschaubar. Als Lehrkraft bzw. Schule ist es sinnvoll, die örtlichen Gegebenheiten einmal zu verstehen bzw. sich zu informieren, um Familien weitervermitteln zu können. Die Beratungsstellen haben den Vorteil, dass häufig zeitnah Termine für Krisensituationen vergeben werden können, wenngleich keine langfristige Anbindung möglich ist.

Exkurs: Sicht der Eltern

*Beginnend mit dem Schuljahr 2020/2021 und dann fortlaufend sind die Schulen durch verschiedene Krisen gegangen, die teilweise andauern und sich ggf. noch verschärfen: konkret die Pandemie, die notwendige und breit unterstützte Aufnahme von geflüchteten Kindern und Jugendlichen, ein anhaltender Fachkräftemangel und ein gigantischer Sanierungsstau an Schulgebäuden. Das hat und wird weiterhin Spuren sowohl bei den Schüler*innen als auch den Pädagog*innen und nicht zuletzt bei den Eltern hinterlassen. Leider sind und waren die Schulen nur sehr unzureichend vorbereitet, weil man beispielsweise die Digitalisierung verschlafen und den Prognosen zum Personalbedarf nicht vertraut hat. Es braucht daher vor allem eine finanzielle Kraftanstrengung für weitere Aufholprogramme, einen weiteren Digitalpakt, Hochschulausbildung und für Schulneubau- und -sanierung.*

Norman Weise, Vorsitzender des Landeselternausschusses Schule Berlin

Aus dieser Perspektive der Elternschaft heraus wird ein weiterer Punkt aufgegriffen, der teilweise in der Hand der Schulen selbst liegt, teilweise auch außerhalb. Ein Faktor, sich schnell auf eine neue Unterrichtssituation durch eine Krise einzustellen, besteht in der *Digitalisierung* (Ausbau von Infrastruktur, Weiterbildung der Lehrkräfte für digitalen bzw. hybriden Unterricht, Anschaffung, Betrieb und Wartung von Endgeräten für Schüler*innen). Hier gibt es innerhalb von Deutschland wie auch zwischen den Ländern bzw. international große Unterschiede, wie gut einzelne Schulen auf eine plötzlich verändernde Situation wie notwendigen Distanzunterricht eingestellt sind (z. B. Greenhow et al., 2021). In der Corona-Pandemie bspw. waren Lehrkräfte oft auf sich gestellt, eigene Strukturen zu entwickeln, Schüler*innen per Post mit Lehrmaterial zu versorgen oder kreativ andere Unterrichtsformen zu entwickeln. Hier bedarf es dringend einer weiteren innerschulischen wie auch politischen Verständigung, um *Schulen ein flexibleres Arbeiten auch in Reaktion auf plötzlich auftretende Krisen zu ermöglichen*. Hierzu gehört neben dem zeitweiligen Distanzunterricht bei erforderlichen Schulschließungen bspw. auch, schulabsente Schüler*innen (z. B. infolge chronischer Erkrankungen, kritischer Lebensereignisse, notwendiger Rekonvalenszenzphasen, Quarantäne etc.) in den Unterricht zu integrieren und zu ihnen einen verlässlichen sozialen Kontakt zu halten.

7.4 Veränderungen außerhalb des direkten Einflusses der Schule

Bei allen Freiheitsgraden, die Schulleitungen und Lehrkräfte bei der Entwicklung ihrer Schulen haben, gilt es doch auch festzuhalten, dass es Punkte gibt, wo notwendige Veränderungen an anderer Stelle angestoßen werden müssen, insbesondere in den Schulbehörden und Länderparlamenten. Neben baulichen Fragen sind die inhaltliche Ausgestaltung und die personellen Ressourcen zwei wesentliche Schwerpunkte.

Bauliche Fragen. Es gibt bereits baulich-technische Standards, die für alle Schulgebäude mit dem Ziel der Verhinderung von Krisen bzw. der Schädigung von Schulmitgliedern in Krisen einzuhalten sind. Entsprechende Richtlinien sind landesrechtlich geregelt sowie in den Vorschriften der Deutschen Gesetzlichen Unfallversicherung. Neben Brandschutzvorgaben spielen mittlerweile auch sicherheitstechnische Aspekte eine Rolle, die beispielsweise der Amokprävention dienen oder in Großschadenslagen Schlimmeres verhindern helfen sollen. Künftig sollten darüber hinaus stärker auch psychosoziale bzw. gesundheitliche Aspekte beim Schul(um)bau bzw. der Sanierung von Schulgebäuden berücksichtigt werden. Im Krisenordner für die Schulen in Sachsen-Anhalt (Landesschulamt Sachsen-Anhalt, 2020) wird zum Beispiel empfohlen, bauliche „Voraussetzungen zur Einhaltung hygienischer Mindeststandards" zu schaffen, die Prävention „übermäßiger Temperaturen im Schulgebäude" mitzudenken und „Ruhe- und Erholungsmöglichkeiten" im Gebäude und auf dem Gelände zu ermöglichen (S. 214). Pausenräume, Beratungs- und Teamräume für das Schulpersonal, individuelle Arbeitsplätze für Lehrkräfte oder Differenzierungsräume für die individuelle Förderung können dazu beitragen, die Atmosphäre in der Schule positiv zu gestalten, das Stresserleben zu senken, Zeitressourcen zu schonen und folglich in Krisenphasen sowohl resilienter zu sein als auch auf räumliche Umstände zurückgreifen zu können, die bei der Bewältigung hilfreich sind. Hier empfiehlt es sich für Schulleitungen, sich regelmäßig mit dem Schulträger auch zu solchen Fragen auszutauschen, ggf. auch in Kooperation mit dem jeweiligen Unfallversicherungsträger.

Integration von Resilienz- und Nachhaltigkeitsbildung. Ganz grundsätzlich sollte der Kulturwandel, der für eine nachhaltige Entwicklung erforderlich ist, auch in der Schule abgebildet werden, ohne dass dies vom individuellen Engagement der Lehrkräfte abhängt. Dabei sollte es zum fächerübergreifenden Standard werden, ökologisch lebensfördernde Werte und Prinzipien zu vermitteln, gesellschaftlich ein soziales, solidarisches und demokratisches Menschenbild zu betonen (z.B. Diedrich et al., 2022; Griebler et al., 2017; KMK, 2018; Nationale Plattform BNE, 2017). Spätestens seit dem Bericht des IPCC im Jahr 2022 steht auch eine Neuausrichtung der Wirtschaft im Fokus der Debatte, die unter anderem fordert, im ökonomischen Bereich das Gemeinwohl in den Mittelpunkt zu stellen. Dies muss auch in der Schule aufgegriffen werden (vgl. auch UNESCO, 2021 & Kapitel 3.4.2). Auch die Kultur der Schule benötigt einen Wandel: ganzheitliches fächerübergreifendes Lernen, individueller Lernfortschritt als Maßstab für Lernerfolg, individuelles Lernen in unterschiedlichen Geschwindigkeiten, mehr Reflexions- und Problemlösefähigkeiten sowie Handlungskompetenzen und weniger auswendig gelernte Fakten, und die gemeinsame Lösungsfindung in der Gruppe (z.B. Jungjohann & Gebhardt, 2022; Kiper & Mischke, 2008; Wagener, 2014). Ganz grundsätzlich sollte der Schwerpunkt vom Lernstoff-Denken stärker zu einem Denken in Fähigkeiten und Kompetenzen verschoben werden, die in gemeinschaftlichen Projekten und bei der Bewältigung von Herausforderungen in einem geschützten Rahmen erworben werden (vgl. KMK, 2010; Nationale Plattform BNE, 2017).

Sowohl Resilienz- als auch Nachhaltigkeitsbildung sind dabei keine zusätzlichen Aufgaben für Schule und Unterricht, sondern sollten auch ganz im Sinne der Entwicklung und des Wohlbefindens der Schüler*innen selbstverständliche Bestandteile sein. Um Schulen von diesen beiden Ansätzen aus, Resilienz und Nachhaltigkeit, neu zu gestalten, braucht es jedoch auch entsprechende rechtliche Regelungen, die Schulen hier einen entsprechenden Spielraum geben und gleichzeitig keinen Spielraum mehr dafür lassen, Nachhaltigkeitsbildung und pädagogische sowie psychologische Erkenntnisse zur Resilienz außen vor zu lassen. Dies fordert nicht zuletzt auch der „Nationale Aktionsplan" der „Nationalen Plattform Bildung für nachhaltige Entwicklung" als Lenkungsgremium für die deutsche Umsetzung des UNESCO-Weltaktionsprogramms Bildung für nachhaltige Entwicklung: „Überformalisierte Strukturen sollen gelockert werden", in allen Bildungsbereichen sind „unverzweckte ‚Freiräume' [...] strukturell zu verankern", Schulen sollen „Freiräume für die Ausbildung von Gestaltungskompetenzen [...], die Partizipation, selbstständiges Lernen und kreatives Gestalten ermöglichen", was als „essenziell für die Teilhaben und Gestaltung von Zukunftsfragen" betrachtet wird (Nationale Plattform BNE, 2017, S. 85).

Personelle Ressourcen. Die Personalkrise in den Schulen gehört zu den das Schulsystem berührenden Krisen mit den derzeit wohl gravierendsten kurz-, mittel- und langfristigen Konsequenzen. Sie wird vor dem Ende des laufenden Jahrzehnts kaum mit den gängigen Methoden einzudämmen sein (Klemm, 2022). Hauptproblem ist, dass der aktuelle und bis 2035 prognostizierte Bedarf an Lehrkräften nicht realistisch zu decken ist. Schon jetzt müssen flächendeckend Quer- und Seiteneinsteiger*innen, denen die klassische Lehramtsausbildung und zumeist jegliche Unterrichtspraxis fehlt, eingestellt werden, um vielerorts den Unterricht und die Betreuung der Schüler*innen aufrechterhalten zu können. Spätestens im Zuge der COVID-19-Pandemie hat sich gezeigt, was passiert, wenn diese Entwicklung auf einen erheblichen Krankenstand in den Kollegien trifft. Für Schulentwicklungsprozesse, Vernetzungen und individuelles Fallmanagement bleiben dabei kaum mehr zeitliche Ressourcen übrig, was insbesondere vulnerablere Schüler*innengruppen ein potenzielles Risiko für die weitere Schullaufbahn und das Leben nach der Schule darstellt (Peter et al., 2021). Dazu gehören Schüler*innen mit:

- kumulativ erworbenen Lerndefiziten, bspw. durch eine unzureichende schulische oder familiäre Förderung oder kritische Lebensereignisse;
- besonderen individuellen Lernvoraussetzungen (z. B. Teilleistungsstörungen, Wahrnehmungs- oder Aufmerksamkeitsdefizite, oder Sprachschwierigkeiten);
- chronischen Erkrankungen oder sonderpädagogischen Förderbedarfen (z. B. psychische Erkrankungen, Sinnesbeeinträchtigungen oder körperliche Einschränkungen);
- gesellschaftlicher Benachteiligung, insbesondere durch ein geringes familiäres Einkommen mit Einschränkungen für die soziale und kulturelle Teilhabe;
- konflikt- bzw. gewaltbelastetem Entwicklungskontext (z. B. häusliche Gewalt, Mobbingerfahrungen, sexueller Missbrauch);
- Fluchtbiografien und prekären Lebensverhältnissen (z. B. traumatische Erfahrungen auf der Flucht, Verlust von nahestehenden Angehörige oder sehr beengter oder fehlender Wohnraum).

Schon allein die Garantie gleicher Bildungschancen gerät damit noch stärker in Gefahr, als sie es zahlreichen Studien zufolge bereits ohnehin ist (z. B. Autor*innengruppe Bildungsberichterstattung, 2022). Und auch gesundheitliche Risiken können verstärkt werden: Schlechtere Schulleistungen können zum Entstehen psychischer Störungen beitragen (z. B. Gustafsson et al., 2010). Wenn somit durch Krisen Unterstützungssysteme noch stärker überlastet werden bzw. wegfallen, wirkt sich dies auf die akademische Leistung aber auch auf die psychische Gesundheit aus, die langfristig Schaden nehmen kann. Vor diesem Hintergrund braucht es ein grundlegend anderes Konzept für die personelle Ausstattung von Schulen. Dies käme auch den in diesem Buch definierten Aufgaben der Schule vor dem Hintergrund permanenter gesellschaftlicher Krisen zugute. Es würde Lehrkräfte von dem übermäßigen Anspruch bewahren, Pädagog*innen, Fachleute für mehrere Wissensgebiete, Verwaltungsassistent*innen, Sozialarbeiter*innen, Mediator*innen, Psycholog*innen, Therapeut*innen, Krankenpfleger*innen und IT-Spezialist*innen für die Digitalisierung zugleich zu sein. Vielmehr gilt es, künftig verschiedene Professionen zur personellen Grundausstattung an Schulen zu machen, wie es bei Schulsozialarbeit oft schon, wenngleich noch längst nicht flächendeckend, der Fall ist.

Zudem ist es erforderlich, das externe schulische Ressourcensystem stärker aufzustellen. Zwar nähert sich die schulpsychologische Versorgung einer bis heute gültigen KMK-Empfehlung aus den 1970er Jahren für einen Schlüssel von einer Fachkraft für maximal 5.000 Schüler*innen im Bundesschnitt an, jedoch gibt es noch erhebliche Unterschiede zwischen den Bundesländern (Seifried, 2022). Auch die Verfügbarkeit der psychotherapeutischen Versorgung für Kinder und Jugendliche ist bundesweit unzureichend (In-Albon et al., 2022; Plötner et al., 2022) – mit fatalen Konsequenzen, wenn Schüler*innen viele Monate auf einen Therapieplatz warten müssen und in diesem Zeitraum wichtige schulische Erfahrungen versäumen oder nur in eingeschränkter Qualität erleben können. Defizite gibt es zudem in der Verzahnung von Schule sowie Kinder- und Jugendhilfesystemen (zusammenfassend vgl. Bathke, 2020), die selbst unter Personal- und Kostendruck arbeiten. Zwar gibt es mit dem SGB VIII umfangreiche gesetzliche Regelungen für die Unterstützung hilfebedürftiger junger Menschen. In der Praxis scheitert diese jedoch oft an einer fehlenden personellen Ausstattung der Jugendämter oder Personalproblemen der Freien Träger der Kinder- und Jugendhilfe. Zudem fehlt es an personellen Ressourcen, Eltern bei der Inanspruchnahme solcher Leistungen zu unterstützen, wenn diese dazu nicht in der Lage sind. Es braucht somit einen *schnellen, niedrigschwelligen Zugang zu außerschulischen Hilfesystemen.*

Nicht zuletzt sind auch Veränderungen in der universitären Lehramtsausbildung erforderlich. In der Diskussion sind vor allem strukturelle Defizite in der Ausbildung, ein Missverhältnis von theoretischer Ausbildung und (oft unzureichend betreuter) fachlicher Praxiserfahrung, eine Auseinanderentwicklung von fachwissenschaftlicher Forschung und aktuellen didaktischen Anforderungen in der Schulpraxis, sowie das Verhältnis von fachwissenschaftlichen Anteilen gegenüber pädagogischen, sonderpädagogischen, erziehungswissenschaftlichen oder pädagogisch-psychologischen Inhalten (zur Kritik an der universitären Lehrkräfteausbildung, vgl. z. B. Böttcher, 2020; Röhner, 2021). Wenn beispielsweise aktuelle fachdidaktische, pädagogische und psychologische Erkenntnisse aus der Forschung zu wenig Berücksichtigung im Schulalltag und der Unterrichtspraxis finden, geht das zulasten der zentralen Aufgabe von Schule sowie des Lernerfolgs, der Gesundheit und des Wohlbefindens der Schüler*innen und letztlich auch zulasten der beruflichen Wirksamkeit der Lehrkräfte.

7.5 Zusammenfassung

An dieser Stelle greifen wir das Bild des brennenden Hauses auf; mit Blick auf die vielen Krisen ließe sich sogar sagen, dass der ganze Ort brennt. Wo man auch in der Schule hinschaut, gibt es Themen, die verändert werden müssen. Feuerlöscher und Brandschutzmaßnahmen gibt es viele, doch es ist gar nicht so einfach, sich beim Löschen auf einen Brandherd zu konzentrieren oder genügend Menschen zusammenzubekommen, die die Zeit haben, Brandschutzmaßnahmen umzusetzen. In diesem Kapitel wurden einige Punkte genannt, die innerhalb der Schule veränderbar sind (z. B. Fokus auf sozio-emotionale Entwicklung und Gesundheit, Nachhaltigkeitsbildung), aber auch im Schulsystem angestoßen werden können (z. B. inhaltliche und organisatorische Veränderungen). Ähnlich wie bei einem Hausbrand ist es nicht sinnvoll abzuwarten, bis ein komplettes Feuerwehrteam (= eine perfekte Lösung) bereitsteht, sondern man sollte direkt beginnen, sich um sich und andere zu kümmern. Für einen wirksamen Brandschutz braucht es außerdem ein Team für die vielen damit verbundenen Aufgaben, im Zusammenhang mit einem Präventionskonzept. Die wichtigste Strategie zur Umsetzung ist daher, gemeinsam aktiv zu werden und sich dafür einen konkreten Anfangspunkt zu suchen.

Fragestellungen für die Praxis

Lehrkräfte: Welche Möglichkeiten sehen Sie, die Schulentwicklung aktiv zu unterstützen? Wo fehlen Ihnen als Lehrkraft konkrete Gestaltungsmöglichkeiten? Welche Wege kennen Sie, um auf systembezogene Probleme hinzuweisen? Welche haben Sie bereits genutzt?

Schulleitung: Wo stehen Sie hinsichtlich einer langfristigen Entwicklung ihrer Schule? Wissen Sie um die Möglichkeiten, die es gibt? Welchen nächsten Schritt können oder möchten Sie gehen?

Schulverwaltung: Welche Möglichkeiten haben Schulen in Ihrem Verantwortungsbereich, Feedback an Ihre Behörde zu geben, wenn sie bei notwendigen Veränderungen allein nicht weiterkommen? Welche langfristige Strategie wird in Ihrem Haus zur Entwicklung von Schulen im Umgang mit gesellschaftlichen Krisen verfolgt?

8 Psychische Belastung von Lehrkräften und Bewältigungsmöglichkeiten[5]

*Lehrer*innen brauchen eine ausgeprägte emotionale Kompetenz, um den aufkommenden Gefühlen der Schüler*innen und von sich selbst Raum zu geben, diese aushalten zu können und dabei gleichzeitig handlungsfähig zu bleiben. Zuversicht sowie den Mut, etwas zu bewegen und flexibel den Alltag zu gestalten – gemeinsam mit ihren Schüler*innen.*

Kerstin Weilbacher, Teachers 4 Future

8.1 Bedeutung von Lehrkräften als „Bewältigungsvorbilder"

> „Guten Morgen, meine Damen und Herren. Kapitänin Schneider und die gesamte Besatzung begrüßen Sie ganz herzlich an Bord Ihres Lufthansa-Fluges nach London. [...] Sollte der Druck in der Kabine sinken, fallen automatisch Sauerstoffmasken aus der Kabinendecke. In diesem Fall ziehen Sie eine der Masken ganz zu sich heran, und drücken die Öffnung fest auf Mund und Nase. *Danach* helfen Sie bitte mitreisenden Kindern."

Wieso soll man sich selbst schützen, bevor man anderen hilft? Warum sollte das gut sein? Um Krisen im Schulalltag flexibel, reflektiert, zugewandt und konstruktiv lösen zu können, müssen auch die Lehrkräfte selbst, unabhängig vom schulischen Setting, über entsprechende Ressourcen und Kompetenzen verfügen (Mansfield et al., 2016). Dies ist umso wichtiger für Krisen, von denen alle Schulmitglieder unabhängig von ihrer Rolle gemeinsam betroffen sind, wie es z. B. nach regionalen Katastrophenereignissen der Fall sein kann. Im Rahmen eines derartigen gemeinsamen Krisenerlebens fungieren Lehrkräfte und andere Fachkräfte an Schulen automatisch auch als Vorbilder für die Problembewältigung. Ihr Verhalten dient

5 Dieses Kapitel ist insbesondere in Verbindung mit Kapitel 4 und 6 zu sehen, da die Grundlagen zur Stressreaktion wie auch zur kurzfristigen Bewältigung für Kinder/Jugendliche und für Erwachsene vergleichbar sind. Wir führen hier auf der Erwachsenenebene weiter aus.

Schüler*innen als Orientierungspunkt, um eigene emotionale Reaktionen entweder zu validieren oder aber im ungünstigeren Fall psychisch „beiseitezuschieben". Die psychische Gesundheit von Schüler*innen und Lehrkräften hängt auch über einzelne Krisenereignisse hinaus zusammen (Harding et al., 2019). Generell wurde in der Forschung zu potenziell traumatischen Erfahrungen von Kindern und Jugendlichen die soziale Unterstützung als gesund erhaltender Faktor für die psychische Verarbeitung vielfach belegt. Insbesondere wenn die Elternhäuser selbst unter hoher Belastung stehen, kommt hier der Schule eine besondere Verantwortung zu (Finkeldei, Kern & Rinne-Wolf, 2022).

Lehrkräfte sind nicht häufiger als die Allgemeinbevölkerung von psychischen Störungen betroffen (z. B. Van Droogebroeck & Spruyt, 2015), allerdings zeigen zum Beispiel Ergebnisse verschiedener Studien eine enorme Bandbreite bei depressiven Erkrankungen (je nach Studiendesign zeigten 4 bis 77 % depressive Symptome), die insbesondere von individuellen Belastungen und spezifischen Risikofaktoren abhängen (Agyapong et al., 2022). Ein solcher Risikofaktor ist zum Beispiel die Qualität der Ausbildung: Besonders wenig gut ausgebildete Lehrkräfte sind häufiger von psychischen Erkrankungen betroffen (Van Droogebroeck & Spruyt, 2015) – in Zeiten des Personalmangels in Schulen (vgl. Kapitel 7) und folglich steigender Anzahl an Quer- und Seiteneinsteiger*innen erweist sich das Risiko somit als steigend. Zunehmende Klassengrößen und fehlende Förderschullehrkräfte bei einer wachsenden Anzahl von Schüler*innen mit z. T. erheblichen individuellen Förderbedarfen verstärken das Problem. Die Vorstellung, gerade bei spürbarer eigener psychischer Belastung, auch noch den Kindern oder Jugendlichen als Vorbild dienen zu sollen, kann für viele Lehrkräfte verständlicherweise zunächst eine Überforderung darstellen. *Gesunderhaltende Rahmenbedingungen für Lehrkräfte sind folglich eine Grundvoraussetzung,* damit diese auch gegenüber ihren Schüler*innen auf ihre emotionalen Kompetenzen voll zurückgreifen und gute Modelle für gelingende Bewältigungsprozesse sein können. Solange solche Rahmenbedingungen fehlen, gilt es, sich deutlich und beharrlich für sie einzusetzen (vgl. Kap. 7).

Exkurs: Burnout

Burnout ist keine Diagnose im engeren Sinne und wird auch in Expert*innenkreisen immer wieder kontrovers diskutiert. Anzeichen sind *Erschöpfung* (z. B. emotional ausgelaugt, müde, nicht genug Energie, auch Schmerzen und gastrointestinale Probleme), *Entfremdung von arbeitsbezogenen Aktivitäten* (z. B. Einschätzung der Arbeit als stressig, Zynismus, Distanzierung von der Arbeit), *verringerte Leistung* (z. B. weniger Leistung an der Arbeit selbst, aber auch zuhause, Konzentrationsschwierigkeiten). Angaben zur Häufigkeit sind aufgrund der nicht einheitlichen Kriterien schwierig. Es besteht ein Zusammenhang bzw. eine Überlappung mit Symptomen von Depression, Angststörungen oder chronischer

Erschöpfung. Eine Abklärung bedarf daher immer eines Expert*innenurteils, da eine Fehldiagnose zu einer falschen Behandlung führen kann (National Library of Medicine, 2020). Weiterführende Informationen zur Gesundheit im Lehramt finden Sie in einem anderen Band dieser Reihe (Klusmann & Waschke, 2018).

Welche Strategien können über die schulischen Rahmenbedingungen hinaus helfen, Lehrkräfte zu schützen und zu stärken? Im Folgenden werden von der Vermeidung bis hin zu aktiven Bewältigungsstrategien einige zentrale Konstrukte vorgestellt.

8.2 Vermeidung als psychischer Schutzmechanismus

Die Vermeidung belastender Themen ist bis zu einer gewissen Ausprägung eine normale psychische Abwehrstrategie ohne Krankheitswert (Bowins, 2021). Wir schützen uns auf diese Weise vor einer inneren Überflutung mit unangenehmen Gefühlen, Gedanken oder Schreckensbildern und halten so unsere alltägliche Funktionsfähigkeit aufrecht. Selbst Psychotherapeut*innen vermeiden die Konfrontation bestimmter Themen und Patient*innengruppen, die im Kontakt als besonders herausfordernd erlebt werden oder eigene biografische Schwierigkeiten berühren (Kleine & Kröger, 2019). In ähnlicher Weise vermeiden auch Lehrkräfte die Auseinandersetzung mit schwierigen, unangenehmen Themen oder emotional belasteten Schüler*innen, zumal sie im Schulalltag für eine tiefere Reflexion in der Regel keine Zeit haben und sich dafür als wenig ausgebildet empfinden.

Diese Vermeidung ist im Sinne einer Verschiebung des Aufmerksamkeitsfokusses in Richtung weniger belastender oder mehr entlastender Einflüsse anzuerkennen und zu normalisieren. Gerade in Krisensituationen ist es in diesem Zusammenhang sinnvoll, ein gewisses Maß an Normalität aufrechtzuerhalten oder wiederherzustellen. Die Routinen, die Rückkehr zu bekannten Abläufen wie in Schulen z. B. dem Fachunterricht, können Lehrkräften und Schüler*innen Sicherheit vermitteln und so einen Halt gebenden Rahmen wiederherstellen, gerade weil die Aufmerksamkeit dann weniger bei den Stressoren hängen bleibt. Dies ist gerade mit Blick auf äußere Krisen oder potenziell traumatische Erfahrungen auch insofern sinnvoll, als dass das *Wiederherstellen eines Sicherheitserlebens* als psychisch zentraler heilsamer Aspekt bekannt ist. Es sind oft unsere Gewohnheiten, die uns Sicherheit erleben lassen.

Bei der Rückkehr zur Routine darf jedoch nicht ausgeklammert bleiben, dass es Menschen unterschiedlich schnell und in unterschiedlichem Ausmaß möglich ist, sich nach einer Krise auf die alten Gewohnheiten wieder einzulassen. Gerade wenn wir z. B. den Verlust von Angehörigen betrauern oder unter anderer starker Belastung stehen, kann es berechtigten Widerstand geben (vgl. auch Kap. 8.3.4), sich zu früh in alte Gewohnheiten zurückzubegeben. Dies betrifft Lehrkräfte und Schüler*innen gemeinsam. Kehren Kolleg*innen, Schüler*innen oder ganze Klassenverbände zu früh zum „business as usual" zurück, kann das z. B. bei Einzelnen das Gefühl verstärken, „nicht stark genug" zu sein, wenn die eigene Not weiterhin spürbar bleibt. Sich selbst im Vergleich mit anderen auf diese Weise als weniger belastbar oder gar defizitär zu erleben, kann den eigenen Selbstwert destabilisieren und somit neuen Stress auslösen. Lehrkräfte können hier entgegenwirken, indem sie den Schüler*innen weiterhin Gelegenheiten zur Stressreduktion z. B. in Form von Gesprächsangeboten oder kurzen Auszeiten vom regulären Unterricht zur Verfügung stellen.

Es stellt somit für die Lehrkräfte eine zentrale Herausforderung nach einem Krisenereignis dar, einerseits zum Fachunterricht zurückzukommen, andererseits aber Freiräume für die „mitlaufenden Themen" zu erhalten oder zu schaffen, um *die Routinen und Gewohnheiten nicht allein als Vermeidungsstrategie zu benutzen,* die mindestens einzelnen Schüler*innen psychisch sogar potenziell schadet.

Im Sinne eines breit angelegten Schutzauftrags (vgl. Kapitel 3.4.2) sollten sich Schüler*innen gerade in Krisensituationen von den Lehrkräften nicht alleingelassen fühlen. Dazu gehört auch eine *angemessene emotionale Validierung* der Belastung (vgl. Kapitel 6), um einem wachsenden individuellen Leidensdruck, dem Gefühl von Einsamkeit, Unverbundenheit und Unzulänglichkeit vorzubeugen. Gleichzeitig haben Lehrkräfte ihr eigenes Tempo, in dem sie in Belastungssituationen zurück in den Alltag kehren möchten und können. Beides miteinander in Balance zu bringen, bedarf im Einzelfall einer Offenheit und Reflexion der Lehrkräfte für die Prozesse in sich selbst und in der Klasse. Ein transparenter Umgang mit Kollegium und Schüler*innen bzgl. des eigenen Vorgehens ist hilfreich und kann insbesondere Betroffenen deutlich machen, dass schließlich trotz Rückkehr zur Tagesordnung ihr Schmerz bzw. ihre Betroffenheit nicht vergessen ist.

8.3 Hilfreiche Bewältigungsstrategien für Lehrkräfte

Permanente, belastende, äußere Krisen erfordern von Lehrkräften ein reflektiertes Vorgehen, bei dem eigene Vermeidungsstrategien sich nicht verselbständigen, sondern aktiv mitgedacht werden. Zentral dafür ist es, einen stimmigen persönlichen und gemeinschaftlichen Umgang mit den in Krisensituationen erwartbaren, unangenehmen Gefühlen zu finden. Je nach Person und Situation neigen wir Menschen dabei zu unterschiedlichen Reaktionsmustern, die sich im Englischen kurz mit „fight, flight, freeze" (übersetzt in etwa „kämpfen, flüchten, einfrieren"; ausführlicher vgl. Kap. 4.2.2) zusammenfassen lassen.

Die folgenden Vorgehensweisen sollen eine Idee für die inneren und äußeren Strategien zum Umgang mit Belastungen geben. Ganz generell können auch alle Strategien, die für Kinder und Jugendliche (Kapitel 6) aufgeführt wurden, als sinnvoll für Erwachsene betrachtet werden.

8.3.1 Aufmerksamkeit zuwenden und Handeln

Beim Erleben von Krisen ist es sinnvoll, die Umstände daraufhin zu prüfen, ob und in welchen Punkten wir Einfluss durch unser eigenes Handeln haben (vgl. problemfokussiertes Coping, Kapitel 6). Wenn ein Aktiv-Werden möglich ist, um z. B. (weitere) negative Konsequenzen zu verhindern oder abzumildern und dies im Rahmen unserer Möglichkeiten liegt, sollten wir es tun. Bei den sozial-ökologischen Krisen ist dies klassischerweise der Fall: Wir wissen, dass unser menschliches Handeln eine Eskalation verursacht, beschleunigt und nun für die Bewältigung die zentrale Rolle spielt (vgl. Kapitel 3). Ins-Handeln-Kommen kann hier die Gefühle von *eigener und kollektiver Wirksamkeit* stärken, ein zentraler Aspekt zur psychischen Gesunderhaltung.

Fokus

Eine ausschließlich emotionale Regulation der in Krisen oft als unangenehm erlebten Gefühle (vgl. emotionsfokussierte Bewältigung, Kapitel 6) ist in permanenten und sich zuspitzenden Krisen nicht ausreichend (vgl. Transformationale Perspektive der Resilienz, Kap. 5.2). Diese Form der Affektregulation hat gegenüber Kindern und Jugendlichen keinen schützenden oder vorbildhaften Charakter, birgt auch für einen selbst das Risiko, nur einen kurzfristigen Schutz darzustellen, und sollte daher durch beherztes eigenes und bestenfalls auch gemeinschaftliches Handeln ergänzt werden (problem- und sinnfokussierte Bewältigung, z. B. Ojala, 2013).

Bei akuten äußeren Krisen und ihren Konsequenzen besteht keine Möglichkeit der präventiven Einflussnahme mehr, z. B. wenn unvorhergesehen ein Extremwetterereignis eintritt. Räumlich entferntere Krisen, wie der Angriffskrieg Russlands auf die Ukraine, erlauben ebenfalls keine unmittelbare Handlung zur Abwendung der Krise. Es gibt jedoch in der Regel Handlungsmöglichkeiten, die für die Bewältigung einen Nutzen haben können. Hierzu zählen z. B. Spendenaktionen, Hilfseinsätze vor Ort, das Schaffen öffentlicher Aufmerksamkeit, Gastfreundschaft und Solidarität gegenüber Hilfesuchenden oder das Sammeln von Hilfsgütern. Das Aktiv-Werden, alleine aber insbesondere auch in Gruppen, mindert in diesen Fällen das Erleben von Hilflosigkeits- oder Ohnmachtsgefühlen und setzt ihnen ein der psychischen Gesundheit dienliches Selbstwirksamkeitserleben entgegen (z. B.

Bowe et al., 2022; Schwartz et al., 2022). Auch die Unterstützung von Schüler*innen kann selbst als ein solches Aktiv-Werden positiv wirken.

Länger anhaltende Krisen, wie die sozial-ökologischen Krisen, machen ein *permanentes aktives Zuwenden notwendig,* das aktuell im Schulalltag noch zu wenig Abbildung findet. Möglichkeiten, dies zu ändern, haben wir in Kapitel 7 skizziert: Lehrkräfte können sich zum Beispiel aktiv für verbesserte strukturelle Rahmenbedingungen einsetzen oder das Wissen um Krisen, dahinterliegende Zusammenhänge sowie Bewältigungs- und Lösungsstrategien themenübergreifend in den Fachunterricht mit einbauen (z. B. im künstlerischen Ausdruck von entsprechenden Gefühlen; mittels themenbezogener Texten im Sprachunterricht; die Erörterung und Umsetzung politischer oder zivilgesellschaftlicher Partizipation in den Fächern Politik, Sozialkunde, Ethik oder Religion).

8.3.2 Kompetenter Umgang mit den eigenen Gefühlen

Psychische Gesundheit zeichnet sich in der Regel dadurch aus, dass es uns einerseits gelingt, unsere Gefühle differenziert wahrzunehmen, und andererseits an den allermeisten Tagen in einem gut verträglichen, mittleren Ausmaß zu halten. Eine weitere Möglichkeit für einen konstruktiven Umgang mit den eigenen Affekten ist, unangenehme Gefühle in einer Krise mithilfe sinnorientierter Bewältigungsstrategien (vgl. Kap. 6) in angenehmere Gefühle zu überführen, z. B. über eine positive Neubewertung der Situation oder die Suche nach sinnstiftenden Tätigkeiten. Auf diese Weise sind wir in der Lage, Gefühle zur *Bedürfnisanzeige* zu nutzen, aber auch mit unserem Wissen und unseren Gedanken abzugleichen und handlungsfähig zu bleiben (vgl. Kapitel 4.3.2).

Hinweis

Es gibt Menschen, denen es grundsätzlich schwer fällt, die eigenen Gefühle wahrzunehmen, sie zu benennen oder die unter einer sogenannten *Alexithymie* („Gefühlsblindheit") leiden (Franz et al., 2008). Wenn dies der Fall ist, kann psychotherapeutische Unterstützung sinnvoll sein.

Starke Gefühle erleben nicht nur Kinder und Jugendliche, sondern auch Lehrkräfte. Zugleich haben sie den Auftrag, im Alltag zu funktionieren: Für Lehrkräfte wurde das vielleicht deutlich am Morgen des 24. Februar 2022, als in den Nachrichten vom Angriff auf die Ukraine berichtet wurde und man mit großen eigenen Sorgen, Anspannung und Hilflosigkeit zum Unterricht aufbrach. Die *Selbstregulation,* also das eigenständige Herunter-Regulieren starker, insbesondere unangenehmer Gefühle, ist eine Fähigkeit, die wir in den meisten Fällen in Kindheit und Jugend erlernen und die mit ganz unterschiedlichen, hilfreichen oder weniger hilfreichen individuellen Strategien verbunden sein kann (z. B. Sport, Entspannungsverfahren, Freund*innen treffen, Nicht-/Essen, Alkohol und andere Alltagsdrogen). Je nach individuellen Vorerfahrungen, situativen und persönlichen Besonderheiten kann uns der Umgang mit starken Gefühlszuständen leichter oder schwerer fallen, die Bewältigungsstrategien können wirksamer, weniger wirksam oder auch selbstschädigend sein. Zu den *hilfreichen Strategien* auch für Erwachsene gehören z. B.[6]:

- Struktur (gute Tagesstruktur inkl. Selbstfürsorge und echtem Feierabend),
- soziale Kontakte und soziale Kompetenz (z. B. Nein sagen),
- Sport und Bewegung (um sich im eigenen Körper wohl zu fühlen),
- Schönes (Hobbies, Spaß, Genuss, Erholung und Natur),
- Sinnstiftendes (nach Werten leben und handeln),
- gesunder und ausreichender Schlaf,
- Sorgen- und Grübeldistanzierung (Gelassenheit, Achtsamkeit im Umgang mit Gedanken und Gefühlen),
- Selbstüberwindung (Vermeiden vermeiden),
- Selbsterkenntnis (Auslöser verstehen),
- Selbstmitgefühl und (Selbst-)Akzeptanz (ein liebevoller Umgang mit und Akzeptanz von sich selbst).

Für die eigene psychische Gesundheit ist es hilfreich, sich in den genannten Selbstfürsorge-Strategien zu üben, um sie bei Belastung immer wieder bewusst einsetzen zu können und anderen gegenüber damit als Vorbild zu dienen. Sie können uns in Krisensituationen helfen, die Intensität unserer Gefühle wieder auf ein moderates Maß zu regulieren und so (auch bei weiterhin vorhandenen als unangenehm empfundenen Gefühlen) unsere Urteils-, Entscheidungs- und Handlungsfähigkeit wiederherzustellen bzw. zu optimieren.

8.3.3 Verbundenheit stärken

„Möge die nachfolgende Generation die Kraftquelle von Gruppen neu einschätzen und weiterentwickeln.“ (Janssen & Sachs, 2018, *S. IX)*

Warum erst die nachfolgende Generation und nicht direkt wir alle? Die *Zugehörigkeit zu Gruppen ist in der Psychologie als wichtiger Resilienzfaktor bekannt* und insbesondere in Krisen von hoher Bedeutung (vgl. Kapitel 5). Gleichzeitig ist diese Zugehörigkeit etwas, was viele von uns in unserer zuletzt eher individuumsfokussierten Gesellschaft seltener verspüren, mitunter ängstlich beäugen, oder sogar gänzlich aus den Augen verloren haben.

6 Quelle: Die zehn Säulen der Selbstfürsorge, abrufbar unter https://www.psy4f.org/beratung/

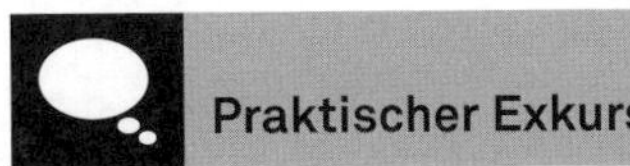

Wir laden Sie an dieser Stelle ein zu einer kurzen Selbstreflexion: Welchen Gruppen fühlen Sie sich aktuell beruflich und privat zugehörig?

Dass Gruppen unserer psychischen Gesundheit zuträglich sind, macht sich die Gruppenpsychotherapie seit Jahrzehnten zunutze – doch um selbst auf diese Vorteile zurückgreifen zu können, braucht es nicht gleich eine Psychotherapie. Schon das Erleben von Zugehörigkeit zu einem festen Freundeskreis, einer Sportgruppe, zu einem Team oder eben einem Kollegium bietet immer wieder Möglichkeiten zum gemeinsamen Anpacken, zum Validieren emotionalen Erlebens und fast nebenbei zum Ausbau sozialer Kompetenzen. Geraten einzelne Gruppen- oder Teammitglieder in Not, gelingt es ihnen in einer *guten Gemeinschaft* eher, sich mit ihren Problemen nicht alleine zu fühlen. In einigen Fällen mündet der Kontakt dann gar in ein heilsames Erleben der sogenannten „Universalität des Leidens", d.h. in der Erfahrung, dass wir alle im Leben immer wieder mit existenziellen Fragen in Berührung kommen und darin verbunden sind (Yalom, 2010). Eine starke Gruppenkohäsion mit einem insgesamt *unterstützenden Klima* kann auch eine Grundlage für korrigierende emotionale Erlebnisse sein, d.h. es kann uns zum Beispiel gelingen, alte, verfestigte Rollenmuster oder Konflikte aus unserer primären Familiengruppe hinter uns zu lassen. Im Kontakt mit anderen können wir auch unser Selbstwertgefühl verbessern, indem wir uns als Person mit einem sozialen Mikrokosmos identifizieren (Janssen & Sachs, 2018).

Gerade in Zeiten multipler Krisen spricht somit sehr viel dafür, sich in Gruppen und Gemeinschaften zu vernetzen und diese zu pflegen. Menschen, die in feste Gemeinschaften eingebunden sind, überstehen Extremwetterereignisse und Naturkatastrophen mit stärkerer psychischer Gesundheit als Menschen, die sich überwiegend unverbunden erleben. Unterstrichen wird dies von diversen praktischen Vorteilen: Wer im Austausch mit anderen steht, kommt in Krisen eher an potenziell nützliche Informationen, wie z.B. zu Ausgabestellen von Hilfsgütern, Beratungsdiensten mit freien Terminen oder besonders verständnisvollen Mitarbeiter*innen etc. (Clayton, Manning, Krygsman & Speiser, 2017; Wray-Lake, DeHaan, Shubert & Ryan, 2017). Hier steht Qualität über Quantität: Wer sich in Gruppen eher unwohl fühlt, kann und soll den Kontakt für sich passend gestalten: Zugehörigkeit, psychische Nähe und die Anbindung an Informationen können auch qualitativ so aussehen, dass sie nicht zwangsläufig mit ständiger physischer Nähe einhergehen müssen.

Für Schüler*innen sind die Schule und die eigene Klasse ein zentraler Ort des Gruppenerlebens und prägen oft über die Jahre einen Teil ihres Selbstbildes und ihrer Identität mit. Doch auch für Lehrkräfte und andere schulische Fachkräfte ist die Schule ein wichtiger Ort, an dem ein „Wir-Gefühl" entstehen, aber leider auch

„bröckeln“ kann. Ist letzteres der Fall, liegt also im Kollegium keine ausreichend gute Gemeinschaft vor, ist es wichtig, dies als Problem anzuerkennen, ernstzunehmen und ein wohlwollendes Klima wiederherzustellen. Hierfür kann auch Hilfe von Schulpsycholog*innen oder externe Supervision in Anspruch genommen werden. Wenn für Lehrkräfte die Identifikation mit der eigenen Schule bisher eher weniger vorhanden ist, mag eine Erkenntnis aus der Gruppenpsychotherapie ermutigend sein: Gruppen werden i. d. R. erst im Vollzug des Handelns, also durch gemeinsame Aktivität als hilfreich erlebt (Streeck & Bolm, 2014).

Eine weitere Motivation, die eigenen Gruppenzugehörigkeiten und Vernetzungen zu festigen, kommt aus der Forschung, die sich mit der Bewältigung der ökologischen Krisen durch eine sozial-ökologische Transformation beschäftigt: So argumentieren z. B. Fritsche, Barth und Reese (2021), dass Gruppenzugehörigkeit und soziale Identität verbunden mit dem Gefühl der Bewegtheit und Dazugehörigkeit uns von hilflosen individuellen Akteur*innen zu engagierten Handelnden verwandeln kann, Kontrollgefühl und Handlungsfähigkeit wiederherstellen können (Fritsche et al., 2013). Das ist sinnvoll mit Blick auf das eigene Wohlbefinden, das Selbstwirksamkeitserleben und die Tatsache, dass die Umweltkrisen im Wesentlichen durch kollektives Verhalten abgewendet werden (Fritsche et al., 2021). *Sich als Repräsentant*in einer Gemeinschaft zu begreifen, in einer Gruppe wirksam zu werden, ist in vielfacher Hinsicht zukunftsweisend.*

8.3.4 Verdrängen und Vermeiden? – Gesunder Umgang mit der Abwehr

Die immer aufs Neue komplexe Suche nach einer Ausgewogenheit von Vermeidung, Rückkehr zu alten Gewohnheiten und aktiver Zuwendung zu Krisenthemen im schulischen Kontext wurde zu Beginn dieses Kapitels (vgl. Kap. 8.2) eingeführt. In diesem Abschnitt sollen die Lehrkräfte zur Reflexion ihrer eigenen psychischen Abwehr und derjenigen ihrer Bezugspersonen und -gruppen (auch Gruppen und ganze Gesellschaften unterliegen Abwehrprozessen) eingeladen werden.

Das Konzept der psychischen Abwehrmechanismen stammt aus der Psychoanalyse, wurde in den vergangenen Jahrzehnten stetig weiterentwickelt und von verschiedenen Autor*innen auf vielfältige Weise differenziert. Grundsätzlich beschäftigt es sich mit der Annahme, dass unsere Psyche sich verschiedener Mechanismen bedient, um unangenehme Gefühle oder innere Spannungszustände weniger spürbar oder erträglicher zu machen. Durch diese manchmal bewussten, meist aber eher unbewusst ablaufenden psychischen Gewohnheiten und „inneren Tricks“ gelingt es z. B., dass wir uns im Alltag strukturieren, Wichtiges von Unwichtigem trennen oder uns von Eindrücken nicht überfluten lassen. *Wir brauchen diese Abwehrmechanismen und sie sind Teil einer gesunden Psyche. Durch Abwehr werden je-*

doch immer auch Nachteile in Kauf genommen, z.B. durch das Abspalten einer gefühlsmäßigen Reaktion bei der sogenannten Intellektualisierung bis hin zum seltenen zeitweiligen Aufgeben des Realitätsbezugs, wie es bei der Ausbildung schwerer psychischer Erkrankungen der Fall sein kann (Mentzos, 2010; Habibi-Kohlen, 2021).

Lehrkräften, die im schulischen Kontext immer wieder gezwungen sind, sich mit äußeren und inneren Konflikten und Krisen aller Art auseinanderzusetzen, werden die unterschiedlichen Formen menschlicher Abwehr fortlaufend begegnen – bei sich selbst, bei Schüler*innen oder Klassengemeinschaften, dem Kollegium oder auch der gesamten Institution Schule. Bemerkbar machen kann sich dies u.a. in Irritationen (z.B. wenn eine Person ein naheliegendes Thema immer wieder „umschifft" oder bagatellisiert) oder auch durch ein anhaltendes Unwohlsein oder ein „komisches Gefühl". Dies erleben derzeit viele Lehrkräfte in dem Wissen, dass die Klimakrise noch keine angemessene schulische Abbildung findet, oder dass die Unterrichtsversorgung für Jahre nicht besser werden wird.

Das Aufdecken und die psychische Integration von zuvor abgewehrten Inhalten sollte mit Vorsicht und Umsicht erfolgen und kann zunächst eine Phase der Destabilisierung bewirken – schließlich aber persönliche Reifung, Integrität, wachsende soziale Kompetenz und psychische Entlastung zur Folge haben.

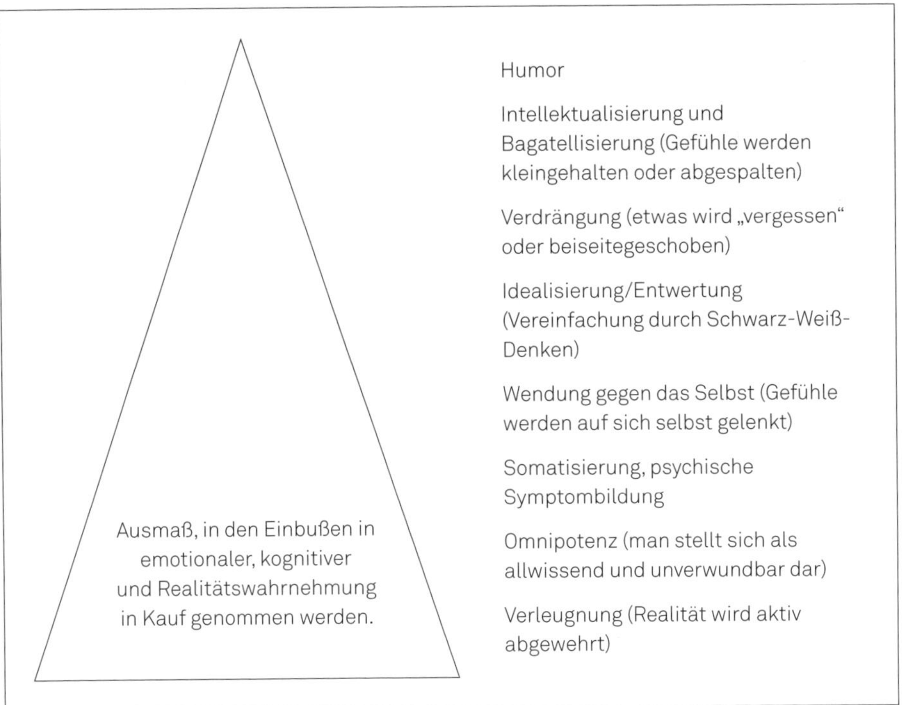

Abbildung 9: Formen der Abwehr

Abbildung 9 stellt eine Auflistung einiger bekannter Abwehrmechanismen dar (zur Vertiefung vgl. Habibi-Kohlen, 2021 & Arbeitskreis OPD, 2004), die nützlich und situativ angemessen sein können. Gerade unter starker Belastung kann unsere Abwehr uns helfen, unseren psychischen Zustand zu stabilisieren und damit eine bessere Anpassung und ein Weiter-Funktionieren zu ermöglichen. Psychische Abwehr kann aber schlechtestenfalls auch zu einem rigiden und unbewussten Ausblenden von Gefühlen, Gedanken oder Tatsachen führen. Sie kann die Intensität des Gefühlslebens insgesamt reduzieren („ich fühl mich leer"), Gefühle verhindern („ich ärgere mich nie") und dazu führen, dass unsere Denk-, Reaktions- und Handlungsmöglichkeiten an Bandbreite und Flexibilität verlieren (Rudolf, 2006).

Auch in unserem kulturellen Kontext bzw. dem Zeitgeist finden sich diese Mechanismen wieder, z. B. im Glauben an grenzenloses Wachstum oder der unreflektierten Annahme, dass wir als Menschen berechtigt sind, uns alles aus der Natur zu nehmen und dabei Grenzen und Verzicht nicht hinnehmen wollen. Diese Illusion wird vielfach aufrechterhalten trotz des bereits hohen Preises z. B. in Form von fortschreitender Umweltzerstörung, einer unsicheren Gegenwart und Zukunft oder Entfremdungsgefühlen (Habibi-Kohlen, 2021).

Ein Ziel, oder auch ein Ausweg, kann es sein, sich der eigenen und uns umgebenden Abwehrformen klar zu werden, gegebenenfalls gemeinsam mit sozialer Unterstützung Schritt für Schritt an ihrer Flexibilisierung zu arbeiten und aus ihnen herauszuwachsen. Dabei stellt das nötige Aushalten psychischer Spannungszustände und Unsicherheiten eine erhellende, oft aber auch herausfordernde und damit zu würdigende Leistung der Psyche dar. Die dabei entstehende *Ambiguitätstoleranz* (die Fähigkeit, „Vieldeutigkeit und Unsicherheit zur Kenntnis zu nehmen und ertragen zu können", Häcker & Stapf, 2004, S. 33) kann als „Quelle für unser schöpferisches Potenzial, für unser Engagement und für unsere höheren Bewusstseinsleistungen" angesehen werden (Boessmann, 2013, S. 201).

Exkurs: Alltagsdrogen

Auch die Nutzung von Alltagsdrogen ist in der Psychotherapie als Abwehrmechanismus oder Emotionsregulationsstrategie bekannt (z. B. McKee et al., 2020). Zu den stoffgebundenen, legalen und leicht verfügbaren Alltagsdrogen zählen Alkohol, Kaffee, Tabak oder Medikamente; Kaufen, Essen, Spielen, Sex oder Sport können hingegen Beispiele für potenziell abhängig machende Tätigkeiten sein. Ihnen ist gemeinsam, dass sie der Beruhigung, Entspannung oder schnellen Entlastung dienen, das Schlafverhalten regulieren oder unangenehme Gefühle dämpfen können.

Auch Alltagsdrogen können trotz ihrer weiten Verbreitung und den geltenden sozialen Normen, die ihren Konsum oft vorsehen oder gar bewerben, zu Missbrauch, Sucht und Abhängigkeit und damit zu einem Verlust an Entscheidungsfreiheit führen. Ein erhöhtes Abhängigkeitsrisiko liegt bei anhaltender psychischer Belastung vor (z. B. Andersen, 2019).

Bei noch moderatem Konsum kann es hilfreich sein, die zugrundeliegenden Bedürfnisse (Entlastung, Entspannung, Zerstreuung, ...) zu identifizieren und diesen bewusst durch alternative Verhaltensweisen nachzukommen. Wird jedoch bereits eine Abhängigkeit vermutet, sollte professionelle Hilfe, z. B. beim Hausarzt oder der Hausärztin, bei spezialisierten Beratungsstellen, Psychotherapeut*innen o. ä., gesucht werden.

8.3.5 Engagement

Eine ausreichend hohe Selbstwirksamkeitserwartung, die Zuversicht in eigene Handlungsmöglichkeiten und deren Umsetzung haben in Krisensituationen eine psychisch entlastende und gesundheitsfördernde Wirkung (z. B. Bowe et al., 2022; Schwartz et al., 2022). Durch ihr eigenes Aktiv-Werden können Lehrkräfte ihren Schüler*innen Handlungsperspektiven aufzeigen und deren individuelle und kollektive Resilienz stärken, was wiederum auch den Lehrkräften zugutekommt. Hierfür bieten sich gemeinschaftliche, evtl. auch klassen- oder schulübergreifende Projekte im Fachunterricht an, wie auch jede Art der Förderung politischer Partizipation zur Demokratiestärkung. Auf diese Weise entstehen neue soziale Normen, die sich auf die Vorbildfunktion und auf die Möglichkeit für Schüler*innen, selbst in ihrem individuellen oder partizipativen Wirksamkeitserleben und im Zusammenhalt zu wachsen, auswirken. Dies verdeutlicht das Potential, das schulisches und gemeinschaftliches Engagement im Vergleich zu individuellen Verhaltensänderungen innehat.

8.4 Zusammenfassung: die Grenzen der Belastbarkeit

Es ist das typische Dilemma zwischen individuellen Möglichkeiten und strukturellen Problemen: Selbst hervorragende individuelle Bewältigungsstrategien werden nicht langfristig helfen können, wenn die Person, die sie nutzt, anschließend immer wieder in eine hochbelastende Umgebung zurückkehrt (vgl. Kapitel 5 & 7). Gerade in anhaltenden Krisensituationen können persönliche und gemeinschaftliche Ressourcen an ihre Grenzen geraten und die bekannten Handlungs- und Regulationsmöglichkeiten von Schulmitgliedern immer wieder überschreiten. Eine derartige Überlastung kann dazu führen, dass Lehrpläne nicht mehr eingehalten werden können, die Gesundheit von Schüler*innen und/oder Lehrkräften leidet oder es schließlich bei einzelnen auch zur Symptombildung oder behandlungsbedürftigen Verläufen kommt.

Wie im Beispiel am Anfang dieses Kapitel bereits angedeutet: Wir können Kindern nur dann helfen, eine Sauerstoffmaske aufzuziehen, wenn wir selbst bereits eine tragen. Oder übertragen auf den schulischen Kontext: Lehrkräfte können nur dann ein glaubhaftes, Sicherheit vermittelndes und hilfreiches Vorbild für ihre Schüler*innen sein, wenn sie auf ihre eigenen psychischen und physischen Grenzen achten. Gleichzeitig ist diese Selbst-Fürsorge auch unabhängig von der Bedeutung für die Schüler*innen ein wichtiger Schutzfaktor im Lehramt, den nicht zuletzt auch die Arbeitgeber*innen bzw. Dienstherren im Blick behalten müssen.

Um dies mittel- und langfristig gewährleisten zu können, ist es von großer Bedeutung, in den Schulen gesunderhaltende Strukturen zu pflegen und immer wieder aufs Neue zu erschaffen (vgl. Kap. 7). Die Strategien, um dies zu gewährleisten, können sich je nach Person, Schule, aktuellen Geschehnissen, inneren und äußeren Belastungsfaktoren und Krisen erheblich unterscheiden und sollten stets die stilleren und potenziell diskriminierten Personen einschließen. Eine gesunderhaltende, soziale Lernumgebung ist somit eher ein anhaltender, mühevoller und gleichzeitig erfüllender Prozess als ein finaler Zustand, in dem Lehrkräfte oder Schüler*innen sich ausruhen könnten.

Fragestellungen für die Praxis

Lehrkräfte: Wie steht es um Ihre eigene Belastung? Welche Strategien im Umgang mit Krisen haben Sie bislang als hilfreich erlebt, welche nicht? Welche Strategien aus diesem Kapitel möchten Sie ausprobieren?

Schulleitungen: Was gibt es an Ihrer Schule aktuell zu tun und wer von den Schulmitgliedern benötigt möglicherweise gerade Unterstützung?

Schulverwaltung: Wie wird mit den Ergebnissen der Gefährdungsbeurteilung an Schulen umgegangen? Welche Strukturen zur Gesundheitsfürsorge werden für Schulen regulär vorgehalten? Was wissen Sie darüber, wie gut diese funktionieren?

9 Ausblick: Krisenpermanenz und gesellschaftliches Engagement

*Von Lehrkräften wünsche ich mir eine große Bereitschaft, ebenfalls das Leben lang weiter zu lernen und eine Kommunikation auf Augenhöhe mit den Schüler*innen. Da unsere Regierungen aktuell alle anscheinend nicht gewillt sind, unser Schulsystem zu reformieren, geht meine große Bitte an Sie heraus: Verändern Sie vor Ort, machen Sie einen möglichst freien, auf die Schüler*innen angepassten Unterricht, welcher die einzelnen Schüler*innen unterstützt. So können Sie z. B. statt Fehler markieren und Punkte abziehen, auch besonders gute Ausführungen loben und so motivieren. Ich persönlich bin davon überzeugt, dass Sie so schon einen großen Anteil zur Reform dieses veralteten Systems beitragen.*

*In Krisenzeiten wünsche ich mir von Ihnen, dass Sie sich offen und ehrlich mit Ihren Schüler*innen so gut wie möglich austauschen und gerade auch in Hinblick auf die psychisch belastende Situation Hilfsangebote an die Schüler*innen weitergeben und auch immer wieder kommunizieren, dass Sie ein offenes Ohr haben, sollte irgendwas sein.*

*Ebenfalls ist es als Schüler*in immer schön zu sehen, wenn sich auch die Lehrkraft politisch engagiert. Für mich war das immer noch einmal eine weitere Motivation, mich einer Lehrkraft anzuvertrauen und mich mit ihr über die jeweilige Krise zu unterhalten. Selbst aktiv zu werden wird vermutlich auch Ihnen bei dem Umgang mit den Gefühlen zu der jeweiligen Krise helfen, so zumindest ist es meine Erfahrung, welche ich gemacht habe.*

Fabian, 17 Jahre, Auszubildender, Klimaaktivist & Aktivist für Kinderrechte

Vor allem die ökologischen Krisen werden in den kommenden Jahren unseren Alltag auch hierzulande immer mehr prägen. Dies zu akzeptieren, bedeutet für viele Menschen, so auch Schüler*innen und Lehrkräfte, einen langen und schmerzhaften Verarbeitungsprozess, häufig begleitet von unangenehmen Gefühlen wie Ängsten, Trauer und Zorn (vgl. Pikhala, 2022). Doch wir stehen erst am Anfang dieser gesellschaftlichen Entwicklungen und vor der Notwendigkeit, unseren Alltag, unsere Gewohnheiten weiterzuentwickeln. Dies ist neben all dem Schmerz auch die gute Nachricht: Unser Gestaltungsspielraum ist aktuell noch enorm groß. Was kann uns nun helfen, die kommenden Jahre gesund und zuversichtlich zu gestalten? Zentral sind dabei immer zwischenmenschliche Beziehungen in Gruppen und Gemeinschaften – so wie auch die Schule und jede einzelne Klasse eine eigene Gruppe oder Gemeinschaft darstellt (vgl. Crandon et al., 2022).

Dieses Buch spricht somit für Sie auch eine Einladung aus, selbst aktiv zu werden und Ideen zu generieren, wie wir den Herausforderungen der Zukunft begegnen möchten. Es ist eine Einladung, immer wieder über den klassischen Lehrplan hinauszublicken und zu spielerischer Kreativität zurückzufinden, dabei Ihren Interessen zu folgen und Möglichkeiten zu explorieren. Denn es ist eben diese Art des Engagements, gemeinschaftlich und neugierig, das unangenehme Krisengefühle ablösen und zu einem durch Selbstwirksamkeitserleben und Aktivität entstehenden Wohlbefinden führen kann (vgl. Ojala, 2013).

Kinder und Jugendliche wachsen heute mit der sie begleitenden Gewissheit auf, dass ihre Zukunft von verschiedenen Krisen wie der Erderhitzung geprägt sein wird (Hickman et al., 2021). Dieses Wissen trifft sie in einer psychisch besonders vulnerablen Phase, in der wichtige Weichen für das Maß an Vertrauen und Zuversicht gestellt werden, das sie später den Menschen, der Schule, der Demokratie und dem Leben an sich entgegenbringen können. Wie auch wir selbst, müssen sie sich wirksam fühlen können, um ihr Handeln und ihre Motivation über eine längere Zeit aufrechterhalten zu können (z. B. Baldwin, Pickering & Dale, 2022; Tsang, Hui & Law, 2012; van Zomeren, Postmes & Spears, 2008; vgl. auch Fritsche et al., 2021).

Um individuelle und kollektive Wirksamkeit erfahren und darüber Selbstwirksamkeit als wichtige Ressource aufbauen und auch über einen längeren Zeitraum aufrechterhalten zu können, brauchen Kinder und Jugendliche erwachsene Vorbilder: Erzieher*innen, Lehrkräfte, Eltern und Bezugspersonen, die ihnen (Selbst-)Fürsorge, gesunde Stressregulation und solidarisches, gerechtes Handeln vorleben und sie bei jeder Gelegenheit bei der Entwicklung eigener kreativer Ideen und Handlungsmöglichkeiten unterstützen. Es gibt an dieser Stelle viel zu gewinnen und auch viel zu verlieren: Die Enttäuschung und Frustration, die bei Heranwachsenden aus der mangelnden Verantwortungsübernahme ihrer Bezugspersonen resultieren kann, kann für ältere Schüler*innen zu einem dauerhaften Vertrauensverlust in politische Entscheidungsprozesse, Institutionen und politische Verantwortliche führen. *Aktive Partizipation hingegen ist ein wichtiger Pfeiler unserer Demokratie* (z. B. Michels & De Graaf, 2010).

Die Größe und Komplexität der heutigen Krisen verlangt nicht „die richtige", sondern „viele bessere" Lösungen (Castaño-Rosa et al., 2022; Nikendei 2020). Fehlertoleranz, Mut, neue Wege, eine gesunde Portion Zuversicht sowie der Einbezug kollektiver Mitwirkungsmöglichkeiten und Gemeinschaft sind wichtige Zutaten für eine resiliente Schule und Gesellschaft. Lassen Sie uns also zusammen Teil einer lernenden Gemeinschaft sein, in der wir alle unsere spezielle Expertise, unsere Ideen, Fähigkeiten, Wissen und Interessen einbringen, immer wieder aufs Neue Möglichkeitsfenster identifizieren, soziale und ökologische Veränderungen umsetzen und anderen dabei helfen, sich anzuschließen.

Zusammengefasst erschließen sich folgende Empfehlungen bzw. Engagements im Umgang mit KRISEN, die zielführend sowohl für die gesellschaftliche wie auch individuelle Perspektive sind:

1. *K – Kinder und Jugendliche direkt einbeziehen:* Wir sollten die Hierarchien im Umgang mit Kindern und Jugendlichen in Frage stellen und uns mehr als „im selben Boot"/auf Augenhöhe begreifen – es geht um eine gemeinsame Zukunft.
2. *R – Raus aus alten Denkmustern – Gesellschaft neu denken:* Angesichts großer Krisen müssen wir auch „groß denken", d.h. auch Gewohnheiten und interne Abläufe offen in Frage stellen.
3. *I – Institutionen verändern:* Schule erhält den Auftrag, über formale Bildung hinaus bei der individuellen sozioemotionalen Entwicklung und der gesamtgesellschaftlichen Entwicklung mitzuwirken. Dafür braucht es personelle und institutionelle Unterstützung und Weiterentwicklung.
4. *S – Sozioemotionale Stabilität als Ressource für alle wertschätzen:* Dazu gehört sowohl ein Blick auf die eigene gesunde Selbstfürsorge wie auch die Unterstützung von Kindern und Jugendlichen über Hilfsangebote. Dies umfasst den Ausbau niedrigschwelliger Angebote in der Schule (z.B. Schulsozialarbeit) sowie außerhalb (z.B. Ausbau pädagogischer Angebote, aufsuchender Jugendhilfe, Schulpsychologie, Psychotherapie).
5. *E – Eigene Werte reflektieren und sich entsprechend verhalten:* Engagement zur Krisenprävention oder -bewältigung muss als neue Normalität verstanden und priorisiert werden.
6. *N – Nachhaltig lernen:* Sich als ständig lernend begreifen und Krisen zuversichtlich als Chance für Veränderung zum Guten nutzen.

10 Weiterführende Informationen

Digitale Informationen und Quellen (Auswahl)

- Kindernachrichten Fokus Krieg:
  https://www.zdf.de/kinder/logo/
- Kindernachrichten; Schlagwortsuche zu aktuellen Krisen möglich:
  https://www.kika.de
- Informationen rund um Frieden:
  https://www.frieden-fragen.de/
- Fortbildungsmaterial Online-Unterricht und Cybermobbing:
  https://digitale-helden.de/angebote/webinare/
- Sendung mit der Maus: Schlagwortsuche zu aktuellen Krisen möglich:
  Suchfunktion auf https://wdrmaus.de
- Kindgerechte Informationen zur Klimakrise:
  https://www.greenpeace.de/ueber-uns/umweltbildung/klimawandel-klimaschutz-grundschule
- „Kit Klimamonster. Spiel und Spaß rund ums Klima" für Kinder im Kindergarten- und Grundschulalter:
  www.klima-kit.de
- Klimawandel und Klimaschutz in der Grundschule:
  https://www.greenpeace.de/ueber-uns/umweltbildung/klimawandel-klimaschutz-grundschule
- Unterstützung für Klimaengagierte (altersübergreifend):
  https://www.psy4f.org/beratung/

Kinderbücher – Krieg

- „Weltkugel 3: Wie es ist, wenn es Krieg gibt? – Alles über Konflikte“ von Louise Spilsbury et al., Gabriel Verlag (2019)
- „Was ist Krieg?“ von Eduard Altarriba und Ursula Bachmann, Beltz & Gelberg Verlag (2022)
- „Mama, Papa ... wie passiert Krieg?“ von Gabriele Liesenfeld, Gutfreund Verlag (2022)

Kinderbücher – Umwelt und Klima

- „Müll – Alles über die lästigste Sache der Welt“ von Gerda Raidt, BELTZ-Verlag (2019)
- „So ein Wetter!: Alles über Wetter, Klima und warum es auf der Erde immer wärmer wird“ von Stephan Matthiesen, Dorling Kindersley Verlag (2021)
- „Storys für kleine Weltretter“ von Polly Larsson, lovelyubli (2021)
- „Was ist was – Klima. Eiszeiten und Klimawandel: Eiszeiten und Klimawandel“ von Manfred Baur, Tessloff Verlag (2019)
- [ab weiterführender Schule] „Klimakrise – einfach verstehen!: Was kannst du zur Lösung beitragen?“ von Eddie Reynolds, Andy Prentice und El Prima Ramon, Usborne Publishing (2021)
- [ab weiterführender Schule] „Storys für Kinder, die die Welt retten wollen“ von Carola Benedetto et al., Rowohlt Taschenbuch (2020)
- [ab weiterführender Schule] „Was passiert mit unserem Klima?“ von Stephan Matthiesen, Dorling Kindersley Verlag (2021)

Bücher für Lehrkräfte

- „Climate Action. Psychologie der Klimakrise. Handlungshemmnisse und Handlungsmöglichkeiten“ von Lea Dohm, Felix Peter und Katharina van Bronswijk, Psychosozial-Verlag (2021)
- „Climate Emotions: Klimakrise und psychische Gesundheit“ von Katharina van Bronswijk & Christoph Hausmann, Psychosozial-Verlag (2022)
- „Frei Day – Die Welt verändern lernen! Für eine Schule im Aufbruch“ von Margret Rasfeld, oekom verlag GmbH (2021)
- „Gesundheit und Wohlbefinden im Lehrerberuf (Psychologie im Schulalltag)“ von Uta Klusmann und Natalie Waschke, Hogrefe (2018)
- „Klima im Kopf“ von Katharina van Brownswijk, oekom verlag GmbH (2022)
- „Klimagefühle“ von Lea Dohm und Mareike Schulze, Knaur HC (2022)

Entspannung mit Kindern (Auswahl)

- „Achtsamkeitstraining für Kinder“ von Floriana Schilling (2021)
- „Die Kapitän Nemo Geschichten“ von Ulrike Petermann, Hogrefe Verlag (2024)
- „Entspannung für Kinder: Ausgeglichen und konzentriert mit Yoga, PR, AT & Traumreisen“ von Dietmar Ohm, Trias-Verlag (2017)
- „Entspannungstechniken für Kinder und Jugendliche“ von Ulrike Petermann, BELTZ-Verlag (2021)
- „Geschichten, die Kinder entspannen lassen“ von Volker Friebel, Edition Blaue Felder (2017)
- „Progressive Relaxation für Kids“ von Dietmar Ohm, DVD, Trias-Verlag (1999)

Übungen zur Ressourcen-Aktivierung für Kinder und Eltern (Auswahl)

- „Eltern Stärken: Kompetenzen und Ressourcen erkennen und entwickeln“ von Hannah Heine, BELTZ-Verlag (2021)
- „Ressourcenübungen für Kinder und Jugendliche“ von Melanie Gräßer et al., BELTZ-Verlag (2020)
- „Stärken-Schatzkiste für Kinder und Jugendliche“ von Falk Scholz, BELTZ-Verlag (2018)

Programme und Projekte zum Schwerpunkt Sozialklima

- Modul „Klassenklima“ aus den FOSIS-Unterrichtsmaterialien der Unfallkasse Berlin – Handlungsempfehlungen für Lehrkräfte:

  https://www.unfallkasse-berlin.de/sicherheit-und-gesundheitsschutz/schulen/unterrichtsmethoden-fosis/modul-2-klassenklima

- Schulprojekt „Gemeinsam Klasse sein“ der Techniker Krankenkasse in Kooperation mit der Beratungsstelle Gewaltprävention der Hamburger Schulbehörde mit dem Schwerpunkt Anti-Mobbing inklusive Online-Plattform:

  https://www.gemeinsam-klasse-sein.de/anti-mobbing

- Bundesweites Programm zur Förderung der psychischen Gesundheit in der Schule, basierend auf dem Konzept der „Guten gesunden Schule“:

  https://mindmatters-schule.de/home.html

- Material und Hintergrundinformationen des Spitzenverbandes der Deutschen Gesetzlichen Unfallversicherung zur Methode „Klassenrat“:

  https://www.dguv-lug.de/primarstufe/soziale-kompetenz/klassenrat/

Literatur

Adélaïde, L., Chanel, O. & Pascal, M. (2022). Health effects from heat waves in France: an economic evaluation. *Eur J Health Econ, 23*, 119–131. https://doi.org/10.1007/s10198-021-01357-2

Adu, J., Oudshoorn, A., Van Berkum, A., Pervez, R., Norman, R., Canas, E., ... & MacDougall, A. G. (2022). System transformation to enhance transitional age youth mental health–a scoping review. *Child and Adolescent Mental Health, 27*(4), 399–418. https://doi.org/10.1111/camh.12592

Agyapong, B., Obuobi-Donkor, G., Burback, L. & Wei, Y. (2022). Stress, burnout, anxiety and depression among teachers: a scoping review. *International journal of environmental research and public health, 19*(17), 10706. https://doi.org/10.3390/ijerph191710706

Ahbe, T. (1997). Ressourcen – Transformation – Identität. In H. Keupp & R. Höfer (Hrsg.), *Identitätsarbeit heute*. Frankfurt: Suhrkamp.

Aich, G. & Behr, M. (2019). *Gesprächsführung mit Eltern*. Weinheim: Beltz.

American Psychiatric Association (2013). *Diagnostic and Statistical Manual of Mental Disorders, 5th ed.* Washington: American Psychiatric Publishing. https://doi.org/10.1176/appi.books.9780890425596

Andersen, S. L. (2019). Stress, sensitive periods, and substance abuse. *Neurobiology of stress, 10*, 100140. https://doi.org/10.1016/j.ynstr.2018.100140

Andresen, S., Heyer, L., Lips, A., Rusack, T., Schröer, W., Thomas, S. & Wilmes, J. (2020). *„Die Corona-Pandemie hat mir wertvolle Zeit genommen"*. Hildesheim: Universitätsverlag Hildesheim.

Antonovsky, A. (1987). The salutogenic perspective: Toward a new view of health and illness. *Advances, 4*, 47–55.

Antonovsky, A. (1988). *Unraveling the mystery of health. How people manage stress and stay well.* San Francisco: Jossey-Bass.

Antonovsky, A., Maoz, B., Dowty, N. & Wijsenbeek, H. (1971). Twenty-five years later. A limited study of the sequelae of the concentration camp experience. *Social Psychiatry, 6*, 186–193. https://doi.org/10.1007/BF00578367

Appleton, A. A., Loucks, E. B., Buka, S. L. & Kubzansky, L. D. (2014). Divergent associations of antecedent-and response-focused emotion regulation strategies with midlife cardiovascular disease risk. *Annals of Behavioral Medicine, 48*(2), 246–255. https://doi.org/10.1007/s12160-014-9600-4

Arbeitskreis OPD (2004). *Operationalisierte Psychodynamische Diagnostik*. Grundlagen und Manual. (4. Aufl.) Bern: Verlag Hans Huber.

Autor:innengruppe Bildungsberichterstattung (2022). Bildung in Deutschland 2022. https://www.bildungsbericht.de/de/bildungsberichte-seit-2006/bildungsbericht-2022/pdf-dateien-2022/bildungsbericht-2022.pdf

Bartscher, M. (2022). *Bildungs-und Erziehungspartnerschaften in Schulen II: Beziehungen motivierend gestalten und inspirierend kommunizieren*. Hannover: Klett/Kallmeyer.

Bathke, S.A. (2020). *Schulen und Gesundheitswesen für Kooperationen im Kinderschutz ansprechen und einbeziehen. Expertise im Projekt „Qualitätssicherung im Kinderschutz in Baden-Württemberg“*

Beaglehole, B., Mulder, R.T., Frampton, C.M., Boden, J.M., Newton-Howes, G. & Bell, C.J. (2018). Psychological distress and psychiatric disorder after natural disasters: systematic review and meta-analysis. *The British Journal of Psychiatry, 213*(6), 716–722. https://doi.org/10.1192/bjp.2018.210

Bergmann, J.R. & Buchholz, M.B. (2020). Katastrophe und Kommunikation. Die Sozialwissenschaften in der Pandemie. *psychosozial, 43*(3), 91–95. https://doi.org/10.30820/0171-3434-2020-3-91

Baldwin, C., Pickering, G. & Dale, G. (2022). Knowledge and self-efficacy of youth to take action on climate change. *Environmental Education Research,* 1–20. https://doi.org/10.1080/13504622.2022.2121381

Boessmann, U. (2013). *Bewusstsein – Unbewusstes. Bd. 1: Bewusstsein.* Berlin: Deutscher Psychologen Verlag. https://doi.org/10.5771/9783942761611

Bonß, W. (2015). Karriere und sozialwissenschaftliche Potenziale des Resilienzbegriffs. In M. Endreß, A. Maurer (Hrsg.), *Resilienz im Sozialen* (S. 15–31). Wiesbaden: Springer. https://doi.org/10.1007/978-3-658-05999-6_2

Böttcher, W. (2020). Lehrkräftebildung und Erziehungswissenschaft. *Erziehungswissenschaft, 31*(60), 13–27.

Bowe, M., Wakefield, J.R., Kellezi, B., Stevenson, C., McNamara, N., Jones, B.A., ... & Heym, N. (2022). The mental health benefits of community helping during crisis: Coordinated helping, community identification and sense of unity during the COVID-19 pandemic. *Journal of Community & Applied Social Psychology, 32*(3), 521–535. https://doi.org/10.1002/casp.2520

Bowins, B. (2021). Psychological defense mechanisms. In B. Bowins (Hrsg.) *States and processes for mental health.* Camebridge, MA: Academic Press. https://doi.org/10.1016/B978-0-323-85049-0.00003-9

Bronfenbrenner, U. (1979). *The ecology of human development: Experiments by nature and design.* Havard: Harvard University Press.

Budde, J., Weuster, N. (2018). Der Klassenrat als demokratiepädagogisches Angebot?. In J. Budde & N. Weuster, *Erziehungswissenschaftliche Studien zu schulischer Persönlichkeitsbildung.* Wiesbaden: Springer. https://doi.org/10.1007/978-3-658-20596-6

Bundesamt für Bevölkerungsschutz und Katastrophenhilfe. (2022). *Risikomanagement.* Verfügbar unter: https://www.bbk.bund.de/DE/Themen/Risikomanagement/risikomanagement_node.html

Bundesinstitut für Arzneimittel und Medizinprodukte. (2022). *Internationale statistische Klassifikation der Krankheiten und verwandter Gesundheitsprobleme* (11. Revision). https://www.bfarm.de/DE/Kodiersysteme/Klassifikationen/ICD/ICD-11/_node.html (Zugriff am 11.11.2022).

Burke, S.E., Sanson, A.V. & Van Hoorn, J. (2018). The psychological effects of climate change on children. *Current psychiatry reports, 20*(5), 1–8. https://doi.org/10.1007/s11920-018-0896-9

Calvano, C., Engelke, L., Di Bella, J., Kindermann, J., Renneberg, B. & Winter, S.M. (2022). Families in the COVID-19 pandemic: parental stress, parent mental health and the occurrence of adverse childhood experiences—results of a representative survey in Germany. *European child & adolescent psychiatry, 31*(7), 1–13. https://doi.org/10.1007/s00787-021-01739-0

Cannon, W.B. (1915). Bodily changes in pain, hunger, fear and rage: An account of recent researches into the function of emotional excitement. *Appleton and Company,* 1–334. https://doi.org/10.1037/10013-000

Carlson, C.J., Albery, G.F., Merow, C., Trisos, C.H., Zipfel, C.M., Eskew, E.A., ... & Bansal, S. (2022). Climate change increases cross-species viral transmission risk. *Nature,* 1-1. https://doi.org/10.1038/s41586-022-04788-w

Castaño-Rosa, R., Pelsmakers, S., Järventausta, H., Poutanen, J., Tähtinen, L., Rashidfarokhi, A. & Toivonen, S. (2022). Resilience in the built environment: Key characteristics for solutions to multiple crises. *Sustainable Cities and Society, 87*, 104259. https://doi.org/10.1016/j.scs.2022.104259

Chrousos, G.P. & Gold, P.W. (1992). The concepts of stress and stress system disorders: overview of physical and behavioral homeostasis. *Jama, 267*(9), 1244–1252. https://doi.org/10.1001/jama.1992.03480090092034

Clayton, S. (2020). Climate anxiety: Psychological responses to climate change. *Journal of anxiety disorders, 74,* 102263. https://doi.org/10.1016/j.janxdis.2020.102263

Clayton, S. (2021). Climate change and mental health. *Current Environmental Health Reports, 8*(1), 1–6. https://doi.org/10.1007/s40572-020-00303-3

Clayton, S., Manning, C.M., Krygsman, K. & Speiser, M. (2017). *Mental Health and Our Changing Climate: Impacts, Implications, and Guidance.* Washington, D.C.: American Psychological Association, and ecoAmerica.

Crandon, T.J., Scott, J.G., Charlson, F.J. et al. (2022). A social–ecological perspective on climate anxiety in children and adolescents. *Nature Climate Change, 12*, 123–131. https://doi.org/10.1038/s41558-021-01251-y

Coelen, T.W. (2010). Partizipation und Demokratiebildung in pädagogischen Institutionen. *Zeitschrift für Pädagogik, 56*(1), 37–52.

Cohen, S., Janicki-Deverts, D., Miller, G.E. (2007). Psychological stress and disease. *JAMA, 298*(14), 1685–7. https://doi.org/10.1001/jama.298.14.1685

Cook, S.C., Schwartz, A.C. & Kaslow, N.J. (2017). Evidence-Based Psychotherapy: Advantages and Challenges. *Neurotherapeutics, 14,* 537–545. https://doi.org/10.1007/s13311-017-0549-4

Cuijpers, P., Miguel, C., Ciharova, M., Kumar, M., Brander, L., Kumar, P. & Karyotaki, E. (2023). Impact of climate events, pollution, and green spaces on mental health: an umbrella review of meta-analyses. *Psychological Medicine,* 1-16. https://doi.org/10.1017/S0033291722003890

Cullberg, J. (1978). Krisen und Krisentherapie. *Psychiatrische Praxis, 5,* 25–34.

Dalbert, C. (2013). Die Bedeutung schulischen Gerechtigkeitserlebens für das subjektive Wohlbefinden in der Schule. In C. Dalbert, *Gerechtigkeit in der Schule* (S. 127–143). Wiesbaden: Springer. https://doi.org/10.1007/978-3-531-93128-9_7

Dalbert, C. & Stoeber, J. (2004). Forschung zur Schülerpersönlichkeit. In W. Helsper & J. Böhme (Hrsg.), *Handbuch der Schulforschung* (S. 881–902). Wiesbaden: Verlag für Sozialwissenschaften. https://doi.org/10.1007/978-3-663-10249-6_36

Danese, A., McLaughlin, K.A., Samara, M., Stover, C.S. (2020). Psychopathology in children exposed to trauma: detection and intervention needed to reduce downstream burden. *BMJ, 371,* m3073. https://doi.org/10.1136/bmj.m3073

Diedrich, J., Mang, J., Patzl, S., Seßler, S., Martin, M. & Lewalter, D. (2022). *Klimabewusstsein Fünfzehnjähriger in Deutschland: Vom Wissen und Können übers Wollen und Zutrauen zum Tun.* Waxmann. https://doi.org/10.31244/9783830996545

Digitales Wörterbuch der deutschen Sprache (2023a). *DWDS-Wortverlaufskurve für „Krise“.* https://www.dwds.de/r/plot/?view=1&corpus=zeitungenxl&norm=date%2Bclass&smooth=spline&genres=0&grand=1&slice=1&prune=0&window=3&wbase=0&logavg=0&logscale=0&xrange=1946%3A2022&q1=Krise, abgerufen am 1/14/2023.

Digitales Wörterbuch der deutschen Sprache (2023b). *DWDS-Wortverlaufskurve für „Resilienz"*. https://www.dwds.de/r/plot/?view=1&corpus=zeitungenxl&norm=date%2Bclass&smooth=spline&genres=0&grand=1&slice=1&prune=0&window=3&wbase=0&logavg=0&logscale=0&xrange=1946%3A2022&q1=Resilienz, abgerufen am 1/14/2023.

Ditzen, B. & Heinrichs, M. (2014). Psychobiology of social support: the social dimension of stress buffering. *Restorative neurology and neuroscience, 32*(1), 149–162. https://doi.org/10.3233/RNN-139008

Dohm, L., Chmielewski, F., Peter, F. & Schulze, M. (2023). Klima-Angst und ökologischer Notfall. Psychotherapeutische Implikationen und Handlungsmöglichkeiten. *Ärztliche Psychotherapie, 18*(1), 5–9. https://doi.org/10.21706/aep-18-1-5

Dohm, L. & Klar, M. (2020). Klimakrise und Klimaresilienz. *psychosozial, 43*(3), 99–114. https://doi.org/10.30820/0171-3434-2020-3-99

Döring, H. (2022). *Gesellschaftliche Krisen und Proteste. Dialog als Mittel der Konfliktmoderation.* Stuttgart: Kohlhammer. https://doi.org/10.17433/978-3-17-038505-4

Drewes, S. & Niebuhr, A. (2021). Geschichte der Schulpsychologie in Deutschland. In K. Seifried, S. Drewes & M. Hasselhorn (Hrsg.). *Handbuch Schulpsychologie: Psychologie für die Schule*. Stuttgart: Kohlhammer.

Eder, F. (1998). *Linzer Fragebogen zum Schul- und Klassenklima für die 8.–13. Klasse (LFSK* 8–13). Göttingen: Hogrefe.

Eisenberg, N. & Fabes, R. A. (1992). Emotion, regulation, and the development of social competence. In M. S. Clark (Ed.), *Emotion and social behavior* (pp. 119–150). Sage Publications, Inc.

Endreß, M. & Rampp, B. (2015). Resilienz als Perspektive auf gesellschaftliche Prozesse. Auf dem Weg zu einer soziologischen Theorie. In M. Endreß & A. Maruer (Hrsg.), *Resilienz im Sozialen* (S. 33–55). Wiesbaden: Springer VS. https://doi.org/10.1007/978-3-658-05999-6_3

Entringer, S., Buss, C. & Heim, C. (2016). Frühe Stresserfahrungen und Krankheitsvulnerabilität. *Bundesgesundheitsblatt, 59,* 1255–1261. https://doi.org/10.1007/s00103-016-2436-2

Ernst, G., Franke, A. & Franzkowiak, P. (2022). Stress und Stressbewältigung. verfügbar unter https://leitbegriffe.bzga.de/alphabetisches-verzeichnis/stress-und-stressbewaeltigung/ (Zugriff am 17.01.2023)

Feller, L., Khammissa, R. A. G., Ballyram, R., Chandran, R. & Lemmer, J. (2019). Chronic psychosocial stress in relation to cancer. *Middle East Journal of Cancer, 10*(1), 1–8.

Finkeldei, S., Kern, T. & Rinne-Wolf, S. (2022). Psychosoziale Notfallversorgung von Kindern nach hoch belastenden Lebenserfahrungen. *Bundesgesundheitsblatt, 65,* 1023–1030. https://doi.org/10.1007/s00103-022-03586-z

Folkman, S. (2008). The case for positive emotions in the stress process. *Anxiety, stress, and coping, 21*(1), 3–14. https://doi.org/10.1080/10615800701740457

Franz, M., Popp, K., Schaefer, R. et al. (2008). Alexithymia in the German general population. *Social Psychiatry and Psychiatric Epidemiology, 43,* 54–62. https://doi.org/10.1007/s00127-007-0265-1

Frick, V., Holzhauer, B. & Gossen, M. (2022). *Junge Menschen in der Klimakrise: Eine Untersuchung zu emotionaler Belastung, Bewältigungsstrategien und Unterstützungsangeboten im Kontext von Klimawandel und Umweltproblemen in der Studie „Zukunft? Jugend fragen! 2021"*. Umweltbundesamt. https://www.umweltbundesamt.de/publikationen/junge-menschen-in-der-klima krise (abgerufen am 14. Oktober 2023)

Fritsche, I., Barth, M. & Reese, G. (2021). Klimaschutz als kollektives Handeln. Die psychologische Forschung zur Rolle sozialer Identität. In L. Dohm, F. Peter & K. van Bronswijk (Hrsg.). *Climate Action. Psychologie der Klimakrise. Handlungshemmnisse und Handlungsmöglichkeiten* (S. 229–250). Gießen: psychosozial Verlag. https://doi.org/10.30820/9783837978018-229

Fritsche, I., Jonas, E., Ablasser, C., Beyer, M., Kuban, J., Manger, A.-M. & Schultz, M. (2013). The power of we: Evidence for group-based control. *Journal of Experimental Social Psychology, 49,* 19–32. https://doi.org/10.1016/j.jesp.2012.07.014

Fritsche, I. & Hoppe, A. (2019). We supernaturals: Terror management and people's ambivalent relationship with nature. In C. Routledge & M. Vess (Eds.), *Handbook of Terror Management Theory* (p. 157–178). London: Academic Press. https://doi.org/10.1016/B978-0-12-811844-3.00006-8

Fröhlich-Gildhoff, K. & Rönnau-Böse, M. (2015). *Resilienz.* München: utb/Reinhardt.

Fröhlich-Gildhoff, K. & Rönnau-Böse, M. (2021). *Menschen stärken. Resilienzförderung in verschiedenen Lebensbereichen.* Wiesbaden: Springer. https://doi.org/10.1007/978-3-658-32259-5

Future Earth. (2020). Risks Perceptions Report 2020: First Edition. Future Earth. https://futureearth.org/wp-content/uploads/2020/02/RPR_2020_Report.pdf

Future Earth. (2021). Global Risks Perceptions Report 2021. Future Earth Canada Hub.

Green, D., Oswald, M. & Spears, B. (2007). Teachers' (Mis)Understandings of Resilience. *International Education Journal, 8*(2), 133–144.

Greenhow, C., Lewin, C. & Staudt Willet, K.B. (2021). The educational response to Covid-19 across two countries: A critical examination of initial digital pedagogy adoption. *Technology, Pedagogy and Education, 30*(1), 7–25. https://doi.org/10.1080/1475939X.2020.1866654

Griebler, U., Rojatz, D., Simovska, V. & Forster, R. (2017). Effects of student participation in school health promotion: a systematic review. *Health promotion international, 32*(2), 195–206. https://doi.org/10.1093/heapro/dat090

Grund, J. & Brock, A. (2019). Why we should empty Pandora's box to create a sustainable future: Hope, sustainability and its implications for education. *Sustainability, 11*(3), 893. https://doi.org/10.3390/su11030893

Gustafsson, J.E., Allodi Westling, M., Alin Åkerman, B., Eriksson, C., Eriksson, L., Fischbein, S. et al. (2010). *School, learning and mental health: A systematic review.* Stockholm: The Royal Swedish Academy of Sciences, The Health Commitee.

Habibi-Kohlen, D. (2021). Zur zeitbedingten Abwehr der Klimakrise. In L. Dohm, F. Peter & K. von Bronswijk (Hrsg.), *Climate Action-Psychologie der Klimakrise* (S. 45–64). Gießen: Psychosozial-Verlag. https://doi.org/10.30820/9783837978018-45

Häcker, H.O. & Stapf, K.-H. (Hrsg.). (2004). *Dorsch Psychologisches Wörterbuch* (14. Aufl.). Bern: Huber.

Hannigan, B., Edwards, D. & Burnard, P. (2004). Stress and stress management in clinical psychology: Findings from a systematic review. *Journal of Mental Health, 13*(3), 235–245. https://doi.org/10.1080/09638230410001700871

Hansen, J.W., Marx, S.M. & Weber, E.U. (2004). The role of climate perceptions, expectations, and forecasts in farmer decision making: the Argentine Pampas and South Florida: Final Report of an IRI Seed Grant Project. *IRI Technical Report,* 04–01.

Harding, S., Morris, R., Gunnell, D., Ford, T., Hollingworth, W., Tilling, K., ... & Kidger, J. (2019). Is teachers' mental health and wellbeing associated with students' mental health and wellbeing?. *Journal of affective disorders, 242,* 180–187. https://doi.org/10.1016/j.jad.2018.08.080

Havighurst, R.J. (1948). *Developmental tasks and education.* Chicago: The University of Chicago Press.

Heinrichs, M., Stächele, T. & Domes, G. (2015). *Stress und Stressbewältigung.* Göttingen: Hogrefe.

Heitfeld, M. & Reif, A. (2020). Transformation gestalten lernen. Bonn/Berlin: Germanwatch e.V.

Helm, C., Huber, S. & Loisinger, T. (2021). Was wissen wir über schulische Lehr-Lern-Prozesse im Distanzunterricht während der Corona-Pandemie? – Evidenz aus Deutschland, Österreich und der Schweiz. *Zeitschrift für Erziehungswissenschaften, 24,* 237–311. https://doi.org/10.1007/s11618-021-01000-z

Herzog, W. (2007). Schule und Schulklasse als soziale Systeme. In R. Becker (Hrsg.), *Lehrbuch der Bildungssoziologie* (S. 155–194). Wiesbaden: VS Verlag für Sozialwissenschaften. https://doi.org/10.1007/978-3-531-91711-5_6

Heyne, K. (2016). *Kammern und Umweltschutz: Auswirkungen des Umweltrechts auf die Aufgaben der Kammern unter Einbeziehung von Gemeinwohl und Staatszielbestimmungen.* Baden-Baden: Nomos. https://doi.org/10.5771/9783845271477

Hickman, C., Marks, E., Pihkala, P., Clayton, S., Lewandowski, R.E., Mayall, E.E. et al. (2021). Climate anxiety in children and young people and their beliefs about government responses to climate change: a global survey. *The Lancet Planetary Health, 5*(12), e863-e873. https://doi.org/10.1016/S2542-5196(21)00278-3

Higa-McMillan, C.K., Francis, S.E., Rith-Najarian, L. & Chorpita, B.F. (2016). Evidence base update: 50 years of research on treatment for child and adolescent anxiety. *Journal of Clinical Child & Adolescent Psychology, 45*(2), 91–113. https://doi.org/10.1080/15374416.2015.1046177

Hoffmann, J. & Roshdi, K. (2011). Schwere zielgerichtete Gewalt und Amok an Schule–Prävention durch Krisenteams und psychologisches Bedrohungsmanagement. *Handbuch der Schulberatung,* 8/2011, Abschnitt 5.3.2.

Hoffmann, J., Roshdi, K. & Robertz, F. (2009). Zielgerichtete schwere Gewalt und Amok an Schulen Eine empirische Studie zur Prävention schwerer Gewalttaten. *Kriminalistik, 63,* 196–204.

Homer-Dixon, T., O. Renn, J. Rockström, J. Donges & S. Janzwood. (2022). *A call for an international research program on the risk of a global polycrisis.* Verfügbar unter https://ssrn.com/abstract=4058592. https://doi.org/10.2139/ssrn.4058592

Hörnberger, C. (2022). Aufgaben und Struktur von schulischen Krisenteams. In G. Hofinger & R. Heimann (Hrsg.), *Handbuch Stabsarbeit,* 113–120, Berlin, Heidelberg: Springer. https://doi.org/10.1007/978-3-662-63035-8_15

Hu, T., Zhang, D., Wang, J., Mistry, R., Ran, G. & Wang, X. (2014). Relation between emotion regulation and mental health: A meta-analysis review. *Psychological reports, 114*(2), 341–362. https://doi.org/10.2466/03.20.PR0.114k22w4

In-Albon, T. (2022). Kinder und Jugendliche: psychotherapeutische Versorgung, Resilienz und Erhebung. *Psychotherapie, 67*, 451–452. https://doi.org/10.1007/s00278-022-00617-7

Janssen, P.L. & Sachs, G. (2018). *Psychodynamische Gruppenpsychotherapie: Theorie, Setting und Praxis.* Stuttgart: Klett-Cotta.

Jungjohann, J. & Gebhardt, M. (2022). Bezugsnormorientierung im Unterricht. In M. Gebhardt, D. Scheer & M. Schurig (Hrsg.), *Handbuch der sonderpädagogischen Diagnostik. Grundlagen und Konzepte der Statusdiagnostik, Prozessdiagnostik und Förderplanung. Version 1.0: Bd. (4)* (S. 25–32). Verfügbar unter https://epub.uni-regensburg.de/53149/

Kabat-Zinn, J. (1982). An outpatient program in behavioral medicine for chronic pain patients based on the practice of mindfulness meditation: Theoretical considerations and preliminary results. *General Hospital Psychiatry, 4*(1), 33–47. https://doi.org/10.1016/0163-8343(82)90026-3

Kalisch, R., Baker, D.G., Basten, U., Boks, M.P., Bonanno, G.A., Brummelman, E., ... & Kleim, B. (2017). The resilience framework as a strategy to combat stress-related disorders. *Nature human behaviour, 1*(11), 784–790. https://doi.org/10.1038/s41562-017-0200-8

Kaluza, G. (2011). *Stressbewältigung: Trainingsmanual zur psychologischen Gesundheitsförderung.* Berlin/Heidelberg: Springer.

Karidi, M., Schneider, M. & Gutwald, R. (Hrsg.). (2018). *Resilienz: Interdisziplinäre Perspektiven zu Wandel und Transformation.* Wiesbaden: Springer. https://doi.org/10.1007/978-3-658-19222-8

Karutz, H. (2008). Kinder und Jugendliche in Notfallsituationen. In F. Lasogga & B. Gasch (Hrsg.), *Notfallpsychologie* (S. 283–304). Berlin/Heidelberg: Springer. https://doi.org/10.1007/978-3-540-71626-6_15

Kast, V. (1989). *Der schöpferische Sprung: Vom therapeutischen Umgang mit Krisen.* München: dtv.

Kauhanen, L., Wan Mohd Yunus, W., Lempinen, L. et al. (2022). A systematic review of the mental health changes of children and young people before and during the COVID-19 pandemic. *European Child and Adolescent Psychiatry, 32,* 995–1013. https://doi.org/10.1007/s00787-022-02060-0

Keck, M. & Sakdapolrak, P. (2013). What is social resilience? Lessons learned and ways forward. *Erdkunde, 67*(1), 5–19. https://doi.org/10.3112/erdkunde.2013.01.02

Kiper, H. & Mischke, W. (2008). *Selbstreguliertes Lernen – Kooperation – Soziale Kompetenz. Fächerübergreifendes Lernen in der Schule.* Stuttgart: Kohlhammer. https://doi.org/10.17433/978-3-17-022866-5

Kleine, B. & Kröger, C. (2019). Emotionale Reaktionen, Einstellungen und Behandlungstechniken bei Kindern mit einer Posttraumatischen Belastungsstörung. *Zeitschrift für Klinische Psychologie und Psychotherapie, 48,* 2–16. https://doi.org/10.1026/1616-3443/a000494

Klemm, K. (2022). Entwicklung von Lehrkräftebedarf und -angebot in Deutschland bis 2035. Verfügbar unter: https://www.vbe.de/fileadmin/user_upload/VBE/Service/Meinungsumfragen/22-03-31_Expertise_Klemm_Entwicklung_von_Lehrkraeftebedarf_und_-angebot_in_Deutschland_bis_2035-final.pdf

Klusmann, U. & Waschke, N. (2018). *Gesundheit und Wohlbefinden im Lehrerberuf.* Göttingen: Hogrefe. https://doi.org/10.1026/02863-000

KMK. (1973). *Zur Stellung des Schülers in der Schule.* Beschluss der Kultusministerkonferenz vom 25.05.1973. Verfügbar unter. https://www.kmk.org/fileadmin/Dateien/veroeffentlichungen_beschluesse/1973/1973_05_25_Stellung_Schueler.pdf

KMK. (2010). *Konzeption der Kultusministerkonferenz zur Nutzung der Bildungsstandards für die Unterrichtsentwicklung.* Kronach: Carl Link Verlag.

KMK. (2016). *Bildung in der digitalen Welt. Strategie der Kultusministerkonferenz.* Beschluss der Kultusministerkonferenz vom 8.12.2016. Verfügbar unter: https://www.kmk.org/fileadmin/Dateien/veroeffentlichungen_beschluesse/2016/2016_12_08-Bildung-in-der-digitalen-Welt.pdf

KMK. (2018). *Demokratie als Ziel, Gegenstand und Praxis historisch-politischer Bildung und Erziehung in der Schule.* Beschluss der Kultusministerkonferenz vom 06.03.2009 i. d. F. vom 11.10.2018. https://www.kmk.org/fileadmin/Dateien/pdf/PresseUndAktuelles/2018/Beschluss_Demokratieerziehung.pdf

Koos, S. & Naumann, E. (2019). *Vom Klimastreik zur Klimapolitik: Die gesellschaftliche Unterstützung der „Fridays for Future"-Bewegung und ihrer Ziele: Forschungsbericht.* Verfügbar unter: http://nbn-resolving.de/urn:nbn:de:bsz:352-2-1jdetkrk6b9yl4.

Lazarus, R.S. & Folkman, S. (1984). *Stress, appraisal, and coping.* Chicago: Springer publishing company.

Landesschulamt Sachsen-Anhalt. (2020). *Krisenordner: Informationen und Handlungsleitfäden für Prävention und Krisenintervention an den Schulen in Sachsen-Anhalt.*

Landolt, M.A. (2021). *Psychotraumatologie des Kindesalters: Grundlagen, Diagnostik und Interventionen.* Göttingen: Hogrefe. https://doi.org/10.1026/02879-000

Lerner, M.J. & Goldberg, J.H. (1999). When do decent people blame victims? The differing effects of the explicit/rational and implicit/experiential cognitive systems. In S. Chaiken & Y. Trope (Eds.), *Dual-process theories in social psychology* (pp. 627–640). New York: The Guilford Press.

Li, F., Luo, S., Mu, W., Li, Y., Ye, L., Zheng, X et al. (2021). Effects of sources of social support and resilience on the mental health of different age groups during the COVID-19 pandemic. *BMC psychiatry, 21*(1), 1–14. https://doi.org/10.1186/s12888-020-03012-1

Liu, J.J., Reed, M. & Girard, T.A. (2017). Advancing resilience: An integrative, multi-system model of resilience. *Personality and Individual Differences, 111,* 111–118. https://doi.org/10.1016/j.paid.2017.02.007

Lob-Corzilius, T. & Weimann ,E. (2021) Neonatologie und Pädiatrie. In C. Traidl-Hoffmann, C. Schulz, M. Herrmann & B. Simon (Hrsg.), *Planetary Health: Klima, Umwelt und Gesundheit im Anthropozän* (S. 194–203). Berlin: MWV. https://doi.org/10.32745/9783954666737-194

Luhmann, N. (1977). *Zweckbegriff und Systemrationalität*. Frankfurt/M.: Suhrkamp.

Lurie, P., Adams, J., Lynas, M., Stockert, K., Carlyle, R.C., Pisani, A. & Evanega, S.D. (2022). COVID-19 vaccine misinformation in English-language news media: retrospective cohort study. *BMJ open, 12*(6), e058956. https://doi.org/10.1136/bmjopen-2021-058956

Ma, T., Moore, J. & Cleary, A. (2022). Climate change impacts on the mental health and wellbeing of young people: A scoping review of risk and protective factors. *Social Science & Medicine,* 114888. https://doi.org/10.1016/j.socscimed.2022.114888

Maddi, S.R. (1990). Issues and interventions in stress mastery. In H.S. Friedman (eds.), *Personality and disease* (pp. 212–154). New York: Wiley.

Mansfield, C.F., Beltman, S., Broadley, T. & Weatherby-Fell, N. (2016). Building resilience in teacher education: An evidenced informed framework. *Teaching and teacher education, 54,* 77–87. https://doi.org/10.1016/j.tate.2015.11.016

Mares, D.M. & Moffett, K.W. (2016). Climate change and interpersonal violence: A „global" estimate and regional inequities. *Climatic Change, 135*(2), 297–310. https://doi.org/10.1007/s10584-015-1566-0

Marieb, E.N. & Hoehn, K. (2007). *Human Anatomy & Physiology* (7th ed.). San Fransico Benjamin Cummings.

Masten, A.S. (2001). Ordinary magic: Resilience processes in development. *American psychologist, 56*(3), 227. https://doi.org/10.1037/0003-066X.56.3.227

McKee, K., Russell, M., Mennis, J., Mason, M. & Neale, M. (2020). Emotion regulation dynamics predict substance use in high-risk adolescents. *Addictive behaviors, 106,* 106374.

medico international (Hrsg.). (2017). *Fit für die Katastrophe? Kritische Anmerkungen zum Resilienzdiskurs im aktuellen Krisenmanagement*. Gießen: Psychosozial-Verlag.

Meherali, S., Punjani, N., Louie-Poon, S., Abdul Rahim, K., Das, J.K., Salam, R.A. & Lassi, Z.S. (2021). Mental health of children and adolescents amidst COVID-19 and past pandemics: a rapid systematic review. *International journal of environmental research and public health, 18*(7), 3432. https://doi.org/10.20944/preprints202103.0149.v1

Mentzos, S. (2010). *Lehrbuch der Psychodynamik. Die Funktion der Dysfunktionalität psychischer Störungen* (4. Aufl.). Göttingen: Vandenhoeck & Ruprecht.

Michels, A. & De Graaf, L. (2010). Examining citizen participation: Local participatory policy making and democracy. *Local Government Studies, 36*(4), 477–491. https://doi.org/10.1080/03003930.2010.494101

Miles-Novelo, A. & Anderson, C.A. (2019). Climate change and psychology: Effects of rapid global warming on violence and aggression. *Current Climate Change Reports, 5*(1), 36–46. https://doi.org/10.1007/s40641-019-00121-2

Nagel, N. (2018). *Entwicklung von Handlungskompetenz in der beruflichen Bildung: Analyse einer internetunterstützten Fortbildung für Berufspädagogen zum Thema „schulische Krisenprävention"* [Dissertation, Pädagogische Hochschule Weingarten]. Verfügbar unter: https://hsbwgt.bsz-bw.de/frontdoor/index/index/docId/293

National Child Traumatic Stress Network Schools Committee. (2008). *Child Trauma Toolkit for Educators*. Los Angeles & Durham: National Center for Child Traumatic Stress.

National Library of Medicine (2020). *Depression: What is burnout?* Verfügbar unter: https://www.ncbi.nlm.nih.gov/books/NBK279286/

Nationale Plattform BNE (2017). *Nationaler Aktionsplan Bildung für nachhaltige Entwicklung. Der deutsche Beitrag zum UNESCO-Weltaktionsprogramm.* Verfügbar unter: https://www.bmbf.de/bmbf/shareddocs/downloads/files/nationaler_aktionsplan_bildung_fuer_nachhaltige_entwicklung.pdf?__blob=publicationFile&v=1

Nikendei, C. (2020). Klima, Psyche und Psychotherapie. Kognitionspsychologische, psychodynamische und psychotraumatologische Betrachtung einer globalen Krise. *Psychotherapeut, 65,* 3–13. https://doi.org/10.1007/s00278-019-00397-7

Ojala, M. (2012). Hope and climate change: The importance of hope for environmental engagement among young people. *Environmental Education Research, 18*(5), 625–642. https://doi.org/10.1080/13504622.2011.637157

Ojala, M. (2013). Coping with climate change among adolescents: Implications for subjective well-being and environmental engagement. *Sustainability, 5*(5), 2191–2209. https://doi.org/10.3390/su5052191

Ojala, M. (2015). Hope in the face of climate change: Associations with environmental engagement and student perceptions of teachers' emotion communication style and future orientation. *The Journal of Environmental Education, 46*(3), 133–148. https://doi.org/10.1080/00958964.2015.1021662

Ojala, M. & Bengtsson, H. (2019). Young People's Coping Strategies Concerning Climate Change: Relations to Perceived Communication with Parents and Friends and Proenvironmental Behavior. *Environment and Behavior, 51*(8), 907–935. https://doi.org/10.1177/0013916518763894

Opp, K.-D. (1996). Gesellschaftliche Krisen, Gelegenheitsstrukturen oder rationales Handeln? Ein kritischer Theorienvergleich von Erklärungen politischen Protests. *Zeitschrift für Soziologie, 25*(3), 223–242. https://doi.org/10.1515/zfsoz-1996-0304

Pereira, T. & Freire, T. (2021). Positive Youth Development in the Context of Climate Change: A Systematic Review. *Frontiers in Psychology, 12*:786119. https://doi.org/10.3389/fpsyg.2021.786119

Perry-Parrish, C., Copeland-Linder, N., Webb, L., Shields, A.H. & Sibinga, E.M. (2016). Improving self-regulation in adolescents: current evidence for the role of mindfulness-based cognitive therapy. *Adolescent health, medicine and therapeutics, 7,* 101. https://doi.org/10.2147/AHMT.S65820

Peter, F. (2012). *Die Bedeutung intuitiver Gerechtigkeitsvorstellungen für Schülerinnen und Schüler: Eine mehrebenenanalytische Längsschnittuntersuchung zur Wechselwirkung von implizitem Gerechtigkeitsmotiv und schulischer Umwelt.* Hamburg: Kovac.

Peter, F. (2022). Ökokrisen und Resilienz. Von der individuellen zur Systemperspektive. *Verhaltenstherapie & Psychosoziale Praxis, 2/2022,* 247–254.

Peter, F. & Dalbert, C. (2013). Die Bedeutung der Lehrer:innengerechtigkeit: Klimaerleben oder persönliches Erleben? In C. Dalbert (Hrsg.), *Gerechtigkeit in der Schule* (S. 33–53). Wiesbaden: Springer. https://doi.org/10.1007/978-3-531-93128-9_2

Peter, F., Dohm, L. & Krimmer, M. (2023). Psychische Konsequenzen der Klimakrise. Mehrfachbetroffenheit von Kindern und Jugendlichen angesichts sich verändernder Lebensbedingungen. *Monatsschrift Kinderheilkunde, 171,* 130–137. https://doi.org/10.1007/s00112-022-01670-x

Peter, F., Donat, M., Umlauft, S. & Dalbert, C. (2013). Einführung in die Gerechtigkeitspsychologie. In C. Dalbert (Hrsg.), *Gerechtigkeit in der Schule* (S. 11–32). Wiesbaden: Springer. https://doi.org/10.1007/978-3-531-93128-9_1

Peter, F. & Kantrowitsch, V. (2021). Psychologische Grundlagen schulischer Nachhaltigkeitsbildung. Menschenbilder, psychische Mechanismen und Schulen als Resilienz-Zentren. In D. Graf, W.H. Honal & F. Knoll, *Handbuch der Schulberatung* (Abschnitt 5.6.10). Kulmbach: mgo.

Peter, F. & Niessen, P. (2022). Resilienz als Konzept für die Klimakrise. Ein Wegweiser zu einem ganzheitlichen Resilienzverständnis. In K. van Bronswijk & C. Hausmach (Hrsg.), *Climate Emotions. Klimakrise und psychische Gesundheit*. Gießen: Psychosozial-Verlag. https://doi.org/10.30820/9783837978667-229

Peter, F., MacIntyre, S., Aufhammer, F. & Avci-Werning, M. (2021). Schulen in der Pandemie – Resilienz als Bildungsziel. Warum wir die Widerstandskräfte von Schulen stärker in den Blick nehmen müssen. *report psychologie, 4/2021,* 8–11.

Peter, F. & Petermann, D. (2021). Kinder und Jugendliche als Risikogruppe in der Klimakrise. Umwelt- und Klimaveränderungen in der Interaktion mit sensiblen Entwicklungsphasen. In M. Scherer, J. Berghold & H. Hierdeis (Hrsg.), *Klimakrise und Gesundheit. Zu den Risiken einer menschengemachten Dynamik für Leib und Seele* (S. 159–178). Vandenhoeck & Ruprecht. https://doi.org/10.13109/9783666407710.159

Paulus, P. (2003). Schulische Gesundheitsförderung — vom Kopf auf die Füße gestellt. Von der Gesundheitsfördernden Schule zur „guten gesunden Schule". In K. Aregger & U. Lattmann (Hrsg.), *Gesundheitsfördernde Schule — eine Utopie? Konzepte, Praxisbeispiele, Perspektiven* (S. 93–114). Luzern: Sauerländer.

Paulus, P. & Michaelsen-Gärtner, B. (2008). *Referenzrahmen schulischer Gesundheitsförderung. Gesundheitsqualität im Kontext der Schulqualität.* Verfügbar unter: https://www.bzga.de/fileadmin/user_upload/PDF/themenschwerpunkte/schule/referenzrahmen_april_08--f0880f33590587cccd9388a8d44e663b.pdf

Pikhala, P. (2022). Klimakummer, Klimadepression und Solastalgie. In K. van Bronswijk & C. M. Hausmann (Hrsg.), *Climate Emotions. Klimakrise und psychische Gesundheit* (S. 97–128). Gießen: Psychosozial-Verlag. https://doi.org/10.30820/9783837978667-97

Plötner, M., Moldt, K., In-Albon, T. & Schmitz, J. (2022). Einfluss der COVID-19-Pandemie auf die ambulante psychotherapeutische Versorgung von Kindern und Jugendlichen Impact of the COVID-19 pandemic on outpatient psychotherapy for children and adolescents. *Die Psychotherapie,* 1–9. https://doi.org/10.1007/s00278-022-00604-y

Ravens-Sieberer, U., Erhart, M., Devine, J., Gilbert, M., Reiss, F., Barkmann, C., ... & Kaman, A. (2022). Child and adolescent mental health during the COVID-19 pandemic: results of the three-wave longitudinal COPSY study. *Journal of Adolescent Health, 71*(5), 570–578. https://doi.org/10.2139/ssrn.4024489

Raviv, A., Raviv, A. & Reisel, E. (1990). Teachers and Students: Two Different Perspectives?! Measuring Social Climate in the Classroom. *American Educational Research Journal, 27*(1), 141–157. https://doi.org/10.3102/00028312027001141

Reiche, E. M. V., Morimoto, H. K. & Nunes, S. M. V. (2005). Stress and depression-induced immune dysfunction: implications for the development and progression of cancer. *International Review of Psychiatry, 17*(6), 515–527. https://doi.org/10.1080/02646830500382102

Reintjes, C., Porsch, R. & Im Brahm, G. (2021). *Das Bildungssystem in Zeiten der Krise: Empirische Befunde, Konsequenzen und Potenziale für das Lehren und Lernen.* Münster: Waxmann Verlag. https://doi.org/10.31244/9783830993629

Röhner, C. (2021). Die Lehrerausbildung in der BRD seit 1990: die Gründung der Schools of Education. In R. Casale, J. Windheuser, M. Ferrari & M. Morandi (Hrsg.), *Kulturen der Lehrerbildung in der Sekundarstufe in Italien und Deutschland. Nationale Formate und 'cross culture'* (S. 201–211). Bad Heilbrunn: Verlag Julius Klinkhardt.

Rönnau-Böse, M., Fröhlich-Gildhoff, K., Bengel, J. & Lyssenko, L. (2022). Resilienz und Schutzfaktoren. *Leitbegriffe der Gesundheitsförderung und Prävention: Glossar zu Konzepten.* https://doi.org/10.36198/9783838558615

Roy, B., Riley, C. & Sinha, R. (2018). Emotion regulation moderates the association between chronic stress and cardiovascular disease risk in humans: A cross-sectional study. *Stress, 21*(6), 548–555. https://doi.org/10.1080/10253890.2018.1490724

Rudolf, G. (2006). *Strukturbezogene Psychotherapie. Leitfaden zur psychodynamischen Therapie struktureller Störungen* (2. Aufl.). Stuttgart: Schattauer.

Sachverständigenrat zur Begutachtung der Entwicklung im Gesundheitswesen. (2023). *Resilienz im Gesundheitswesen. Wege zur Bewältigung künftiger Krisen. Gutachten 2023. Verfügbar unter.* https://www.svr-gesundheit.de/fileadmin/Gutachten/Gutachten_2023/Gesamtgutachten_ePDF_Final.pdf

Seifried, K. (2022). Schulpsychologische Versorgung in Deutschland. Aktuelle Zahlen 2022. *Praxis Schulpsychologie, 23,* 21–22.

Schäfers, B. (2018). Krise. In J. Kopp, A. Steinbach (Hrsg.) *Grundbegriffe der Soziologie*. Wiesbaden: Springer VS. https://doi.org/10.1007/978-3-658-20978-0_49

Scheier, M.F. & Carver, C.S. (1992). Effects of optimism on psychological and physical well-being: theoretical overview and empirical update. *Cognitive Therapy and Research, 16,* 201–228. https://doi.org/10.1007/BF01173489

Scherer, K.R. (1982). Emotion as a process: Function, origin and regulation. *Social Science Information, 21*(4/5), 555–570. https://doi.org/10.1177/053901882021004004

Schrader, L. (2018). *Was ist ein Konflikt?* Verfügbar unter: https://www.bpb.de/themen/kriege-konflikte/dossier-kriege-konflikte/54499/was-ist-ein-konflikt/

Schreiber, J.-R. & Siege, H. (2016). *Orientierungsrahmen für den Lernbereich Globale Entwicklung im Rahmen einer Bildung für nachhaltige Entwicklung.* Berlin: Cornelsen.

Schubert, K. & Klein, M. (2020). *Das Politlexikon* (7. Aufl.). Bonn: Dietz.

Schwartz, S.E., Benoit, L., Clayton, S., Parnes, M.F., Swenson, L. & Lowe, S.R. (2022). Climate change anxiety and mental health: Environmental activism as buffer. *Current Psychology,* 1–14. https://doi.org/10.1007/s12144-022-02735-6

Schwarzer, R. & Leppin, A. (1989). *Sozialer Rückhalt und Gesundheit*. Eine Meta-Analyse. Göttingen: Hogrefe.

Shigeto, A., Laxman, D.J., Landy, J.F. & Scheier, L.M. (2021). Typologies of coping in young adults in the context of the COVID-19 pandemic. *The Journal of General Psychology, 148*(3), 272–304.

Sieland, B. (2008). Lehrkräfte als Experten für die eigene Lern- und Emotionsarbeit. In M.K.W. Schweer (Hrsg.), *Lehrer-Schüler-Interaktion* (S. 101–126). Wiesbaden: VS Verlag für Sozialwissenschaften. https://doi.org/10.1007/978-3-531-91104-5_4

Sisco, M.R., Constantino, S.M., Gao, Y., Tavoni, M., Cooperman, A.D., Bosetti, V. & Weber, E.U. (2023). Examining evidence for the Finite Pool of Worry and Finite Pool of Attention hypotheses. *Global Environmental Change, 78,* 102622. https://doi.org/10.1016/j.gloenvcha.2022.102622

Stetter, F. & Kupper, S. (2002). Autogenic training: a meta-analysis of clinical outcome studies. *Applied psychophysiology and biofeedback, 27*(1), 45–98. https://doi.org/10.1023/A:1014576505223

Streeck, U. & Bolm, T. (2014). Unter anderen sein – in Gruppen sein. In H. Staats, A. Dally & T. Bolm (Hrsg.) *Gruppenpsychotherapie und Gruppenanalyse. Ein Lehr- und Lernbuch für Klinik und Praxis*. (59–64). Göttingen: Vandenhoeck & Ruprecht. https://doi.org/10.13109/9783666402302.59

Tak, L.M. & Rosmalen, J.G. (2010). Dysfunction of stress responsive systems as a risk factor for functional somatic syndromes. *Journal of Psychosomatic Research, 68*(5), 461–468. https://doi.org/10.1016/j.jpsychores.2009.12.004

Terr, L.C. (1991). Acute responses to external events and posttraumatic stress disorders. In M. Lewis (Ed.), *Child and adolescent psychiatry: A comprehensive textbook* (pp. 755–763). Philadelphia: Lippincott Williams & Wilkins Co.

Thiery, W., Lange, S., Rogelj, J., Schleussner, C.F., Gudmundsson, L., Seneviratne, S.I., ... & Wada, Y. (2021). Intergenerational inequities in exposure to climate extremes. *Science, 374*(6564), 158–160. https://doi.org/10.1126/science.abi7339

Torales, J., O'Higgins, M., Barrios, I., González, I. & Almirón, M. (2020). An overview of jacobson's progressive muscle relaxation in managing anxiety. *Revista Argentina de Clinica Psicologica, 29*(3), 17–27.

Thurner, S. (2020). *Die Zerbrechlichkeit der Welt. Kollaps oder Wende. Wir haben es in der Hand.* Wien: edition a.

Tsang, S.K., Hui, E.K. & Law, B. (2012). Self-efficacy as a positive youth development construct: A conceptual review. *The Scientific World Journal, 2012*:45237. https://doi.org/10.1100/2012/452327

Tušl, M., Thelen, A., Marcus, K., Peters, A., Shalaeva, E., Scheckel, B. et al. (2022). Opportunities and challenges of using social media big data to assess mental health consequences of the COVID-19 crisis and future major events. *Discover Mental Health, 2*(1), 1–6. https://doi.org/10.1007/s44192-022-00017-y

Tzankova, I., Albanesi, C., Prati, G. & Cicognani, E. (2022). Development of civic and political engagement in schools: A structural equation model of democratic school characteristics' influence on different types of participation. *European Journal of Developmental Psychology,* 1–22. https://doi.org/10.1080/17405629.2022.2094362

Ullah, I., Khan, K.S., Tahir, M.J., Ahmed, A. & Harapan, H. (2021). Myths and conspiracy theories on vaccines and COVID-19: Potential effect on global vaccine refusals. *Vacunas, 22*(2), 93–97. https://doi.org/10.1016/j.vacun.2021.01.001

Ulrich, B. (2022). Sieben auf einen Streich. *DIE ZEIT.* Nr. 13–24. März 2022, S. 4.

UNESCO (2021). Berliner Erklärung zur Bildung für nachhaltige Entwicklung. UNESCO World Conference on Education for Sustainable Development. Verfügbar unter: https://www.unesco.de/sites/default/files/2021-05/Berliner%20Erkl%C3%A4rung%20f%C3%BCr%20BNE.pdf

UNISDR (2009). Terminology on Disaster Risk Reduction. Genf: United Nations.

Van Droogenbroeck, F. & Spruyt, B. (2015). Do teachers have worse mental health? Review of the existing comparative research and results from the Belgian Health Interview Survey. *Teaching and Teacher Education, 51,* 88–100. https://doi.org/10.1016/j.tate.2015.06.006

van Zomeren, M., Postmes, T. & Spears, R. (2008). Toward an integrative social identity model of collective action: A quantitative research synthesis of three socio-psychological perspectives. *Psychological Bulletin, 134,* 504–535. https://doi.org/10.1037/0033-2909.134.4.504

Wagener, M. (2014). *Gegenseitiges Helfen.* Wiesbaden: Springer. https://doi.org/10.1007/978-3-658-03402-3

WBGU. (2011). *Hauptgutachten: Welt im Wandel. Gesellschaftsvertrag für eine Große Transformation.* Wissenschaftlicher Beirat der Bundesregierung Globale Umweltveränderung. Verfügbar unter: https://www.wbgu.de/fileadmin/user_upload/wbgu/publikationen/hauptgutachten/hg2011/pdf/wbgu_jg2011.pdf

Weierstall-Pust, R., Schnell, T., Heßmann, P., Feld, M., Höfer, M., Plate, A. & Müller, M.J. (2022). Stressors related to the Covid-19 pandemic, climate change, and the Ukraine crisis, and their impact on stress symptoms in Germany: analysis of cross-sectional survey data. *BMC Public Health, 22*(1), 1–10. https://doi.org/10.21203/rs.3.rs-1800416/v1

Weiß, M., Hartmann, S. & Högl, M. (2018). Resilienz als Trendkonzept. Über die Diffusion von Resilienz in Gesellschaft und Wissenschaft. In M. Karidi, M. Schneider & R. Gutwald (Hrsg.), *Resilienz. Interdisziplinäre Perspektiven zu Wandel und Transformation* (S. 13–23). Wiesbaden: Springer. https://doi.org/10.1007/978-3-658-19222-8_2

Wempe, C. (2019). Krisen und Belastungen, Krisenreaktionen bei Kindern und Jugendlichen. In C. Wempe (Hrsg.), *Krisen und Krisenintervention bei Kindern und Jugendlichen*. Stuttgart: Kohlhammer.

Wink, R. (2016). *Multidisziplinäre Perspektiven der Resilienzforschung*. Wiesbaden: Springer. https://doi.org/10.1007/978-3-658-09623-6

Wolgast, M. & Lundh, L. G. (2017). Is distraction an adaptive or maladaptive strategy for emotion regulation? A person-oriented approach. *Journal of Psychopathology and Behavioral Assessment, 39*(1), 117–127. https://doi.org/10.1007/s10862-016-9570-x

World Economic Forum. (2021). *The global risks report 2021* (16th edition). Genf: World Economic Forum (WEF).

World Economic Forum. (2022). *The global risks report 2022* (17th edition). Genf: World Economic Forum (WEF).

World Health Organization. (2019). *ICD-11: International classification of diseases* (11th revision). Verfügbar unter: https://icd.who.int/

World Health Organization (2022). Stress. Verfügbar unter: https://www.who.int/news-room/questions-and-answers/item/stress

Wray-Lake, L., DeHaan, C. R., Shubert, J. & Ryan, R. M. (2017): Examining links from civic engagement to daily well being from a self determination theory perspective, *The Journal of Positive Psychology, 14*(2), 166–177. https://doi.org/10.1080/17439760.2017.1388432

Yalom, I. (2010). *Theorie und Praxis der Gruppenpsychotherapie* (10. Aufl.). Stuttgart: Klett-Cotta.

Zarocostas, J. (2020). How to fight an infodemic. *The Lancet, 395*(10225), 676. https://doi.org/10.1016/S0140-6736(20)30461-X

Zehnder, D., Hornung, R. & Landolt, M. A. (2006). *Notfallpsychologische Interventionen im Kindesalter*. https://doi.org/10.23668/psycharchives.9350

Zhao, N. & Zhou, G. (2020). Social media use and mental health during the COVID-19 pandemic: Moderator role of disaster stressor and mediator role of negative affect. *Applied Psychology: Health and Well-Being, 12*(4), 1019–1038. https://doi.org/10.1111/aphw.12226

Zick, A., Hövermann, A. & Krause, D. (2012). Die Abwertung von Ungleichwertigen. Erklärung und Prüfung eines erweiterten Syndroms der Gruppenbezogenen Menschenfeindlichkeit. In W. Heitmeyer (Hrsg.), *Deutsche Zustände. Folge 10* (S. 64–86). Berlin: Suhrkamp.

Anhang

Anhang A: Informationen für Eltern

Überall sind wir konfrontiert mit Krisen – Klimakrise, Pandemie, Energiekrise, Inflation, Ukrainekrieg ... Viele Kinder, Jugendliche und Erwachsene sorgen sich und wissen die Situation nicht einzuordnen. Leicht fällt es hier zu versuchen alle Probleme „wegzuschieben" und den normalen Alltag zu leben. Früher oder später kommt der Stress durch die Krisen jedoch doch meist zum Tragen, bei Kindern z.B. über Ängste oder Aggression. Auch die realen Probleme wie finanzielle Sorgen, Hitzesommer, Überschwemmungen etc. lassen sich auf längere Sicht nicht einfach verdrängen. Hiermit möchten wir Ihnen eine Erklärung liefern und Sie als Eltern unterstützen, aktuelle Ängste, Aggressionen und Sorgen Ihrer Kinder um die Zukunft zu begleiten. Wir ordnen die Gefühle der Kinder und Jugendlichen ein und stellen Lösungen zum Umgang mit diesen vor.

Die nachfolgenden Informationen sind so sortiert, sodass Sie für Sie nicht zutreffende Bereiche überspringen können.

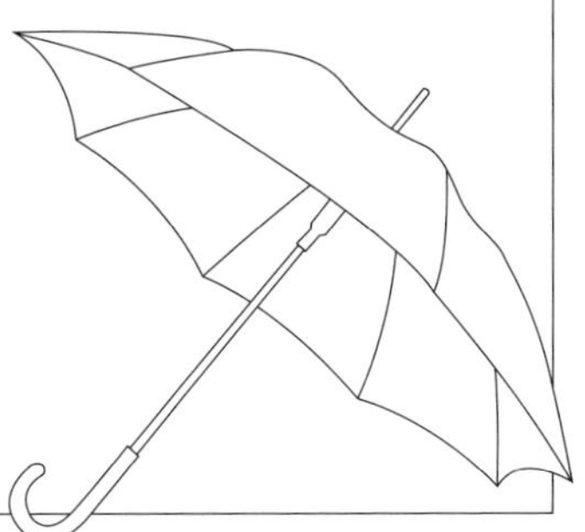

Mein Kind ist ängstlich und besorgt

Angst und Entwicklung. Es ist ganz natürlich, dass in der Entwicklung von Kindern und Jugendlichen bestimmte Ängste in bestimmten Zeiten auftreten. In der Regel findet sich ein Zusammenhang zur jeweiligen Lebensphase, in der die Kinder etwas Neues über sich und die Welt lernen und sich weiterentwickeln. Viele kennen zum Beispiel die typische Angst vor unbekannten Personen („Fremdeln") bei Babys. Im Grundschulalter treten häufiger Ängste vor Naturkatastrophen oder auch vor Krieg auf. Kinder lernen hier, dass neben ihrer Familie auch die „große Welt" und die Gesellschaft auf sie einwirken kann (d. h., „Auch bei uns kann ein Krieg ausbrechen."). Im Jugendalter suchen Jugendliche nach ihrem Platz in der Welt. Sie positionieren sich neu zu ihrer Familie und zur Welt. Das bedeutet auch, dass Informationen aus den Medien oft auf die eigene Person bezogen werden (d. h., „Was bedeutet der Krieg in der Ukraine für mich?" „Ist die Dürre auch für unsere Lebensmittelversorgung ein Problem?"). Die großen Krisen unserer Zeit fallen also bei Kindern und Jugendlichen oft in Entwicklungsphasen, in denen diese Sorgen sowieso wichtig für sie sind. Viele Kinder und Jugendliche zeigen somit auch jetzt starke Ängste.

Ängste und Sorgen in Krisen. Viele Ängste von Kindern und Jugendlichen sind nachvollziehbar, aber haben keine reale Grundlage (z. B. das Monster unter dem Bett oder die Sorge, dass einen niemand mag). Wesentlich unklarer ist die aktuelle Situation. Viele Sorgen haben eine realistische Grundlage, da beispielsweise in allen Krisen schon Menschen zu Schaden gekommen sind und noch kommen werden.

Einige Kinder und Jugendliche sind auch persönlich durch die Krisen betroffen, da sie vielleicht aus einem Kriegsgebiet fliehen mussten, eine Naturkatastrophe miterlebt haben oder eine nahestehende Person durch COVID-19, die Hitze oder andere Auswirkungen einer Krise gestorben ist. Wenn Kinder eigene Erfahrungen haben, kann es sein, dass diese wach werden, wenn die aktuellen Nachrichten kommen. In diesem Fall kann es hilfreich sein, direkt nachzufragen, wie es dem betroffenen Kind oder Jugendlichen geht und Unterstützung durch die Schulpsychologie oder eine Beratungsstelle aufzusuchen. Auch der*die Kinderärzt*in kann ein*e Ansprechpartner*in sein.

Auch wenn der Verlauf der aktuellen Situation schwer einzuschätzen ist und sich die Ängste und Unsicherheiten seitens der Kinder von vielen anderen Angstinhalten im Kindesalter unterscheiden, kann man trotzdem verschiedene Strategien einsetzen, mit diesen umzugehen.

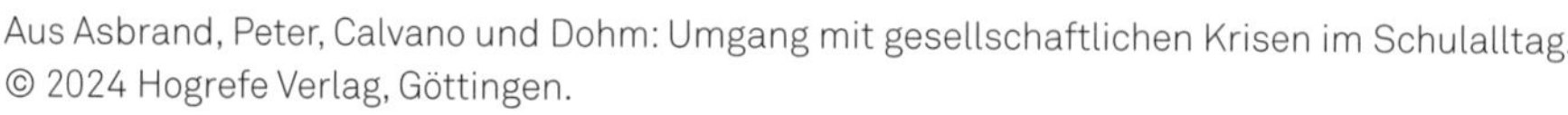

Mein Kind ist gereizt und aggressiv

Krisen können auch zu Gefühlen wie Hilflosigkeit, Schuld oder Gereiztheit und Ärger führen. Eine unsichere Situation zehrt an den Nerven, sodass Menschen reizbarer werden. Gerade aktuell sind nach drei Jahren Pandemie oft „die Akkus leer" und die neue angespannte politische Lage führt zu Wut, Frustration und Aggression. Es besteht dann der Wunsch, jemanden verantwortlich zu machen und den Frust „rauszulassen". Kurzfristig mag dies zu einer Entlastung führen, langfristig leiden natürlich Beziehungen unter aggressiven Konflikten. Erklären Sie, dass nicht eine Person oder ein Land allein schuld ist, sondern es eine verzwickte Situation ist. Zugleich sollte es Verständnis für das Gefühl selbst geben.

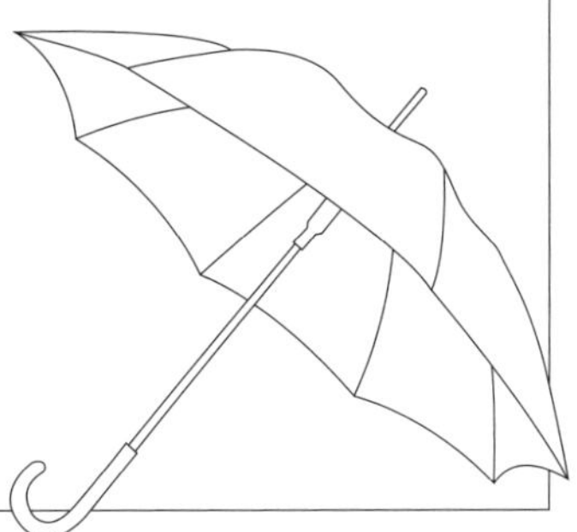

Wie unterstütze ich mein Kind? **1/5**

Für Familien werden die Ängste natürlich auch im normalen Alltag spürbar. Wie kann man mit diesen umgehen?

Bewusstmachen eigener Ängste und Sorgen. Nicht nur Kinder und Jugendliche, auch Erwachsene sind momentan besorgt. Sinnvoll ist es auch für Erwachsene innezuhalten und zu prüfen, was dahintersteckt. Ist es Angst vor einem Krieg oder einer Naturkatastrophe in Deutschland? Ist es Sorge vor finanzieller Not? Ist es Wut auf Kriegstreiber? Steckt etwas ganz anderes dahinter? Bevor Sie mit Ihren Kindern in ein Gespräch gehen, prüfen Sie für sich selbst, wie Sie zu der Situation stehen. Versuchen Sie, sich Ihrer eigenen Gefühle im Gespräch bewusst zu sein, ohne sich von diesen überwältigen zu lassen. Ihre Kinder dürfen wissen, dass Sie nicht alles wissen und auch verunsichert sind. Sie sollten ihnen aber Sicherheit und Trost vermitteln.

Gesprächsangebote machen. Es sollte somit ein offenes Gesprächsangebot geben, wenn Ihre Kinder auf Sie zukommen. Wenn Sie bemerken, dass Ihr Kind sehr unruhig ist, können Sie natürlich auch ganz offen fragen: „Was beschäftigt dich gerade?" Gerade ältere Kinder und Jugendliche hören natürlich bereits einiges aus den Medien, der Schule und von Freund*innen. Geben Sie ihnen die Möglichkeit, ihre Sorgen anzusprechen und Fragen zu stellen. Greifen Sie dabei auf, was Ihr Kind schon weiß. Helfen Sie, die Fakten einzuordnen.

In den Gesprächen ist es vor allem zentral, aktiv zuzuhören. Was stellt sich Ihr Kind vor? Welche Bilder hat es im Kopf? Welche Fragen tauchen auf? Nehmen Sie die Ängste und Sorgen ernst und gehen Sie auf Ihr Kind ein. Vielleicht hat es Bilder gesehen, die es nicht einordnen kann. Je jünger Kinder sind, desto weniger können sie bestimmte Themen und Bilder einordnen und verarbeiten. Helfen Sie Ihrem Kind dabei, seine Fragen zu beantworten. Mehr Informationen sind oft gar nicht nötig.

Kindgerecht erklären. Eine Möglichkeit ist, im Gespräch ganz konkret auf den Alltag Bezug zu nehmen: Kinder kennen Konflikte bspw. aus dem Kindergarten oder vom Schulhof. Ein Krieg ist ein großer Konflikt zwischen Ländern. Dabei geht es oft – genauso wie bei Kindern – um die Frage, wem etwas gehört. Auch die Themen Umwelt(verschmutzung) und Energiesparen sind vielen Kindern vertraut.

Kindgerechte Informationen finden Sie bei den Kindernachrichten logo! des ZDF oder bei der Sendung mit der Maus.

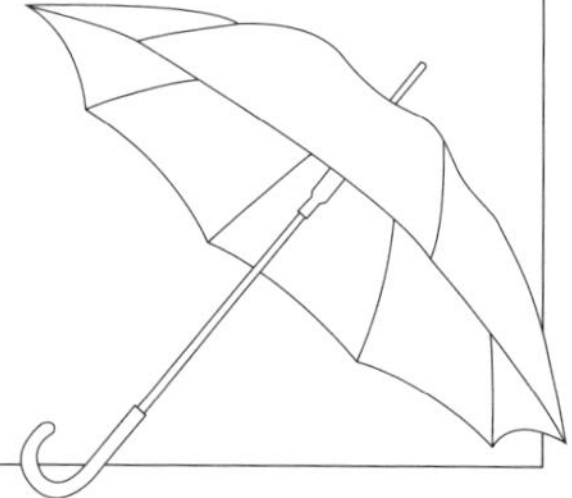

Wie unterstütze ich mein Kind? **2/5**

Seien Sie im Gespräch ehrlich, aber kindgerecht und verständlich. Auch hier empfiehlt es sich, nachzufragen, welches Bild Ihr Kind von der Situation hat. Wenn Ihr Kind eine Frage mehrfach stellt, ist dies verständlich. Es möchte sich vielleicht nur ganz genau versichern.

Wenn Sie eine Frage nicht beantworten können, gehen Sie gemeinsam auf die Recherche. Erlauben Sie auch, dass nicht alle Fragen beantwortet werden können:

Auch ich bin besorgt und kann nicht alle deine Fragen beantworten. Lass uns gemeinsam versuchen, die Situation besser zu verstehen und damit umgehen zu können. Ich bin für dich da.

Eine weitere Möglichkeit der Einordnung ist, die positiven Entwicklungen und Bemühungen der Länder darzustellen:

In vielen Ländern wird aktuell beraten und viel unternommen, damit der Krieg beendet werden kann. Es besteht Hoffnung, dass vielen Menschen gut geholfen werden kann.

Solche Gespräche sollten in einer entspannten Atmosphäre stattfinden. Achten Sie darauf, dass ein Gespräch zum „richtigen" Zeitpunkt stattfindet, wenn Ihr Kind dafür bereit ist. Auch sollte das Gespräch nicht direkt vor dem Schlafengehen stattfinden.

Manche Kinder möchten vielleicht gar nicht darüber sprechen, sondern lieber malen oder spielen. Auch das ist nachvollziehbar. Die Krisen sind weit weg und müssen im Alltag eines Kindes keinen größeren Raum einnehmen. All das sollte möglich sein, aber von Ihnen begleitet werden.

Alltag weiterführen und Kontinuität bewahren. Hochbrisante Themen, wie auch schon die COVID-19-Pandemie, führen oft dazu, dass wir den Alltag unterbrechen und überlegen, was wir nun tun und anpassen sollten. Dies ist zur Anpassung an eine neue Situation auch angemessen. Achten Sie aber dennoch darauf, dass die gewohnten Strukturen und Rituale für Ihr Kind weiter vorhanden sind (z.B. gemeinsame Mahlzeiten, zu-Bett-bringen, vorlesen, spielen, kuscheln). Diese stärken die emotionale Sicherheit Ihres Kindes und können Trost und Halt geben.

Wie unterstütze ich mein Kind? **3/5**

Altersangemessen informieren. Ältere Jugendliche und junge Erwachsene verstehen teilweise schon den wirtschaftlichen Hintergrund eines Krieges oder der Klimakrise, können geopolitische Zusammenhänge nachvollziehen und geschichtlich einordnen. Möglicherweise besteht auch ein Interesse daran, diese Hintergründe mit den Eltern zu diskutieren. Kinder und jüngere Jugendliche hingegen müssen diese Zusammenhänge nicht verstehen, sondern sollen und dürfen sich darauf konzentrieren, wie es ihnen jetzt und hier geht. Auch die Art der Gefühle kann sich je nach Alter unterscheiden. Bleiben Sie auch an dieser Stelle offen und bieten Sie einen Gesprächsrahmen, der für Ihr Kind passend ist.

Gespräche der Kinder untereinander im Blick behalten. Gerade wenn Sie Kinder unterschiedlichen Alters zuhause haben, kann das Sprechen über den Krieg sehr unterschiedlich aussehen. Bitten Sie die älteren Kinder, die jüngeren Geschwister nicht zu überfordern. Betonen Sie hier, dass die jüngeren Kinder noch nicht alles verstehen können und müssen. Generell sollten Krisen kein Thema unter den Kindern alleine sein, sondern in der Familie bzw. zwischen Eltern und Kindern besprochen werden. Richten Sie eventuell Zeiten ein, zu denen Sie über dieses Thema sprechen, um zu vermeiden, dass Krisen den ganzen Tag über viel Raum einnimmt.

Wirksam werden. Krisen führen für Beobachter*innen häufig zu einem Gefühl von Ohnmacht. Nichts scheint man von außen tun zu können, um den Verlauf zu beeinflussen. Eine Möglichkeit auch für Kinder ist es, Wirksamkeit zu erleben. Überlegen Sie gemeinsam, was Sie tun können. Können Sie als Familie für Kinder und Jugendliche in der Ukraine oder auf der Flucht spenden? Ist es möglich, sich vor Ort zu engagieren, um beispielsweise geflüchtete Ukrainer*innen zu unterstützen? Können Sie gemeinsam in der Gemeinde einen Umstieg auf erneuerbare Energien bewegen? Gibt es Gartenprojekte?

Wie unterstütze ich mein Kind? 4/5

Verbundenheit schaffen. Gerade das gemeinsame Sprechen über aktuelle Probleme und Gefühle kann eine neue Art von Verbundenheit schaffen. Zugleich kann es für Kinder entlastend sein zu hören, dass andere ähnliche Sorgen haben. Gemeinsam kann man auch überlegen, ob vielleicht regelmäßig ein kurzer Gefühls-Check-In stattfinden soll. Fragen Sie z. B. nach der Schule oder vor dem Schlafengehen kurz, wie es Ihrem Kind geht. Dies kann auch ein einfacher Smiley Check sein und die kurze Frage nach dem Grund für das Gefühl:

Wie geht es dir gerade? Warum ist das so?

pixabay.com / DONT SELL MY ARTWORK AS IS

Achtsamkeit. Die Gefühle von Angst, Wut oder auch Traurigkeit sind augenblicklich absolut nachvollziehbar und sollten auch sein dürfen. Wenn eines der Gefühle droht, betroffene Personen zu überwältigen, kann es helfen, sich auf etwas Spezifisches im aktuellen Moment zu konzentrieren, z. B. den Atem, die Füße auf dem Boden, ein Bild an der Wand. Manchen Kindern helfen auch Atemübungen:

- 4 Sek. lang tief durch die Nase einatmen
- 4 Sek. lang Atem einhalten
- 4 Sek. lang durch den Mund ausatmen
- 4 Sek. lang halten, bevor wieder eingeatmet wird

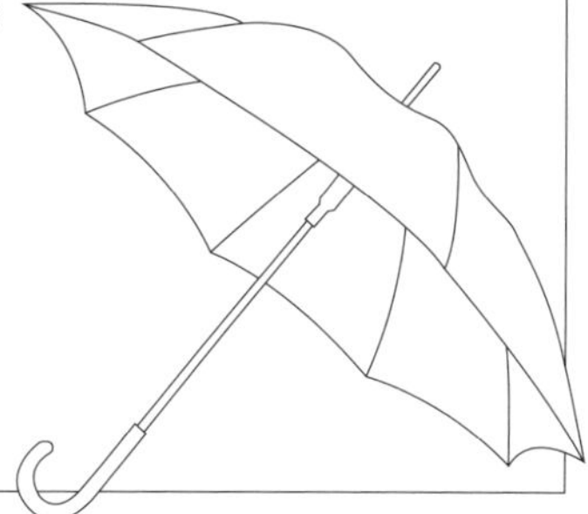

Wie unterstütze ich mein Kind? **5/5**

Medienkonsum der Kinder beachten. Aktuell werden sämtliche Medien von Nachrichten zum Krieg in der Ukraine überflutet – auch in den sozialen Medien wie Tiktok und Instagram ist der Krieg präsent. Auch andere Krisen nehmen einen großen Raum ein und werden oft mit dramatischen Bildern bestückt. Für viele Menschen ist es schwierig, mit dieser Fülle von Informationen ein eigenes Bild zu entwickeln. Wenn Sie bemerken, dass Ihre Kinder sehr viele Medien konsumieren, greifen Sie dies auf. Sprechen Sie an, dass es zwar sinnvoll ist, sich zu informieren, aber zu viel Information auch dazu führen kann, dass man das aktuelle Leben aus dem Blick verliert. Weisen Sie Ihre Kinder darauf hin, dass sowohl Offline-Zeiten wie auch ein bewusster Konsum von Informationen – idealerweise begleitet durch Sie – hilfreich und wichtig sein können.

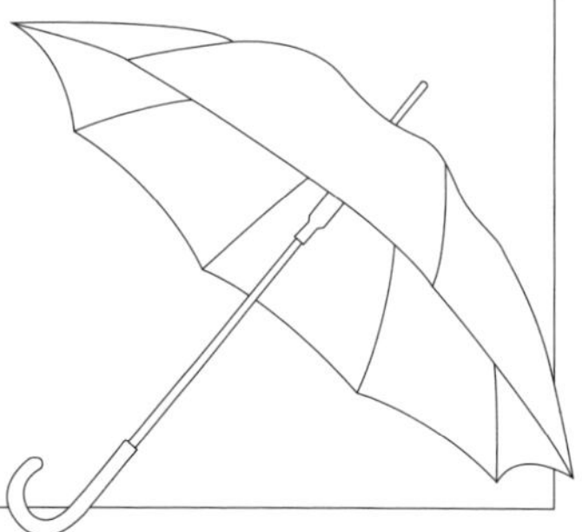

Was tue ich mit meinen eigenen Sorgen? **1/2**

Sie als Eltern sind die wichtigsten Bezugspersonen und erste Ansprechpartner*innen für Ihre Kinder. Sie geben ihnen Sicherheit, erklären die Welt und ermöglichen eine den Umständen entsprechende sichere und geborgene Entwicklung. Somit ist zentral, dass es Eltern und Erziehenden selbst gut geht, um Kinder möglichst gut unterstützen zu können. Wie zu Beginn bereits angesprochen, sind die aktuellen Sorgen und Ängste auch bei Erwachsenen zu finden. Grundsätzlich gelten alle bereits genannten Punkte natürlich auch für Sie als Erwachsene. Sorgen können leicht übermächtig erscheinen, sodass sie plötzlich als reale Zukunft wahrgenommen werden. Umso wichtiger ist es sich zu verdeutlichen, dass Sorgen und negative Gedanken zunächst einmal nur dies sind – Sorgen und Gedanken. Sie bedeuten nicht, dass diese real werden müssen. Auch hier gilt es, Handlungsfähigkeit zu bewahren und zu schauen, was Sie im Alltag für sich tun können. Sie können Ihren Kindern insbesondere dann Sicherheit und Trost bieten, als Sie selbst ausgeglichen sind.

Resilienz stärken. Resilienz bezeichnet die psychische Widerstandsfähigkeit einer Person im Angesicht von Krisen. Resilienz wird somit hauptsächlich in der Auseinandersetzung mit schwierigen Themen und im Umgang mit stressreichen Erfahrungen erworben. Als zentrale Elemente gelten:

- *Optimismus.* Was gibt es in meinem Leben, das gut ist? Wofür bin ich dankbar? Hier geht es darum, das Gute in schweren Zeiten zu sehen.
- *Akzeptanz.* Was muss ich nehmen, wie es ist? Akzeptanz beinhaltet das Akzeptieren von Gefühlen und sich selbst. Wenn eine Situation veränderbar ist, sollte dies natürlich in den Blick genommen werden.
- *Lösungsorientierung.* Welche Lösungen bieten sich an? Welche Schritte kann ich dafür unternehmen? Wie kann ich mich engagieren?
- *Handlungsfähigkeit stärken.* Was kann ich tun? Wo bin ich handlungsfähig? Ich kann vielleicht nicht alleine die Welt retten, aber zu Demonstrationen gehen, Politiker*innen zum Einsatz motivieren, Menschen unterstützen etc. Gerade Jugendliche kommen vielleicht auch auf eigene Ideen.
- *Verantwortung übernehmen.* Wie kann ich meine Mitmenschen in meinem Umkreis unterstützen? Die Verantwortung bezieht sich auf das direkte Umfeld und altersgerechte Möglichkeiten.
- *Netzwerkorientierung.* Wem geht es ähnlich wie mir? Wer kann mich unterstützen? Wen kann ich unterstützen?
- *Zukunftsplanung.* Welche Zukunft sehe ich für mich und meine Familie? Was kann ich tun, um zu dieser Zukunft zu kommen?

Was tue ich mit meinen eigenen Sorgen? **2/2**

Drei Dinge. Eine gute Möglichkeit, die kleinen Dinge im Alltag wertzuschätzen, ist es, jeden Tag drei Dinge zu notieren, für die man dankbar ist. Dies kann der erste warme Tag sein, ein schöner Moment mit Ihren Kindern oder auch Zeit für sich selbst. Der Fokus auf den Moment hilft oft, die Sorge in den richtigen Bezug zu setzen.

Medienkonsum. Achten auch Sie als Eltern auf Ihren eigenen Medienkonsum und richten Sie feste Zeiten für diesen ein. Ein „zu viel" führt oft zu Gefühlen von Hilflosigkeit und der Welt als unsicherem Ort.

Sich selbst etwas Gutes tun! Nehmen Sie sich – sofern möglich – bewusst Zeiten für sich selbst. Wenn Sie bemerken, dass bei Ihnen selbst gerade keine Ressourcen mehr frei sind, Ihre Kinder zu unterstützen, kann eine private Unterstützung (z.B. durch Partner*in, Familie, Freund*innen), aber auch professionelle Unterstützung (z.B. Betreuung in der Schule) hilfreich sein. Eine wichtige Voraussetzung dafür, dass es Ihrem Kind gut geht, ist Ihr eigenes Wohlbefinden.

Wenn Sie mehr Unterstützung von außen benötigen, zögern Sie nicht, Hilfsangebote in Anspruch zu nehmen (eine Auflistung findet sich auf der nächsten Seite). Direkte Unterstützung erhalten Sie z.B. telefonisch über die Telefonseelsorge. Auch das Jugendamt bietet eine Fülle von unterstützenden Maßnahmen. Wenn Sie bemerken, dass sich Probleme verselbstständigen, kann ein therapeutisches Angebot (z.B. Psychotherapie, auch online über Selfapy) hilfreich sein. Sprechen Sie in jedem Fall mit Ihrem*r Allgemeinmediziner*in.

Wenn Sie feststellen, dass Kinder und Jugendliche längerfristig Schwierigkeiten mit diesen Themen haben, empfiehlt sich ein Gespräch mit Mitarbeiter*innen der Schulpsychologie oder dem*der Kinderärzt*in.

Krisendienste für Kinder und Jugendliche

Deutschland:

- Telefonseelsorge: 0800 1110111, https://www.telefonseelsorge.de/
- U25 Deutschland – Suizidberatung: https://www.u25-deutschland.de/
- Nummer gegen Kummer: www.nummergegenkummer.de
- Jugendnotmail – Onlineberatung: https://jugendnotmail.de/
- krisenchat.de, 24/7 Krisenberatung per Chat

Österreich:

- Rat auf Draht: 147
- Die Möwe (Kinderschutzzentrum –Telefonberatung): 01 532 15 15
- Die Boje (Ambulatorium für Kinder und Jugendliche in Krisensituationen): 01 406 66 02
- Ö3-Kummernummer: 116 123
- Telefonseelsorge: 142
- Psychosozialer Dienst Wien: 01 31330

Schweiz:

- Pro Juventute: Telefonhilfe für Kinder und Jugendliche: Telefon 147 (auch SMS): www.147.ch

Siehe auch:

- Flyer von Psychologists 4 Future, „Mit Kindern über die Klimakrise reden“: https://tinyurl.com/InfoKinder

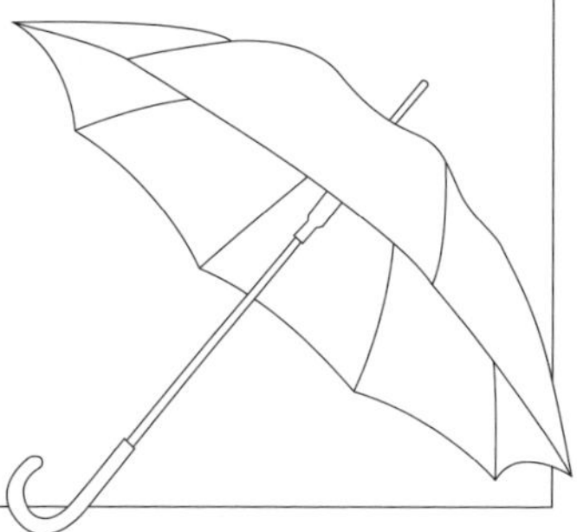

Anhang B: Informationen für Kinder

Sieben Tipps für Kinder – Was kannst du bei einer Krise für dich tun?

W – Wo bist du in Sicherheit? Sorge dafür, dass du dich aus der Gefahrenzone entfernst. Bitte jemanden um Hilfe, wenn du das nicht allein tun kannst.

A – Alles, was du fühlst, ist normal. Wenn etwas Außergewöhnliches passiert, reagieren Menschen oft sehr unterschiedlich. Von Angst, Hilflosigkeit, Schuld bis Ärger, alles kann dabei sein.

S – Strategien zum Beruhigen kennen. Atme tief durch oder geh eine Runde durch die Natur. Sprich mit Freundinnen, Freunden oder deiner Familie. Tue etwas, was dir guttut.

T – Tue etwas. Arbeite mit anderen zusammen, setz dich für andere ein. Hilf zum Beispiel anderen, die schlimmer betroffen sind. Oder schließ dich einer Gruppe an, die in deinem Bezirk etwas zum Besseren verändern möchte, z.B. Fahrradwege bei euch vor Ort ausbauen oder Geflüchtete unterstützen.

U – Unterstützung ist alles. Egal, ob du mit anderen sprichst oder mit ihnen zusammenarbeitest. Durch eine Krise kommt man nicht allein, sondern nur mit anderen.

N – Nah bei dir bleiben. Wenn deine Sorgen zu oft um die Zukunft kreisen, hol dich zurück. Tue etwas, was dir hilft, auch das Schöne im Leben zu sehen.

? – Fragen stellen und Antworten einholen. Informiere dich über das, was passiert, aber schaue auch auf die Quellen. Gerade in sozialen Medien werden Dinge oft falsch berichtet und führen zu zusätzlichen Sorgen. Hole dir deine Infos aus vertrauenswürdigen Quellen und begrenze deine Zeit online.

Anhang C: Goldene Regeln für Gespräche in der Schule mit Schüler*innen und Eltern

1. **Selbstcheck:**
   Klären Sie vor dem Gespräch für sich, wie Sie inhaltlich und emotional zu dem Thema stehen:
   - Haben Sie alle Informationen, die Sie brauchen? Sind die Wissenslücken, die Sie haben, für Sie machbar?
   - Wie geht es Ihnen mit der Krise? Sind Sie stark belastet? In letzterem Fall ist ein Verschieben des Gesprächs oder Tausch des Gesprächs mit Kolleg*innen sinnvoll.
2. **Check des Gegenübers:**
   Seien Sie aufmerksam, wie Ihr Gegenüber die Krise einschätzt, und passen Sie Ihre Reaktion entsprechend an: Was versteht er*sie? Welche Sorgen und Gedanken beschäftigen es? Welche Unterstützung benötigt es? All dies kann von Ihrer eigenen Wahrnehmung abweichen.
3. **Emotionale Validierung und Offenheit:**
   Auch wenn die Empfindung Ihres Gegenübers von Ihrer eigenen abweicht, nehmen Sie diese ernst. Das heißt nicht, dass Sie Ihre eigene Empfindung anpassen müssen. Die Grundhaltung ist „Ich höre dir zu und versuche, dich zu verstehen. Alles, was du fühlst, ist in Ordnung."
4. **Strategien zur Regulation von Emotionen anbieten:**
   Je nach Aktivierungsgrad, zeitlichen Umständen (akute Krise, Dauerkrise) und Setting (Einzelgespräch vs. Klasse, Kind vs. Jugendliche vs. Eltern) können Sie auf Strategien zur Regulation von Emotionen zurückgreifen, die in diesem Buch beschrieben wurden. Im Idealfall greifen Sie bei hoher Aktivierung auf Strategien zurück, die Sie allgemein mit dem Gegenüber schon außerhalb der Krise geübt haben.
5. **Externe Hilfsangebote nutzen:**
   Wenn ein Kind dauerhaft und/oder sehr stark belastet ist, klären Sie in einem Einzelgespräch, ob mehr Hilfe notwendig ist. Ansprechpartner*innen sind Schulpsychologie, Beratungsstellen und ggf. Psychotherapie.
6. **Soziale Unterstützung und Aktivierung:**
   Laden Sie ein, sich auszutauschen und gemeinsam aktiv zu werden.
   - Unterstützen Sie Gespräche in der Gruppe unter Ihrer Leitung: Wem geht es wie? Wer geht wie mit der Krise um? Was kann man gemeinsam tun? Dabei muss es keine gemeinsame Lösung geben.
   - Sozialer Austausch: Wie wollen Sie sich gemeinsam engagieren? Wo sehen Sie gemeinsam gute Ansatzpunkte, um anderen zu helfen und die Gemeinschaft zu stärken? (vgl. auch Anhang F)

Kontakte Schulpsychologie: https://schulpsychologie.de/beratungsstellen

Anhang D: Stressreduktion und Ressourcenaktivierung im Klassenzimmer

Neben den im Buch genannten Möglichkeiten zur Unterstützung finden Sie hier einige weitere Übungen zur akuten Stressreduktion im Krisenfall sowie zum langfristigen Ressourcenaufbau. Nutzen Sie gerne auch weiterführende Materialien aus anderen Quellen (vgl. Kapitel 10).

Es lohnt sich, jeden Tag fünf Minuten einzubauen, um über persönliche und gemeinsame Ressourcen zu sprechen. Die Schüler*innen können dies für sich alleine tun oder es sprechen nach der Übung alle kurz über diese. Es geht dabei nicht um größere Erfolge (z. B. eine 1 in Mathe), sondern es dürfen kleine, aber für die jeweilige Person wichtige Dinge sein (z. B. pünktlich zur Schule geschafft, obwohl das oft schwerfällt).

Übungen zur Ressourcenaktivierung 1/2

Dankbarkeitsübung:

- „Für welche drei Dinge bist du heute dankbar?“

Zukunft:

- Lassen Sie die Schüler*innen den Satz vollenden/aufschreiben „Wenn ich eine Million im Lotto gewinnen würde, würde ich …“ In der Auswertung geht es darum, darauf zu fokussieren, was vielleicht jetzt schon da ist von dem, was man mit viel Geld tun würde (z. B. „mit meinem besten Kumpel im Porsche ans Meer fahren“ → den besten Kumpel gibt es schon, ist eine gemeinsame Auszeit auch möglich?

Nach Ausnahmen fragen:

- „Wann hatten eure Stimmungskiller in der letzten Woche Pause? Was war da anders?“

Soziale Unterstützung wahrnehmen:

- „Welche zwei Personen haben dich in der letzten Woche zum Lächeln gebracht?“
- „Wer oder was macht dein Leben schön?“

Auf Positives fokussieren:

- „Was waren deine drei besten Momente in der letzten Woche, egal wie groß oder klein?“
- „Welche drei Dinge tust du gerne/machen dir Freude?“
- „Was hast du in der letzten Woche geschafft, an dem du vorher gezweifelt hast?“
- „Wenn dein*e liebste Familienangehörige (Mutter, Vater, Schwester, Großeltern etc.) oder dein*e beste*r Freund*in gerade hier wäre, was würde er*sie sagen, was deine drei besten Eigenschaften sind?“

Übungen zur Ressourcenaktivierung **2/2**

Blick auf eigene Stärken schärfen:

- „Wenn euer bester Freund/eure beste Freundin heute den ganzen Tag bei euch gewesen wäre: Was hätte er*sie besonders gut gefunden, was du geschafft hast?"
- „Wenn du ein*e Superheld*in wärst, was wäre dein Superkraft?"

Sinnesübungen:

- „Was hörst du gerne? Das kann ein Geräusch wie Vogelzwitschern oder ein Lied sein. Vielleicht erinnert es dich an einen tollen Moment. Schließe die Augen und stell es dir kurz vor."
- „Was riechst du gerne? Vielleicht ist es der Geruch von frischem Kuchen bei deiner Oma, etwas in der Natur wie frischgeschnittenes Gras oder auch ein besonderes Parfüm. Schließe die Augen und stell es dir kurz vor."
- „Was fühlt sich für dich gut an? Gibt es ein bestimmtes Material wie einen kuscheligen Schal oder einen schönen glatten Stein. Vielleicht ist es eine Katze, die du gerne streichelst. Schließe die Augen und stell es dir kurz vor."
- „Was siehst du gerne bzw. welches Bild verbindest du mit etwas Schönem? Ist es vielleicht ein schönes Foto oder ein Bild, bei dem du sofort lächeln musst. Schließe die Augen und stell es dir kurz vor."

Atemübung für jede Gelegenheit

Atme langsam und tief ein. Halte deinen Atem kurz an (2–3 Sekunden) und atme dann mit halber Geschwindigkeit (4–6 Sekunden) wieder aus. Warte 2–3 Sekunden, bevor du wieder langsam einatmest. Wiederhole diesen Vorgang fünf- bis zehnmal. Zähle im Kopf jeden Vorgang mit, konzentriere dich dabei ausschließlich auf den Vorgang und die Zählung. Wenn du beim Zählen rauskommst, weil bspw. die Gedanken doch abschweifen, beginne mit dem Zählen wieder in Ruhe von vorne.

Variation: *Du kannst die Luft beim Ausatmen durch die geschlossenen Lippen pressen (leise oder auch mal wie bei einem Pferdeschnauben).*

Vorteil: *Diese Übung kannst du überall durchführen, ob unterwegs, oder zuhause, im Sitzen, Stehen oder Liegen, beim Fernsehen, Lesen oder auch im Unterricht. In der Standard-Variante ist die Übung so durchführbar, dass es auch niemand anders mitbekommt.*

Wichtig: *Falls die Gedanken bei der Übung schweifen, kehre schnell und konsequent wieder zum Zählen zurück.*

Positive Selbstgespräche

Du kannst positive Selbstgespräche verwenden, um dich selbst zu ermutigen. Du kannst dir zum Beispiel sagen: *Ich werde heute einen guten Tag haben!* oder *Ich bin stark und kann diese Herausforderung bewältigen.*

Beispiel: *Ich weiß, dass ich besorgt bin, aber ich bin stark und kann diese Herausforderung bewältigen. Jeder Tag in der Schule ist eine Gelegenheit, zu wachsen und zu lernen. Ich habe bereits in der Vergangenheit schwierige Situationen gemeistert, und ich kann es auch dieses Mal schaffen. Ich bin nicht allein, meine Familie und meine Lehrer unterstützen mich, und ich kann mich auf sie verlassen. Ich bin in der Lage, meine Angst zu kontrollieren und mich zu entspannen, um meinen Tag zu einem Erfolg zu machen. Ich werde mich auf meine Stärken konzentrieren und das Beste aus diesem Tag machen. Ich bin stolz auf mich und ich kann es schaffen!*

Visualisierungsübung

Diese Übung dient dazu, sich vorzustellen, wie man erfolgreich den Schultag oder andere Herausforderungen meistert. Sie kann dazu beitragen, negative Gedanken und Sorgen zu reduzieren und sich in einen Zustand der Entspannung und des Wohlbefindens zu versetzen. Die Verwendung von positiven Gedanken und Aussagen kann auch dazu beitragen, das Selbstvertrauen und die positive Einstellung zu stärken.

Schritte:
1. *Setze oder lege dich in eine bequeme Position und entspanne deine Schultern.*
2. *Schließe deine Augen und atme einige Male tief ein und aus, um dich zu entspannen.*
3. *Stelle dir einen Ort vor, an dem du dich entspannt und glücklich fühlst, z.B. einen Strand oder Wald.*
4. *Versuche, dir alle Details dieses Ortes vorzustellen, wie die Farben, Gerüche und Geräusche.*
5. *Stelle dir vor, wie du dich an diesem Ort fühlst, z.B. entspannt, glücklich oder sicher.*
6. *Während du diesen Ort visualisierst, kannst du auch positive Aussagen wiederholen, wie z.B. „Ich fühle mich sicher und geborgen" oder „Ich kann jede Herausforderung bewältigen".*
7. *Verweile in dieser Visualisierung für einige Minuten, indem du dich auf die Details und Gefühle konzentrierst.*
8. *Öffne langsam deine Augen und spüre, wie entspannt und erfrischt du dich fühlst.*

Hinweis: Diese Übung kann allein oder mit Anleitung einer Entspannungs-App durchgeführt werden. Es ist empfehlenswert, diese Übung regelmäßig auszuführen, um langfristige Vorteile zu erzielen.

Anleitung zur Progressiven Muskelentspannung **1/2**

Diese Übung kann in der Klasse durchgeführt werden, um gemeinsam eine Entspannungsmethode zu erlernen. Regelmäßiges Üben ist notwendig, um einen spürbaren Effekt zu erreichen.

Setze dich möglichst bequem auf deinen Stuhl. Dein Rücken ist angelehnt und die Füße stehen auf dem Boden. Lasse deine Hände ganz locker auf den Beinen liegen. Schließe jetzt deine Augen und öffne sie erst dann wieder, wenn wir mit der Übung fertig sind. Wenn du zwischendurch die Augen nicht länger geschlossen halten kannst, schaue einfach auf den Boden.

Denke daran, die Übungen genauso zu machen, wie ich sie dir beschreibe. Wichtig ist, dass du darauf achtest, wie sich dein Körper anfühlt. Jetzt fangen wir an:

Mache als erstes mit deinen Händen und Armen eine Pose wie ein Bodybuilder. Spanne die Hände und Arme fest an und spüre nach, wie sich das anfühlt. (5 Sekunden)

Und wieder loslassen. Lass die Hände und Arme locker werden und beobachte den Unterschied zwischen der Anspannung vorher und der Entspannung jetzt. (...)

Wende deine Aufmerksamkeit jetzt deinem Gesicht zu. Runzle die Nase, rümpfe die Stirn, beiße die Zähne leicht zusammen und ziehe die Schultern hoch bis zu den Ohren. Versuche wirklich alles gleichzeitig zu machen und nimm wahr, wie sich das anfühlt. (5 Sekunden)

Und wieder lockerlassen. Lass dein Gesicht wieder glatt werden und die Schultern hängen. Spüre nach, wie deine Muskeln weich werden, ganz entspannt. (...)

Spanne als letztes deinen Bauch, den Po, die Beine und Füße an. Das machst du, indem du die Beine anhebst, die Fußspitzen Richtung Körper ziehst und gleichzeitig den Bauch einziehst. Spüre die Spannung und halten sie einen Moment. (5 Sekunden)

Und wieder lockerlassen. Lass die ganze Spannung herausfließen und nimm den Unterschied zur Anspannung wahr.

Anleitung zur Progressiven Muskelentspannung **2/2**

Vielleicht spürst du, wie sich das angenehme Gefühl der Entspannung jetzt durch deinen ganzen Körper ausbreitet. Es fließt durch deine Hände und Arme, dein Gesicht und deine Schultern sowie durch deinen Bauch, deine Beine und Füße. Genieße dieses Gefühl der Ruhe und Entspannung noch einen Moment lang (ca. 30–60 Sekunden).

Stelle dich nun darauf ein, die Entspannungsübung zu beenden. Du weißt, dass du sie jederzeit wiederholen kannst, wenn du aufgeregt oder nervös bist.

Balle jetzt deine Hände ein paar Mal zu Fäusten und atme ganz kräftig durch. Räkle und strecke dich, bis du richtig wach bist, und öffne dann deine Augen wieder.

Anhang E: Ideensammlung „Gemeinsam mit Schüler*innen wirksam werden“

Allgemein:

- Sich über Krisen und deren Auswirkungen *kindgerecht informieren*
- *Schüler*innenrat* gründen für gesellschaftlich relevante Themen (Wie soll Schule in Pandemiezeiten aussehen? Etc.)
- *Schüler*innen in Beiräten auf kommunaler und höherer Ebene* unterstützen

Klimakrise:

- In der Schule den Umstieg auf *erneuerbare Energien* anstoßen
- Eine gemeinsame *Fahrrad-Challenge* umsetzen: verschiedene Klassen versuchen im Wettbewerb, innerhalb eines Monats so viele Fahrradkilometer wie möglich zu sammeln
- Gemeinsam diskutieren, wie der eigene *CO_2-Fußabdruck* (= Menge an Treibhausgasen und CO_2-Emissionen, die aufgrund eigener Aktivitäten in die Atmosphäre gelangen) aussieht: https://www.umwelt-im-unterricht.de/unterrichtsvorschlaege/wie-gross-ist-dein-co2-fussabdruck/
- Gemeinsam diskutieren, wie der eigene *CO_2-Handabdruck* (= was wir individuell und gemeinsam tun können, um das Gleichgewicht zwischen dem Verbrauch und der Tragfähigkeit des Planeten wiederherzustellen) aussehen kann: https://www.umweltdialog.de/de/management/CSR-Strategie/2022/CO2-Fussabdruck-vs.-Handabdruck.php

Krieg und Katastrophen:

- *Geflüchtete Kinder unterstützen,* z. B. durch Flohmärkte mit Ziel Spenden zu sammeln
- Momente des Zusammenseins und der *Integration* ermöglichen
- *Willkommensklassen* etablieren

Eingeschränkter Präsenzbetrieb (z. B. als Pandemiefolge):

- *„Buddy“-Systeme* aufbauen: z. B. Mathehilfe von Schüler*in 1 und Jonglieren beibringen von Schüler*in 2
- *Soziale Aktivitäten in der Schule* pandemiegerecht draußen oder online stattfinden lassen
- „Social bubbles“ etablieren von festen 4–5 Schüler*innen, die in Kontakt stehen und sich gegenseitig unterstützen

Anhang F: Wenn die gesellschaftliche Krise zur individuellen Krise wird

Risikomarker

Wie innerhalb dieses Buchs beschrieben, ist eine emotionale Reaktion auf eine Krise in gewissem Maße ganz normal und zu erwarten. Handlungsbedarf entsteht jedoch, wenn die emotionale Reaktion sehr stark und häufig wird (z.B. tägliche Panikanfälle, Sorgenketten) und eine deutliche Belastung und Einschränkung ersichtlich wird (z.B. massiver Rückzug, einbrechende Freundschaften). Dies sind generelle Warnhinweise, die potenziell zu einem Gespräch mit der Schulpsychologie oder Schulsozialarbeit oder externen Beratungsstellen führen sollten. Das sollte gemeinsam mit Schüler*in und Sorgeberechtigten initiiert werden.

Als eine (unvollständige) Sammlung möglicher Auffälligkeiten, die einen Mehrbedarf an Beratung indizieren. Ziehen Sie sonst auch übliche Handreichungen und Screening-Checklisten heran:

- Schüler*in zieht sich vermehrt zurück, insbesondere auch von Freund*innen
- Abrupte Veränderungen der Leistung
- Konzentrationsschwierigkeiten
- Zunehmende Konflikte mit Mitschüler*innen
- Verhaltensänderungen im Sinne von gesteigerter Aggressivität
- Stimmungswechsel, Reizbarkeit
- Zunehmendes Gefühl von Leere und Langeweile
- Bei jüngeren Kindern: regressive Phänomene (z.B. erneut wieder tagsüber einnässen)

Anhang G: Aufbau von Medienkompetenz

Grundsätzlich handelt es sich um die Fähigkeit, bewusst und verantwortungsvoll mit analogen und heutzutage vor allem digitalen Medien umgehen zu können. Gleichzeitig geht es auch um medienbezogene Einstellungen, die mit einem solchen Umgang einhergehen. Der Aufbau von Medienkompetenz erfolgt nicht nur über die Vermittlung entsprechender Wissensinhalte, sondern stellt einen Teil des Sozialisationsprozesses dar, den insbesondere Eltern und Schule über die Jahre hinweg begleiten sollten.

Die Kultusministerkonferenz (KMK, 2016) benennt sechs Medienkompetenzbereiche:

1. *Suchen, Verarbeiten und Aufbewahren:* z.B. Suchstrategien entwickeln, Informationen kritisch bewerten, Daten strukturiert aufbewahren
2. *Kommunizieren und Kooperieren:* z.B. adäquate Kommunikationsmöglichkeiten auswählen, Verhaltensregeln anwenden
3. *Produzieren und Präsentieren:* z.B. Bearbeitungswerkzeuge nutzen, Informationen in bestehendes Wissen integrieren und sicher veröffentlichen
4. *Schützen und sicher Agieren:* z.B. Gefahren und Risiken kennen, Privatsphäre und Gesundheit schützen
5. *Problemlösen und Handeln:* z.B. passende Werkzeuge zur Problemlösung auswählen, Problemlösung strukturiert planen und durchführen
6. *Analysieren und Reflektieren:* z.B. Gestaltungsmittel und Interessenleitung durch Medien identifizieren, Bedeutung von Medien für die Meinungsbildung reflektieren

Da digitale Medien allgegenwärtige Werkzeuge, Informationsvermittler und -verteiler, Unterhaltungsmittel etc. sind, wird ihnen eine separate Behandlung in einem Fach oder in einzelnen Projekten nicht mehr gerecht. Vielmehr ist ein stetiger, fächerübergreifender, Routinen-bildender Einsatz über die gesamte Schulzeit hinweg erforderlich.

Für die verschiedenen Zielgruppen gibt es im Internet bereits umfangreiche Angebote, von denen im Folgenden ohne Gewichtung einige exemplarisch aufgeführt werden:

Zielgruppe Eltern:

- www.klicksafe.de (Informationen einer Initiative der Europäischen Union zu Themen wie soziale Netzwerke oder Cyber-Mobbing)
- www.schau-hin.info (Elternratgeber zur Mediennutzung und Stärkung der eigenen Kinder im Umgang mit Medien)
- https://shop.bzga.de/gut-hinsehen-gut-zuhoeren-aktiv-gestalten-ratgeber-fuer-eltern-20281000/ (Elternratgeber der Bundeszentrale für gesundheitliche Aufklärung)

Zielgruppe Fachkräfte:

- https://shop.bzga.de/gut-hinsehen-und-zuhoeren-ratgeber-fuer-paedagogische-fachkraefte-20282000/ (Ratgeber der Bundeszentrale für gesundheitliche Aufklärung für pädagogische Fachkräfte)
- https://www.awmf.org/service/awmf-aktuell/praevention-dysregulierten-bildschirmmediengebrauchs-in-kindheit-und-jugend (Leitlinie „Prävention dysregulierten Bildschirmmediengebrauchs in Kindheit und Jugend“)

Schüler*innen:

- www.media-scout.de (Ausbildung von Schüler*innen zu Medien-Scouts)
- www.juuuport.de (Plattform von Jugendlichen für Jugendliche zur Online-Beratung bei Problemen im Internet)
- www.ins-netz-gehen.de (Jugendportal der Bundeszentrale für gesundheitliche Aufklärung mit Online-Test und Beratungsangebot)

Anhang H: Resilienz-Entwicklung an der Schule

Um die Schulentwicklung effektiv zu gestalten, indem wir uns auf die verschiedenen Aspekte von Resilienz konzentrieren, könnten wir uns der Methode der Vier-Felder-Tafel bedienen (siehe Abbildung). Diese Tafel ist in vier Bereiche unterteilt, die auf den Dimensionen Anpassungsfähigkeit und Transformation, sowie der individuellen Ebene (z.B. Schüler*innen) und der kollektiven Ebene (z.B. Klasse, Schule) basieren. Außerdem können wir differenzieren, welche Zielgruppen wir ansprechen möchten, z.B. Schüler*innen, uns selbst als Lehrkräfte oder die Eltern.

Alle vier Bereiche sind miteinander verbunden und sollten in Beziehung zueinander gesetzt werden. Mit diesem Instrument können wir als Schulteam die Planung und Gestaltung der Schulentwicklung gemeinsam durchführen, ohne wichtige Aspekte der resilienzorientierten Schulentwicklung zu vernachlässigen. Das Schema kann uns auch dabei helfen, kreative Unterrichtsideen zu entwickeln, indem wir die Schüler*innen aktiv einbeziehen.

Resilienz	Bewältigung & Adaption	Engagement & Transformation
individuelle Ebene		
kollektive Ebene(n)		

Mit der Vier-Felder-Tafel können Schulen verschiedene Aspekte der Schulentwicklung systematisch und ganzheitlich angehen, zum Beispiel:

1. *Schulentwicklungsplanung:* Schulen können die Tafel verwenden, um ihre Strategie für die Schulentwicklung zu planen. Sie hilft dabei, Bereiche zu identifizieren, die Verbesserungen oder Änderungen benötigen, und entsprechende Maßnahmen zu planen.
2. *Resilienzförderung:* Die Tafel unterstützt Schulen dabei, Resilienz auf verschiedenen Ebenen – individuell, in der Klasse und schulweit – zu fördern. Dabei können spezifische Maßnahmen zur Stärkung der Bewältigung von Stress und zur Transformation ergriffen werden.
3. *Zielgruppenspezifische Maßnahmen:* Durch die Differenzierung nach Zielgruppen (Schüler*innen, Lehrkräfte, Eltern) können schulische Maßnahmen passgenauer gestaltet und implementiert werden.
4. *Unterrichtsgestaltung:* Lehrkräfte können die Tafel als Werkzeug zur Unterrichtsplanung und -gestaltung nutzen. Dabei kann sie helfen, Unterrichtsthemen und -aktivitäten zu identifizieren, die die Resilienz der Schüler*innen fördern.
5. *Partizipation:* Durch die Einbeziehung der Schüler*innen in die Planungs- und Gestaltungsprozesse können diese aktiv an der Schulentwicklung teilhaben. Dies kann ihr Engagement und ihre Motivation steigern.